Ute Gause

»Gott habe ihm gesagt, er solle mich zur Frau machen«

Missbrauch in der Evangelischen Kirche – eine Einzelfallstudie

Inhalt

Vorwort

Der folgenden Studie liegt ein Bericht zugrunde, den ich im Auftrag einer evangelischen Landeskirche angefertigt habe. Zum Schutz der Betroffenen ist diese Veröffentlichung vollständig pseudonymisiert. Alle genannten Namen und Orte sind frei erfunden; die Berufe, die bei einzelnen Personen erwähnt werden, üben diese nicht tatsächlich aus. Auch Jahreszahlen oder numerische Angaben wurden verändert, biographische Details, die die Identifikation von Personen ermöglichen würden, sind weggelassen.

Sämtliche Klarnamen der in der Studie genannten Personen können – so deren Einwilligung vorliegt – mit Hilfe einer Synopse entschlüsselt werden, die mit einer Sperrfrist versehen im Archiv der Landeskirche hinterlegt ist. Alle Interviews, zitierten Mails oder Briefe und sonstigen Belege aus Publikationen – die jetzt pseudonymisiert sind – können ebenfalls durch das Archiv erschlossen werden.

Ich danke meinen Interviewpartnerinnen und Interviewpartnern für das mir entgegengebrachte Vertrauen. Ganz besonders danke ich den Betroffenen, die es durch ihren Willen, das Geschehene aufzuarbeiten, der evangelischen Kirche ermöglichen, einen Blick in bis heute herrschende Machtstrukturen zu werfen, Missstände zu erkennen und abzustellen. Auch Gemeindeglieder und Mitarbeitende, die Kenntnis von hier beschriebenen Sachverhalten hatten oder bekamen, haben sich für Gespräche zur Verfügung gestellt. Sie haben – ohne denunziatorisch zu sein – benannt, was zu bemerken war und was nicht. All diese Gespräche, Kontakte und Begegnungen haben mich persönlich bereichert, und ich danke allen, die mir ihre Zeit geschenkt haben.

Ein herzlicher Dank geht auch an meine Mitarbeiter*innen: Jennifer Mettner, die die Literatur beschafft hat, Lisa Peschkes und Julia Müller, die die Interviews transkribierten, und Benedikt Bauer und Julia Müller, die die Endkorrekturen mit mir gemeinsam vorgenommen haben. Für die sorgfältige Durchführung des letzten Korrekturgangs danke ich Jennifer Mettner besonders.

Barbara Lehmann und Julia Reinecke haben bei der Druckfassung unterstützt. Danke.

Mein Dank gilt den Mitarbeiter*innen im Archiv der Landeskirche, die mir unterstützend zur Seite standen. Sie haben mir nicht nur sämtliche Akten, die ich einsehen wollte, verfügbar gemacht, sondern mir auch einen Arbeitsraum zur Verfügung gestellt. Ich danke der Landeskirche, die es mir durch eine Zuwendung ermöglicht hat, eine Lehrstuhlvertretung zu finanzieren. Dem Gütersloher Verlagshaus und besonders Herrn Diedrich Steen danke ich für die wunderbar unterstützende Zusammenarbeit.

Schließlich danke ich meiner Schwester Silke und ihrem Mann, bei denen ich nach manchmal bedrückenden Interviews öfter übernachten durfte, für ihre Gastfreundschaft, für gutes Essen, guten Wein und die entspannende Nähe schnurrender Katzen.

Bochum, im Juli 2024 *Ute Gause*

1. Einleitung

Auftrag und Anliegen

Es hat mich zunächst überrascht, dass eine Landeskirche mit der Bitte an mich herantrat, eine Aufarbeitung von Fällen sexuellen Missbrauchs vorzunehmen. Als Kirchenhistorikerin, die zum 20. Jahrhundert und in diesem Zusammenhang auch mit Oral History, d.h. mit Methoden der Befragung von Zeitzeug*innen gearbeitet hat, hätte ich die Erwartung, Handlungsempfehlungen zu geben, nicht erfüllen können.

Tatsächlich war das Interesse der Landeskirche aber vor allem ein historisches: Es sollte in einem konkreten Fall das Ermöglichungsgefüge für Missbrauch untersucht werden. Die Zusammenhänge zwischen Macht und Charisma des Pfarramtes, zwischen einer entsprechenden Theologie und sexueller Gewalt sollten aufgeklärt und die kirchlichen Strukturen und Funktionsträger*innen, die mutmaßlich eine Aufdeckung verhinderten oder verzögerten, benannt werden. Dabei sollte die Untersuchung auch die Leitungsebene der Landeskirche sowie die Führungsebene in den Dekanaten/Kirchenkreisen umfassen, in denen ein Pfarrer arbeitet. Schließlich sollten Interviews mit Betroffenen und Bystander*innen die Muster sichtbar machen, nach denen der Täter vorging.

Die Landeskirche, auf deren Anfrage hin ich die Studie verfasst habe, hat es mir ermöglicht, den Aktivitäten des Täters auf umfassende Weise nachzugehen. Ich konnte ohne Einschränkungen zum Fall gehörende Personal- und Disziplinarakten, Visitationsberichte, Protokollbücher von Kirchengemeinden einsehen und auswerten. Dass diese Recherchen nur mäßig erfolgreich waren, verwundert nicht; denn man darf vermuten, dass das, was Ute Leimgruber im Blick auf die Dokumentation von Missbrauchsfällen an erwachsenen Frauen für die katholische Kirche feststellt, so oder ähnlich auch im Raum protestantischer Kirchen gelten dürfte: »Quod non est in actis, non est in mundo« – was nicht in den Akten steht, gibt es nicht.[1]

Mit den in den Akten erwähnten mittlerweile sämtlich pensionierten Oberkirchenräten, Prälaten und Dekanen, habe ich versucht Kontakt aufzunehmen. Nur eine ehemals kirchenleitende Person war zu einem Interview bereit. Alle anderen Personen lehnten ein Gespräch ab, entweder aus gesundheitlichen Gründen oder weil sie meinten, sich nicht erinnern zu können. Eine Ablehnung wurde mit der Berufung auf Opferschutz für die Familie des mittlerweile verstorbenen Pfarrers und das Beichtgeheimnis begründet.

Das Pfarrerdienstrecht, das die Pflichten und Rechte einer Pfarrperson regelt, hatte lange Zeit sexuelle Übergriffe als Tatbestand pfarramtlichen Fehlverhaltens nicht im Blick. Lediglich im Hinblick auf Ehe und Ehescheidung gab es Regelungen. Mittlerweile sind – notgedrungen – Präzisierungen erfolgt. So urteilte die Disziplinarkammer der evangelischen Kirche von Westfalen im Jahr 2004: »Mag die Versuchung angesichts einer freizügigeren Grundhaltung der Gesellschaft zur Sexualität noch so groß sein, ein Pfar-

1 Ute Leimgruber, »Quod non est in actis, non est in mundo«. Über die Problematik ordnungsgemäßer Dokumentation im Fall von Missbrauch an erwachsenen Frauen, in: Lia Alessando u. a. (Hgg.), Kirchliche Macht und kindliche Ohnmacht. Konturen, Kontexte und Quellen theologischer Missbrauchsforschung, Münster i.W. 2023, 179-194.

rer hat unbedingt Zurückhaltung zu üben und sexuelle Kontakte zu Jugendlichen zu vermeiden, wie dies im Verhältnis von Eltern zu Kindern selbstverständlich zu sein hat, sowie zu volljährigen Gemeindegliedern, die eine seelsorgerliche Betreuung erwarten.«[2] Übte eine Pfarrperson diese Zurückhaltung nicht, so wurden solche Fälle als »Amtspflichtverletzungen« bewertet.

Wurden diese zur Anzeige gebracht und ein Disziplinarverfahren eröffnet, so endete dieses häufig mit einer Einstellung des Verfahrens: So wurden in der Nordelbischen Kirche zwischen 1993 und 2012 insgesamt nur sechzehn Disziplinarverfahren oder Vorermittlungsverfahren durchgeführt, die sich auf vierzehn Pastoren beschränkten. Nur in einem Fall kam es zu einer schwerwiegenden Disziplinarmaßnahme, über die Hälfte endeten mit der Einstellung des Verfahrens.[3]

Im Blick zu behalten ist, dass das Ziel des Pfarrer*innendienstrechts der Schutz des Amtes vor »schlechter Ausübung, Missbrauch und Entwürdigung« ist. Es soll die »Funktionstüchtigkeit des kirchlichen Dienstes« sicherstellen.[4] Das hat in Bezug auf Dienstvergehen, die sich auf einen sexuellen Missbrauch beziehen, die bemerkenswerte Konsequenz, dass Betroffene als Zeug*innen gehört werden, weil die zur Beurteilung stehende Tat in der Perspektive des Dienstrechts möglicherweise das Amt beschädigt haben könnte. Diese Studie nimmt im entschiedenen Unterschied dazu die Betroffenen als diejenigen wahr, die nicht Zeugen eines abstrakten Vergehens am Amt wurden, sondern denen unmittel-

2 Schlussbericht der unabhängigen Kommission zur Aufarbeitung von Missbrauchsfällen im Gebiet der ehemaligen Nordelbischen-Lutherischen Kirche, heute Evangelisch-Lutherische Kirche in Norddeutschland (https://kirchegegensexualisiertegewalt.nordkirche.de/fileadmin/user_upload/baukaesten/Baukasten_Kirche_gegen_sexualisierte_Gewalt/Dokumente/Untersuchungsbericht.pdf, Zugriff: 03.11.2022).

3 Vgl. Anm. 2: Schlussbericht, 35.

4 Vgl. Schlussbericht, 45.

bar Schaden zugefügt wurde, die eben Opfer bzw. Betroffene waren.

Ich folge in der Verwendung des Begriffs »sexueller Missbrauch« dabei der Definition von Gerhard Schreiber, der darunter »das Ausnutzen eines wenigstens situativ bestehenden Machtvorsprungs, wie er aus Abhängigkeits-, Dominanz- oder Vertrauensverhältnissen und/oder entsprechenden Strukturen gleichermaßen hervorgeht wie damit einhergehen kann.«[5]

Wie wichtig es ist, Betroffene zu Wort kommen zu lassen, hat im Rahmen der Debatte um Missbrauch in der katholischen Kirche Klaus Große Kracht deutlich gemacht, der festhält, dass nur so »den Betroffenen genau jene Wissenselemente zur Verfügung gestellt werden, derer sie bedürfen, um ihr Erlebnis in eine für sie stimmige Erzählung einbetten zu können«.[6] Eine historische Aufarbeitung, die Kontexte transparent macht, Betroffene zu Wort kommen lässt und die in kirchlichen Institutionen wirksamen, die Tat begünstigenden sowie verschleiernden Mechanismen entlarvt, kann Betroffene unterstützen, das Erfahrene aufzuarbeiten. Große Kracht betont:

> »Erst das Wissen darum, dass es weitere Opfer gibt, dass andere weggeschaut haben, bewusst nicht eingeschritten sind, dass der Täter strukturelle Ressourcen des Systems, in dem er sich bewegte, genutzt hat, um sich einen Machtvorteil gegenüber seinen

5 Gerhard Schreiber, Im Dunkel der Sexualität. Sexualität und Gewalt aus sexualethischer Perspektive, Berlin/Boston 2022, 597.

6 Klaus Große Kracht, Die Last der Geschichte. Was können geschichtswissenschaftliche Forschungen zur Aufarbeitung des sexuellen Missbrauchs an Minderjährigen in der katholischen Kirche beitragen?, in: Birgit Aschmann (Hg.), Katholische Dunkelräume. Die Kirche und der sexuelle Missbrauch, Leiden 2022, 250-265; hier: 251.

> Opfern zu verschaffen – all das und vieles mehr an Informationen kann den Betroffenen die Möglichkeit geben, aus dem Zwang der unverschuldeten Selbstbezüglichkeit auszusteigen und die ebenso soziale wie kognitive Isolation ihrer Erinnerungen, die für den Täterschutz so wichtig waren und sind, zu überwinden.«[7]

Der kirchengeschichtliche Zugang dieser Studie soll chronologisch anhand der Lebensstationen des Pfarrers seine handlungsleitenden Motive erkennbar werden lassen. Obwohl prinzipiell den Betroffenen der Vorrang gilt, ist es aus Verständnisgründen notwendig, das Kapitel »Der Pfarrer« voranzustellen.

Die Studie stellt eingangs knapp die Umbruchsdynamiken vor, die die gesellschaftliche und kirchliche Situation vor allem der 1980er- und 1990er-Jahre beeinflussten. Das zweite Kapitel stellt die Biographie des Täters in den Fokus. Diese beschränkt sich auf Lebensstationen, Fremd- und Selbsteinschätzungen und versucht, jeglichen Anklang an eine Apologie zu vermeiden. Ein besonderes Gewicht erhalten im dritten Kapitel die Interviews mit den Betroffenen und Personen aus dem Umfeld, die möglichst minutiös ausgewertet wurden, um die Strategien des Täters nachzuzeichnen. Im vierten Kapitel kommt einerseits die Kirche als Verwaltungs- und Kontrollinstanz in den Blick andererseits auch Aussagen von Betroffenen, Bystander*innen und Vertuscher*innen im Disziplinarverfahren.

Das fünfte Kapitel schließlich nimmt nochmals die agierenden Personen innerhalb ihres familiären und gemeindlichen Kontexts in den Blick und zeigt, an welchen Stellen die Kirche als Kontroll-

7 Große Kracht, Last, 251.

instanz hätte eingreifen können. Individuelles und systemisches Versagen kommen in den Blick.

Den Anlass zur Fallstudie gab ein Opfer: eine Frau, die sich zwar spät, dann aber entschieden an die Landeskirche gewandt hatte. Obwohl ihr Fall bereits verjährt war, eröffnete die zuständige Landeskirche ein Disziplinarverfahren, das dann aber nicht weiter verfolgt wurde, als der zu dieser Zeit bereits pensionierte Pfarrer wegen eines Sexualdelikts gerichtlich verurteilt worden war. Die Betroffene blieb hartnäckig. Sie forderte die Landeskirche auf, eine Aufarbeitung vorzunehmen und festzustellen, ob ihre Erfahrung nur eine einzelne war, ob es weitere Betroffene gab, ob es Vorgesetzte gab, die vertuschten und was die Landeskirche wusste.

Diese Studie ist das Ergebnis ihrer Hartnäckigkeit. Ziel ist es, die Vorgänge insgesamt möglichst akribisch aufzuarbeiten und zu dokumentieren, zu analysieren und in den Gesamtrahmen von Kirche und Gesellschaft, Pfarrerbild und Theologieverständnis einzuordnen.

1.1 Gesellschaft und Kirche – angekommen in den 68ern

Die 1960er-Jahre stehen, plakativ gesprochen, für eine »Fundamentalliberalisierung und Demokratisierung und eine[r] Hinwendung zu postmaterialistischen Werten«.[8] Das Studium, das Rolf R. – der Pfarrer, dessen Werdegang und Handeln diese Studie zum Gegenstand hat, – in Heidelberg beginnt, ist von den Studentenprotesten in dieser Zeit begleitet. Er beteiligt sich aktiv als Mit-

8 Martin Klimke/Joachim Scharloth, Maos Rote Garden? ›1968‹ zwischen kulturrevolutionärem Anspruch und subversiver Praxis – Eine Einleitung, in: dies. (Hgg.), 1968. Handbuch zur Kultur- und Mediengeschichte der Studentenbewegung, Bonn 2008, 1.

glied einer Gruppe, die sich »Alternative Christen« nennt. Die Aktionen der Gruppe entstehen nach Aussage des Gründers, Heiner R., aus dem Gefühl heraus, den als fast revolutionär wahrgenommenen Veränderungen der Zeit eine christliche Richtung geben zu wollen. Diese Motivation und ihr Kontext sind für den Theologiestudenten und späteren Pfarrer ebenso wie für die Betroffenen wichtig.

Sexualitätsdiskurse

Dabei ist nicht zuletzt auch der damalige breite Sexualitätsdiskurs innerhalb der Gesellschaft und innerhalb der Kirche zu berücksichtigen. In den 1970er- und 1980er-Jahren gehörte das Sprechen über Sexualität im linksalternativen Milieu dazu:

> »Das ›Alles-über-den-Sex-Sagen‹ wurde zu einem Imperativ, um die vermeintlich ›echten‹ sexuellen Bedürfnisse freizulegen. [...] Letztlich war es vor allem die Überschätzung und Mythisierung der Sexualität als Form der politischen Erlösung, welche zu den Kernmerkmalen dieser neu codierten linksalternativen Sexualitätsnorm wurde.«[9]

Dem Ausleben der Sexualität sprach man in diesem Milieu eine geradezu revolutionäre Wirkung zu,[10] die den Leitwerten der Jahre der Nachkriegszeit mit ihrer »Orientierung an Hierarchien,

9 Sven Reichardt, Pädosexualität im linksalternativen Milieu und bei den Grünen in den 1970er- bis 1990er-Jahren, in: Meike Sophie Baader u. a. (Hgg.), Tabubruch und Entgrenzung. Kindheit und Sexualität nach 1968, Köln u. a. 2017, 137-160; hier: 155.

10 Vgl. Reichardt, Pädosexualität, 155.

Autoritäten und an materieller Existenzsicherung«[11] entgegenstand.

Allerdings gab es bereits vor 1968 und dem Auftreten der neuen Linken eine Verschiebung der Diskurse über Sexualität und eine Veränderung im Umgang mit ihr. So gründete Beate Uhse 1951 in Flensburg einen Versandhandel, der unter dem Stichwort »Ehehygiene« Literatur zur Sexualaufklärung vertrieb sowie Verhütungsmittel, erotisches Bildmaterial und ebensolche Kleidung anbot. Schon Anfang der 1960er-Jahre erreichte das Unternehmen mit Werbemaßnahmen die Hälfte aller bundesdeutschen Haushalte.[12] »Glückliche Ehen könnten nur auf Basis einer für beide Partner erfüllenden Sexualität gelingen – das war die Message, die bei den durch die Nachkriegswirren verunsicherten Deutschen bestens ankam und für steigende Verkaufszahlen sorgte.«[13]

Seit 1963 war es auch auf dem bundesdeutschen Markt außerdem möglich, die sog. »Anti-Baby-Pille« als hormonelles Kontrazeptivum zu erhalten. Zwar ließen sich die bundesdeutschen Ärzte beim Verschreiben des Präparates in der Regel von ihren sexualmoralischen Vorstellungen leiten, was dazu führte das einige nur dann bereit waren, zum Rezeptblock zu greifen, wenn eine verheiratete Frau mit mindestens drei Kindern nach der Pille fragte. Aber es gab Ausnahmen und mit der »Pille« hatten Frauen

11 Kathrin Fahlenbrach, Protestinszenierungen. Die Studentenbewegung im Spannungsfeld von Kultur-Revolution und Medien-Evolution, in: Martin Klimke/Joachim Scharloth (Hgg.), 1968. Handbuch zur Kultur- und Mediengeschichte der Studentenbewegung, Bonn 2008, 11.

12 Franz X. Eder, Die lange Geschichte der »Sexuellen Revolution« in Westdeutschland, in: Peter-Paul Bänzinger u. a. (Hgg.), Sexuelle Revolution? Zur Geschichte der Sexualität im deutschsprachigen Raum seit den 1960er-Jahren, Bielefeld 2015, 25-59; 27.

13 Eder, Geschichte, 27.

erstmals die Möglichkeit, mit fast einhundertprozentiger Sicherheit eine Schwangerschaft verhindern zu können.[14]

Mit den Sexualdiskursen in der Studentenbewegung bekamen diese Veränderungen eine neue Richtung und größere Dynamik. Insbesondere die Denker der sog. Frankfurter Schule, wie Theodor W. Adorno, Max Horkheimer und Herbert Marcuse, wurden zu Ideengebern, gegen eine »repressive Entsublimierung« der Sexualität vorzugehen. Gemeint war damit Folgendes: Indem Menschen sexuelle oder aggressive Impulse nicht unmittelbar ausleben, sondern produktiv umlenken, entsteht nach Freud kreatives Schaffen. Sublimierung wird so auch zum Motor der Kultur.

Die Frankfurter Schule kritisierte, dass in modernen Gesellschaften offenbar eine Entsublimierung erfolge, d.h. Menschen die Freiheit erhielten, ihren Triebimpulsen folgen zu können und der Tabubruch nicht mehr gesellschaftlich sanktioniert werde. Tatsächlich sei diese Wahrnehmung aber ein Irrtum. Denn Restriktionen und Kontrollmechanismen würden nur scheinbar gelockert. Vermeintlich entfesselte Freiheitsräume seien in Wahrheit schon wieder oder immer noch von repressiven Strukturen unterlegt, so dass man von einer »repressiven Entsublimierung« sprechen müsse. Während mit der Entsublimierung im Freud'schen Sinne etwas Positives gemeint war, verband sich mit Repression die Haltung der bürgerlichen Gesellschaft, sich gegen grundsätzliche Kritik zu immunisieren. Marcuse forderte, sich dem zu verweigern.[15] Hier setzte die Kritik der 68er-Generation an der Institution der Ehe an. Sie fand ihren deutlichsten Aus-

14 Vgl. z.B. Frithard Scholz, Ehe-Kritik und ihre Entwicklung aus der Sicht der 68er-Generation, in: Manfred Josuttis/Dietrich Stollberg (Hgg.), Ehe-Bruch im Pfarrhaus. Zur Seelsorge in einer alltäglichen Lebenskrise, München 1990, 103-149; hier: 112.

15 Vgl. Scholz, Ehe-Kritik, 119.

druck in den sog. Kommunen, die bürgerlichen Ehevorstellungen und der Monogamie eine Absage erteilten. Die Mitglieder der Kommunen folgten nicht nur der Idee, dass es möglich sein sollte, wechselnde Sexualpartner*innen zu haben; auch die gemeinschaftliche Erziehung von Kindern in Kinderläden war ein weiterer fester Bestandteil des Lebens in diesen Gemeinschaften.[16]

Daneben gab es aber auch weniger radikale, bürgerlichere Versuche, der Ehe als Institution und Lebensform eine andere Gestalt zu geben. So veröffentlichten Nena und George O'Neill 1972 ein Buch mit dem Titel »Die offene Ehe«, worin sie außereheliche Sexualkontakte ausdrücklich begrüßten.[17]

Dabei ist festzuhalten, dass bereits vor der sog. »sexuellen Revolution« das Sexualverhalten von Studierenden relativ freizügig war. Eine Studie von 1966 ergab, dass fast alle verheirateten Studierenden mit ihrem späteren Ehepartner, viele zuvor aber auch mit anderen Partnern, vorehelichen Geschlechtsverkehr hatten.[18] Allerdings lebten auch viele Studierende abstinent. Sexuelle Beziehungen wurden in den 1960er-Jahren erst viel später aufgenommen, als das ab den 1980er-Jahren der Fall war. Eine Umfrage aus dem Jahr 1981 zeigt, dass Sexualität jetzt deutlicher zum Alltag der Studierenden gehörte und dass sexuelle Beziehungen bereits während der Gymnasialzeit bestanden; auch die Fluktuation von Beziehungen ist 1981 höher als 1966.[19] Die 1981 befragten Studierenden fühlten sich seltener äußeren Vorschriften unterwor-

16 Vgl. Scholz, Ehe-Kritik, 121-126.

17 Vgl. Scholz, Ehe-Kritik, 128-130.

18 Vgl. Gunter Schmidt, Das Hamburger Projekt zum sozialen Wandel studentischer Sexualität, in: ders. (Hg.), Kinder der sexuellen Revolution. Kontinuität und Wandel studentischer Sexualität 1966-1996, Gießen 2000, 17-34; hier: 30.

19 Vgl. Schmidt, Hamburger Projekt, 31.

fen, und gerade Frauen gaben 1981 häufigeren Geschlechtsverkehr mit wechselnden Partnern an als ihre männlichen Kommilitonen. Dadurch gab es jedoch auch mehr ungewollte Schwangerschaften und Abtreibungen.[20]

Während 1966 von den befragten Studierenden 27 % bereits verheiratet waren, waren es 1981 nur noch 14 %, 1996 sogar nur 5 %. Schon 1966 gaben aber 67 % der Studierenden an, sexuelle Kontakte zu haben, ohne verheiratet zu sein. Ob die hohe Zahl verheirateter Studierender 1966 sich einer konfessionellen – katholischen oder evangelischen – Bindung verdankt, kann nur gemutmaßt werden, da die Studie die Konfessionszugehörigkeit nicht abfragte. Konstatiert werden kann: »Die Loslösung der Sexualität von der Institution Ehe ist im Untersuchungszeitraum also noch einmal vorangeschritten.«[21]

Auch die Formen des Zusammenlebens veränderten sich. Die klassische Kleinfamilie und damit die bürgerliche Ehe und Familie erlebte ihre Blütezeit während der 1950er- und 1960er-Jahre. Ab Mitte der 70er-Jahre wurde diese Lebensform mindestens ergänzt durch nichteheliche Lebensgemeinschaften, Patchworkfamilien, Alleinerziehende und selbstverständlich durch die Kommunen bzw. Wohngemeinschaften.[22] Von diesen gab es 1966 bundesweit gerade einmal 100, 1968/69 etwa 1.000, im Jahr 1971 bereits ca. 2.000 und 1974 schon 10.000 – mit steigender Tendenz.[23]

20 Vgl. Scholz, Projekt, 32.

21 Gunter Schmidt u. a., Sexualverhalten, in: Gunter Schmidt (Hg.), Kinder der sexuellen Revolution. Kontinuität und Wandel studentischer Sexualität 1966-1996, Gießen 2000, 39-67; hier: 48.

22 Vgl. Sven Reichardt, Authentizität und Gemeinschaft. Linksalternatives Leben in den siebziger und frühen achtziger Jahren, Frankfurt a.M. [2]2014, 359.

23 Vgl. Reichardt, Authentizität, 361.

Wandlungen kirchlicher Sexualmoral

Beide Kirchen mussten auf die sich wandelnde Wahrnehmung der Sexualität im gesellschaftlichen Diskurs und in der Lebensgestaltung der Menschen reagieren. Mit der Enzyklika »Humanae vitae« von 1968 bekräftigte die Katholische Kirche ihre traditionelle Lehre in Fragen der Sexualmoral. So lehnt die Enzyklika den Geschlechtsverkehr vor oder außerhalb der Ehe strikt ab und verbietet den katholischen Christen sämtliche »künstlichen« Methoden der Geburtenregelung.

Die Evangelische Kirche indes formulierte liberalere Positionen. Beispielhaft dafür ist die 1971 veröffentlichte »Denkschrift zu Fragen der Sexualethik«. Die Erarbeitung der Denkschrift war eine Reaktion auf die veränderte gesellschaftliche Lage, in der der öffentliche und mediale Umgang mit Sexualität weithin zu einer Selbstverständlichkeit geworden war und zudem durch Studentenbewegung und Frauengruppen thematisiert wurde. In der Kommission zur Denkschrift waren Juristen, Mediziner, Pädagogen, Psychologen, Psychotherapeuten, Soziologen und Theologen vertreten, die sehr unterschiedliche Perspektiven und Meinungen in die Diskussion einbrachten. Letztlich setzte sich eine liberale Haltung weitgehend durch. So wird die Wahl von Verhütungsmethoden, die grundsätzlich nicht abgelehnt werden,[24] der Gewissensentscheidung der Ehepartner überlassen, was auch die Wahl der »Anti-Baby-Pille« möglich macht. Die Denkschrift hält zwar am Primat der Ehe fest, erklärt aber im Abschnitt V, in dem es um das Sexualverhalten von Jugendlichen geht, den Geschlechtsverkehr von Verlobten oder fest Befreundeten für akzeptabel. Auch

24 Vgl. Sarah Jäger, Bundesdeutscher Protestantismus und Geschlechterdiskurse 1949-1971. Eine Revolution auf leisen Sohlen, Tübingen 2019, 364f.

ein »bedingtes Ja zu Wohngemeinschaften mit Kleinfamilien und Alleinstehenden« wird ausgesprochen, »die gerade entstehenden Kommunen wurden jedoch abgelehnt«.[25] Ehescheidung wird thematisiert und als Option zugestanden.[26]

Damit nahm die Evangelische Kirche Positionen auf, die Theologiestudenten, die der Studentenbewegung nahestanden, teilen konnten. Rolf Trommershäuser, der später in die DKP eintrat, und Reiner Vogels hatten sich in den ESG-Nachrichten Nr. 42 vom 28. Oktober 1968 zur überkommenen Sexualmoral der Kirche geäußert: Habe die Kirche mit ihrem Einsatz für »Sittlichkeit«, ihrer Sexualmoral noch einen empirisch-rationalen Zweck verfolgt, weil die »wirtschaftliche Versorgung der Frau nur in einer bürgerlichen Ehe gewährleistet war« und das Verbot vorehelichen Geschlechtsverkehrs ihrem Schutz diente, so sei dieses Verbot angesichts der »Wunschkind-Pille« nicht mehr plausibel. Auch die Maßgabe, Sexualität habe der Zeugung von Nachwuchs zu dienen, basierend auf der rationalen Grundlage, durch Enthaltsamkeit die Kinderzahl zu begrenzen, habe in einer Zeit, in der es sichere Verhütungsmittel gebe, keine Relevanz mehr. So fordert das Papier, sowohl den vorehelichen wie den innerehelichen Geschlechtsverkehr kirchlicherseits nicht mehr zu reglementieren, weil die Grundlage der früher rationalen Sexualmoral nicht mehr gelte:

> »Die Verwerflichkeit vorehelichen Geschlechtsverkehrs und die Begrenzung des Geschlechtstriebs auf eine Funktion der Zeugung läßt sich nicht mehr empirisch-rational ableiten. Wer diese Sexualmoral

25 Jäger, Protestantismus, 364.

26 Vgl. Jäger, Protestantismus, 363.

> weiterhin vertritt, verändert ihre einstmals humane Qualität: Aus der theologischen Begründung humaner Organisation des Geschlechtstriebs wird ideologische Absicherung des historisch überholten Triebverzichts.«[27]

Beide Autoren dieses Textes waren in der sog. »Celler Konferenz« aktiv, einem losen Zusammenschluss von Theologiestudierenden, Pfarrern und Vikaren, die im Kontext der Umbrüche von 1968 eine Revolution durch die Kirche und eine Revolution in der Kirche anstrebten. Insofern handelt es sich bei der zitierten Meinung nicht um eine Mehrheitsposition innerhalb der Kirche. Deutlich wird aber, dass die konservative evangelische Sexualmoral brüchig zu werden begann.

Franz Eder kommentiert die gesamtgesellschaftliche Entwicklung als eine, die heterosexuelle Männer zu den Nutznießern der Sexualisierung machte und Frauen zu Sexualobjekten.[28] Dagegen setzte die Frauenbewegung auf eine autonome Sexualität und auf die Forderung nach Selbstbestimmtheit, forderte Emanzipation und Gleichstellung.[29] Sexualaufklärung und Sexualerziehung schritten voran. »Die Grenzen des Pathologischen, der Sünde und des Sexualstrafrechts wurden dabei weitgehend demontiert.«[30]

Genau diese Liberalisierung konnte auch zur Gefahr werden, wie es beispielsweise am Versuch sichtbar wird, Pädophilie als normales Sexualverhalten darzustellen. Hier ist es vor allem der Frauenbewegung zu verdanken, dass Anstrengungen, eine »Normali-

27 Rolf Trommershäuser/Reiner Vogels, Kirche im Spätkapitalismus, in: ESG-Nachrichten Nr. 42, 28.10.1968, Stuttgart, 3-7; hier: 3.

28 Vgl. Eder, Geschichte, 37.

29 Vgl. Eder, Geschichte, 48f.

30 Eder, Geschichte, 51.

sierung« zu erreichen, nicht zum Erfolg führten. Feministinnen, u. a. Alice Schwarzer, machten darauf aufmerksam, dass pädophile Sexualität ein starkes Machtgefälle habe und nicht freigegeben werden dürfe.[31]

1.2 »Der Pfarrer ist anders«

Im Horizont sich verändernder gesellschaftlicher Wirklichkeit war auch ein anderes für evangelische Identität wesentliches Merkmal Veränderungen unterworfen: das Pfarrerbild. Die im Folgenden beschriebenen Charakteristika des Pfarrerbildes und seine Umbrüche wie auch die des Pfarrhauses betreffen konkret auch die Situation des Täters, der mit Ehefrau und Kindern nach außen dem Ideal des offenen Pfarrhauses zu entsprechen sucht.

Das gesellschaftliche Pfarrerbild ist in dieser Zeit zwar im Wandel, aber doch stark von Traditionalität geprägt. Dass Frauen das Amt ausüben, ist gerade erst akzeptiert, das Pfarrerbild weithin ›männlich‹ konnotiert. Der Pfarrer ist Respektsperson, die nicht zu hinterfragen ist. Einige der Charakterisierungen, die Manfred Josuttis 1982 in seinem Buch »Der Pfarrer ist anders« vorgenommen hat, verdeutlichen, wie sehr der Pfarrer und das Pfarrhaus unter der Beobachtung von Gesellschaft und Gemeinde stehen. Vom Pfarrer wird erwartet, dass er »Repräsentativfigur« der Religion ist, und seine Gemeinde bestimmt ihr Verhältnis zu ihm häufig durch Übertragungsvorgänge: Er hat den Idealtypus moralischer Integrität zu repräsentieren.[32]

31 Vgl. Reinhardt, Authentizität, 771.

32 Vgl. Manfred Josuttis, Der Pfarrer ist anders. Aspekte einer zeitgenössischen Pastoraltheologie, München 1982, 15.

Im Kapitel »Der Pfarrer und die Macht« hält Josuttis fest, dass das Thema zwar tabuisiert werde, der Pfarrer in seiner beruflichen Praxis selbstverständlich aber Macht habe, die er vor allem als kommunikative Macht zur Beeinflussung anderer Menschen ausübe.[33] Dabei eröffne gerade die Predigt Raum für Allmachtsträume.[34] Allerdings müsse festgehalten werden: »Die Bestärkung der eigenen Person, die das Gespräch mit Hilflosen und Ratsuchenden liefert, die Möglichkeiten, die Predigt und Unterricht zur Beeinflussung anderer Menschen bieten, samt den darin enthaltenen Bemächtigungstendenzen werden kaum reflektiert.«[35] Stattdessen werde der Aspekt des Dienstes in den Vordergrund gestellt, was letztlich aber die Autorität und Macht des Pfarrers verschleiere.[36]

Josuttis bezieht sich in seiner Analyse auf die Forschungen des amerikanischen Psychologen David McClelland, der Macht als ein Grundmotiv menschlichen Handels identifiziert und das Bestreben der Einflussnahme als eine Ausdruckform der Macht so beschreibt:

> »Das Bestreben, Einfluß auszuüben, kann sich prinzipiell auf dreierlei Weise zeigen: (1) in heftigen Handlungen wie Tätlichkeit und Aggression; in Hilfeleistung, Beistand oder Rat; in der Kontrolle über andere; in der Beeinflussung und Überredung anderer oder in dem Versuch, andere zu beeindrucken; (2) in Handlungen, die Emotionen in anderen wecken ...; (3) in dem Bemühen um Ansehen. Eine

33 Vgl. Josuttis, Pfarrer, 73.

34 Vgl. Josuttis, Pfarrer, 77.

35 Josuttis, Pfarrer, 79.

36 Vgl. Josuttis, Pfarrer, 84f.

> Person, die sich um ihr Ansehen sorgt, bemüht sich ganz vordergründig um Einfluß.«[37]

Für Josuttis ist es eindeutig, dass diese Formen der Einflussnahme zum Alltag des Pfarrers gehören. Jeder Pfarrer übt in seiner Funktion als Seelsorger durch seine Hilfeleistung immer auch gleichzeitig Macht aus.

Dass auch das Leben evangelischer Pfarrer von der Verschiebung sexualethischer Orientierungslinien betroffen ist, nimmt Josuttis im Kapitel »Der Pfarrer und die Sexualität« auf. Er konstatiert ein Brüchigwerden der überkommenen Vorstellungen vom Ehe- bzw. Sexualleben des Pfarrers, weist auf die zunehmende Zahl von Ehescheidungen und außerehelichen Beziehungen bei Pfarrern hin und fordert die Landeskirchen auf, zu reagieren.[38] Der Anspruch der Gemeinde sei es, dass der Pfarrer ein Eheleben und ein Sexualverhalten in »idealisierter Normalität« an den Tag lege. Diesen Anspruch stützten die Landeskirchen, für die nach wie vor »die Ehe in ihrer jetzigen Form zu den zentralen Gegenständen der kirchlichen Lehrtradition« gehöre.[39] Josuttis fragt demgegenüber an, mit welchen Gründen andere Formen der Partnerschaft, wie die offene Beziehung, die Wohngemeinschaft im Pfarrhaus oder die gleichgeschlechtliche Lebensgemeinschaft ausgeschlossen würden.[40]

Auf die Probleme, die sich im Hinblick auf den Pfarrberuf aus dem Festhalten am überkommenen Pfarrerbild einerseits und der sich immer stärker verändernden gesellschaftlichen Wirklich-

37 Aus: David McClelland, Macht als Motiv. Entwicklungswandel und Ausdrucksformen, Stuttgart 1978, 20, zitiert bei Josuttis, Pfarrer, 86.

38 Josuttis, Pfarrer, 171.

39 Josuttis, Pfarrer, 181.

40 Vgl. Josuttis, Pfarrer, 177.

keit andererseits ergeben, macht Josuttis zusammen mit Dietrich Stollberg 1990 ein weiteres Mal aufmerksam. Beide wenden sich dem Problembereich »Ehebruch im Pfarrhaus« wissenschaftlich zu.[41] Den Umstand, dass Ehebruch auch im Pfarrhaus zu einer »alltäglichen Lebenskrise« geworden sei, führt Josuttis auf die gesellschaftliche Entwicklung insgesamt zurück.[42] Seit Ende der 60er-Jahre haben Ehescheidungen, Ehen ohne Trauschein sowie zerbrochene Pfarrehen zugenommen und auch Homosexualität im Pfarrhaus wird als alternative Lebensform nicht mehr ausgeschlossen.

Dem steht gegenüber, dass in der gemeindlichen und kirchlichen Wahrnehmung die »erzwungene Einheit von Beruf und Privatsphäre, die das Pfarrerdasein bestimmen«, bestehen bleibt.[43] Die Lebensführung des Amtsträgers ist in dieser Perspektive ein konstitutiver Bestandteil des Amtes selbst und nicht etwas, das der Privatperson zuzurechnen wäre. Deshalb erfährt bei einer Auflösung seiner Ehe der Pfarrer die Trennung auch als eine Trennung von seiner Gemeinde bzw. muss sich vor dem Landeskirchenamt für seine Trennung und Scheidung verantworten.[44]

Im Hintergrund steht hier für Josuttis die Tabuisierung der Sexualität im Christentum:

> »Gott liebt, und Gott will, daß die Menschen einander lieben. Aber immer geht es dabei um Agape und nicht um Eros oder gar Sexus, und nur an den

41 Vgl. Manfred Josuttis/Dietrich Stollberg (Hgg.), Ehe-Bruch im Pfarrhaus. Zur Seelsorge in einer alltäglichen Lebenskrise, München 1990.

42 Vgl. Manfred Josuttis, Das heilige Leben, in: Manfred Josuttis/Dietrich Stollberg (Hgg.), Ehe-Bruch im Pfarrhaus. Zur Seelsorge in einer alltäglichen Lebenskrise, München 1990, 11-26; hier: 11.

43 Josuttis, Leben, 15.

44 Vgl. Josuttis, Leben, 23.

> Rändern der Kirche hat es immer wieder Versuche gegeben, Sexualität in mystisch sublimierter oder orgiastisch praktizierter Weise in das religiöse Leben einzubeziehen.«[45]

Der Raum, in dem Sexualität ihren Platz hat und – seit Luther – ausgelebt werden darf, ist die Ehe und nur sie. Der Pfarrer hat als Vorbild dieser Norm zu entsprechen, Nicht-Einhaltung wird sanktioniert. Je mehr sich gesellschaftliche Normen lockern, desto stärker lockern sich auch die Normen des Lebens im Pfarrhaus. Wie strikt die Normierung des Pfarrers war, illustriert zusätzlich dieses Beispiel: »Noch in den ersten Nachkriegsjahren war es in manchen Gemeinden für die Pfarrer unmöglich, ins Kino zu gehen oder in der Gemeinde öffentlich zu tanzen.«[46]

Konkret bedeutet das: Während vom Ende der 60er-Jahre an die gesamtgesellschaftlichen Konventionen im Hinblick auf die Ehemoral an Verbindlichkeit verlieren und eine Vielzahl neuer Lebensformen nebeneinander ausprobiert werden, bleiben die Konventionen im Hinblick auf Lebensform und Ehe des Pfarrers strikt. Verändern wird sich das erst im 21. Jahrhundert.

1.3 Das Pfarrhaus

Seit Luthers Zeiten war das Pfarrhaus geprägt von einem patriarchalen Standesdenken: »Der Hausvater hat die Verantwortung für das geistliche Leben und die Lebensführung der Mitglieder des

45 Josuttis, Leben, 18.

46 Josuttis, Leben, 22.

Hauses.«[47] Das Modell, wonach in einem Pfarrhaus ein Pfarrer und die ihm zuarbeitende Pfarrfrau leben, blieb in der Breite der landeskirchlichen Wirklichkeit bis in die 1980er-Jahre hinein prägend, in konservativeren Gemeinden hielt es sich noch länger.[48] Erwartet wurde von den Ehefrauen der Pfarrer die »absolute Unterstützung des Ehemannes in seinem Pfarramt, aber auch in seinen privaten Anliegen«[49], die Erziehung der Kinder und die Führung des Pfarrhaushalts, wobei eine hohe Kinderzahl mindestens bis zum Beginn des 20. Jahrhunderts selbstverständlich war und als vorbildlich galt.[50] Die Pfarrfrau sollte sich darüber hinaus in der Gemeinde bei Bibelstunden, Gemeindeveranstaltungen, Mütterkreisen usw. engagieren sowie nach Möglichkeit auch Alten- und Krankenbesuche übernehmen.[51] Bis zur Mitte des 20. Jahrhunderts gilt dabei die Pfarrfrau als diejenige, die für das Gelingen der Ehe verantwortlich ist, da sich der Pfarrer aufgrund seiner Pflichten nicht um Ehe und Familie kümmern könne.[52]

Wie anachronistisch im Vergleich zur gesamtgesellschaftlichen Entwicklung dieses Pfarrhaus-Modell nach und nach wurde, zeigt ein Gedicht, das der badische Landesbischof Hans-Wolfgang Heidland (1912-1992; Bischof von 1964 bis 1980) als »Lob der Pfarrfrau« verstanden wissen wollte und 1977 in alle badischen Pfarrhäuser schickte. Es wirkt wie ein Schwanengesang, wenn es dort u. a. heißt:

47 Christoph Schneider-Harpprecht, Das evangelische Pfarrhaus – Soziale Institution im Wandel der Zeiten. Einführende Überlegungen zu einer Kulturgeschichte des evangelischen Pfarrhauses, in: Jürgen Krüger u. a. (Hgg.), Das evangelische Pfarrhaus im deutschen Südwesten, Ostfildern 2014, 19-40; hier: 25.

48 Vgl. die Übersicht bei Sabine Liebig, Pfarrfrauen im deutschen Südwesten im 20. Jahrhundert, in: Jürgen Krüger u. a. (Hgg.), Das evangelische Pfarrhaus im deutschen Südwesten, Ostfilden 2014, 71-95.

49 Liebig, Pfarrfrauen, 77.

50 Vgl. Liebig, Pfarrfrauen, 77.

51 Vgl. Liebig, Pfarrfrauen, 79.

52 Vgl. Liebig, Pfarrfrauen, 81.

»Jetzt singe ich mit frohem Mund
Aus meines Herzens Lust,
ich mache von der Pfarrfrau kund,
was mir von ihr bewusst.
[...]
Ich weiß, daß sie aus Gottes Gnad
Dem Pfarrer ist beschert.
Durch sie die Kirche früh und spat
Gar große Hilf' erfährt.

Wer wartet bis tief in die Nacht
Auf uns und lauscht dem Groll,
den als Geschenk wir heimgebracht,
ein traurig' Protokoll.« [...][53]

Dieses Modell des Pfarrhauses und der »Arbeitsteilung« darin wird seit den 1960er-Jahren zunehmend infrage gestellt. Bereits 1966 wird auf einer Tagung des Evangelischen Pfarrfrauendienstes die Sorge formuliert, die zunehmende eigene Berufstätigkeit der Ehefrauen von Pfarrern könnte das Ende des evangelischen Pfarrhauses in alter Form zur Folge haben.[54] Gerade einen eigenen Beruf auszuüben war für mit Pfarrern verheiratete Frauen aber von besonderer Bedeutung; denn angesichts der Tatsache, dass auch Ehen im Pfarrhaus ab den 1960er-Jahren häufiger geschieden wurden, konnten sie nur so eine eigene wirtschaftliche Absicherung unabhängig von ihrem Ehemann erreichen. Eine

53 Zitiert nach: Georg Gottfried Gerner-Wolfhard, Vom ›schlicht geweißelten‹ zum ›leeren‹ Pfarrhaus. Das evangelische Pfarrhaus in Baden im 19. und 20. Jahrhundert, in: Jürgen Krüger u. a. (Hgg.), Das evangelische Pfarrhaus im deutschen Südwesten, Ostfilden 2014, 249-269; hier: 260.

54 Vgl. Liebig, Pfarrfrauen, 86.

nur im Ehrenamt tätige Pfarrfrau hatte keine eigene Krankenversicherung und erwarb keine eigenen Ansprüche auf eine Altersversorgung.[55]

So kommt eine Entwicklung in Gang, in der der quasi öffentliche Charakter des Pfarrhauses mehr und mehr zurücktritt. Der Heidelberger Systematiker Heinz-Eduard Tödt konstatiert 1984, mittlerweile habe sich im Pfarrhaus eine Privatsphäre herausgebildet.[56]

1998 heißt es im Pfarrdienstgesetz einer Landeskirche dann nur lapidar: »Das Pfarrhaus ist Dienstgebäude.« (§ 48 Abs.1). Und 2014 kann Georg Gottfried Gerner-Wolfhard feststellen, dass das Ende bisheriger Vorstellungen vom evangelischen Pfarrhaus gekommen sei, und dass seine Zukunft die des ›leeren‹ Pfarrhauses sei, weil Pfarrer*innen Beruf und Privatleben trennen würden.[57]

1.4 Die »revolutionäre Zelle« – Die Alternativen Christen (AC)[58]

In den bewegten Tagen Ende der 1960er-Jahre wird für den Studenten Rolf R. die Begegnung mit Heiner Richter in Ludwigstal prägend. Richter leitete hier eine Beratungsstelle des »Weißen Kreuzes« (heute: »Evangelischen Fachverband für Sexualethik und Seelsorge Weißes Kreuz«), einer aus der Erweckungsbewegung entstandenen Organisation, die Menschen in Krisensituationen vor allem im Beziehungs- und Sexualbereich berät. Richter ist durch den National-

55 Vgl. Liebig, Pfarrfrauen, 93.

56 Vgl. Ulrich Bayer, Die 68er und das Pfarrhaus, in: Jürgen Krüger u. a. (Hgg.), Das evangelische Pfarrhaus im deutschen Südwesten, Ostfildern 2014, 299-316; hier: 302.

57 Vgl. Gerner-Wolfhard, Pfarrhaus, 266: »Das evangelische Pfarr-Haus im Sinne der evangelischen Pfarr-Familie ist abgängig.«

58 Um die Anonymisierung zu gewährleisten, wurden Lebensdaten und auch Buchautoren und -titel verändert sowie Belege weggelassen.

sozialismus geprägt, bezeichnete sich als »gottgläubig«,[59] fand dann aber nach dem Krieg während eines Krankenhausaufenthaltes zum Glauben. Obwohl Heiner Richter nur 17 Jahre älter ist als Rolf R., wurde er für einige Jahre für den suchenden Theologiestudenten zum Vorbild und zu einer Orientierungsfigur.

Rolf R. ist ohne Vater aufgewachsen und teilt die Erfahrung der Vaterlosigkeit mit vielen der in den 1940er-Jahren geborenen Menschen. Einige von ihnen finden in der in den 1960er-Jahren von Heiner Richter und seiner Frau gegründeten christlichen Kommunität einen Familienersatz und in Heiner Richter den ersehnten Ersatzvater.

Im Nachruf auf den verstorbenen Gründer schreibt eine Frau: »Heiner Richter war ein Lehrer, der echt lebendige Auseinandersetzungen zulassen konnte. So ein Sparringspartner für die vaterlosen Studenten damals.« Und ein anderer erinnert sich: »Mit heute 67 Jahren war ich ein ›Mann‹ der ersten Stunde und habe Heiner Richter viel zu verdanken. Hat er damals doch mein Leben als ›Ersatzvater‹ stark geprägt. Früh habe ich meinen eigenen Vater (mit 12 Jahren) verloren.« Und Rolf R. selbst betont:

> »Ich traf einen, der mich ernst nahm und zuhören konnte. Er widerlegte nicht meine Theorien, an die ich mich klammerte, sondern fragte nach den Konflikten. [...] es war aufregend zu sehen, wie aus der Erfahrung von Vergebung Impulse kamen zu Schritten der Versöhnung und wie andere einbezogen wurden in ein wirksames Leben unter Gottes Führung.«

59 Eine von den Nationalsozialisten eingeführte Terminologie für eine spezifische, nicht mehr christliche und vom Nationalsozialismus etablierte Glaubensrichtung.

Der in den 1920er-Jahren geborene Heiner Richter meldet sich nach einer Zeit im Reichsarbeitsdienst als Kriegsfreiwilliger. Er gerät in sowjetische und amerikanische Kriegsgefangenschaft. Ab 1948 ist er Vorsitzender einer Zweigstelle des Weißen Kreuzes, ab 1950 arbeitet er dort in Vollzeit. Von1960 bis 1968 absolviert er ein Studium und wird danach erster Vorsitzender des Vereins Weißes Kreuz e.V. In dieser Zeit absolviert er eine Ausbildung zum Eheberater.

Richter ist seit den 1960er-Jahren ebenfalls Mitglied der Aktion »Sorge um Deutschland«, einer Gebetsgemeinschaft, die mit Unterschriftenaktionen gegen eine gesellschaftliche Entwicklung vorgehen will, die zu einer »Zersetzung« sowohl des Glaubens wie der Ethik führe.[60] Die Aktivitäten der Aktion »Sorge um Deutschland« werden von einem Freundeskreis unterstützt, zu dem auch die Rothenfelder Evangelische Schwesternkommunität gehört, die sich im »evangelischen Sittlichkeitskampf« engagiert sieht.[61] Die Mutter von Rolf R. hat sich als verwitwete Frau der Schwesternschaft angeschlossen. Seine zukünftige Frau steht der Gemeinschaft ebenfalls nahe. Auf einer der Konferenzen in Rothenfeld wird Rolf R. sie kennenlernen. »Sorge um Deutschland« arbeitet auch mit der Plakatmission der »aktion 365« zusammen, ist enger Kooperationspartner der Arbeitsgemeinschaft Missionarischer Dienste (AMD) und kooperiert mit der Jugendmission Davis Wilkersons, einem Zweig der charismatischen Bewegung.[62] Die später von Richter gegründeten Alternativen Christen (AC) stehen zeit-

60 Vgl. Gisa Bauer, Evangelikale Bewegung und evangelische Kirche in der Bundesrepublik Deutschland. Geschichte eines Grundsatzkonflikts (1945 bis 1989), Göttingen 2012.

61 Jäger Protestantismus.

62 Vgl. Bauer, Bewegung.

weise im Austausch mit Mitgliedern der sexualethischen Kommission der EKD.[63]

Richters Frau Jutta wird in den 1920er-Jahren als drittes von neun Kindern in Schlesien in einem lutherischen Pfarrhaus geboren. Sie legt das Abitur ab und will eigentlich Medizin studieren. Nach dem Reichsarbeitsdienst und dem Kriegshilfsdienst absolviert sie dann aber eine Lehre zur Krankengymnastin. Die Familie muss aus der Heimat fliehen und landet in einer Kleinstadt. Jutta macht im Katechetischen Seminar einer größeren Stadt eine Ausbildung zur Religionspädagogin und arbeitet in der Kleinstadt als Gemeindepädagogin. In den 1950er-Jahren heiratet sie Heiner Richter und gibt zugunsten der Familie ihre Tätigkeit als Gemeindepädagogin auf.

Heiner und Jutta Richter gründen in den 1950er-Jahren eine christliche Ehepaar- und Verlobtenschule. Sie werden zudem als Referent*innen zum Thema »Ehe und Familie« in den evangelischen Landeskirchen tätig. Das Ehepaar bekommt drei Kinder. Jutta Richter publiziert selbst unter anderem zum christlichen Eheverständnis. In ihren Schriften setzt sie sich differenziert mit den Ehevorstellungen der Zeit auseinander, spricht nur indirekt ein Nein zur vorehelichen Sexualität aus, hält aber insgesamt an einem binären Geschlechterbild fest, in dem die Frau wesentlich Mutter und Hausfrau bleibt und bereits am Tag der Eheschließung aufhören soll zu arbeiten.[64] Das Buch erfährt als Longseller bis in die 1990er-Jahre hinein zahlreiche Auflagen und wird mit insgesamt über 80.000 Exemplaren verkauft.[65]

63 Vgl. Bauer, Bewegung.

64 Vgl. Jutta Richter, Ehe in der Gegenwart, Bad Honnef 1970.

65 Vgl. Heiner Richter, Zu Jutta Richters Lebensweg, in: Ute Paul (Hg.), Biblische Begegnungen mit Jesus Christus erzählt von Jutta Richter, Stuttgart 2005, 207.

Jutta Richter schildert in einer ihrer Publikationen, dass ihr ältester Sohn im Februar 1967 mit einem Flugblatt nach Hause kommt. Die Gruppe, die das Blatt in Umlauf bringt, will gegen restriktive Tendenzen bei der Sexualaufklärung von Schüler*innen vorgehen. Man lädt zum Vortrag eines Referenten aus Berlin ein und verspricht, Schülerinnen bei der Beschaffung der »Anti-Baby-Pille« behilflich zu sein. Das Ehepaar Richter ist alarmiert. Gegen solche Strömungen will es seine eigenen christlichen Werte setzen. Eine Konferenz für Schüler*innen und Studierende wird organisiert. Die Evangelische Schwesternkommunität Rothenfelde unterstützt das Unternehmen, indem es Mitarbeitende und ihr Gästehaus zur Verfügung stellt. Unter der Überschrift »Revolution in aller Munde – auch bei uns!« wird 1968 zur ersten Schüler*innen- und Student*innenkonferenz eingeladen. Es kommen junge Leute im Alter von 18 bis 30 Jahren aus allen Teilen der Bundesrepublik. Zwei Drittel der Teilnehmenden sind Männer, ein Drittel Frauen. Vertreten sind nicht nur Studierende und Gymnasiast*innen, sondern auch Schüler*innen von Fach-, Berufs-, Mittel- und Handelsschulen.[66] Bis 1970 werden der ersten Tagung über 30 weitere gut besuchte Veranstaltungen folgen.

Damit ist ein Anfang gesetzt, ein Nukleus entstanden, aus dem die »Alternativen Christen« als Lebens- und Wohngemeinschaft hervorgehen werden. Im Hintergrund steht ein Aufbegehren gegen eine missionierend wahrgenommene atheistisch-marxistische Weltanschauung, der man als Christ*innen offensiv begegnen will. Bemerkenswert dabei ist, dass die AC die einzige

66 Vgl. Heiner Richter, Alternative Christen. Berichte und Erfahrungen 1968, in: Heiner Richter/Jutta Richter (Hgg.), Impulse. Denkschrift zu mehreren Dekaden der AC. Die Gemeinschaftsform der AC und ihre Konzepte, Gütersloh 1988, 55-65; hier: 56.

evangelikale Gruppierung ist, die nicht sofort zu einer konfrontativen Abgrenzung übergeht, sondern versucht, das Bemühen um alternative Formen der Lebensgestaltung produktiv aufzunehmen.[67]

Die Familie Richter – das Ehepaar hat mittlerweile drei Kinder – gibt ihr eigenes Haus auf und zieht im April 1969 nach Heimbuch, um dort eine Großfamilie zu gründen.[68] Auch ein Studien- und Forschungszentrum wird ins Leben gerufen. Es zeichnet sich durch konservative sozialethische Vorstellungen von Familie, Ehe und Sexualität aus und steht der evangelikalen Bewegung nahe.[69]

Heiner Richter geht es darum, eine »Revolution mit anderen Mitteln« zu erreichen. Was mit Schüler*innen- und Studierendenkonferenzen begonnen hat, gewinnt nun in einer Gruppe von »Alternativen Christen« Gestalt, die ein gemeinsames Leben einüben und zur Verantwortungsübernahme in Kirche und Gesellschaft befähigen wollen. Richter sieht ein Versagen der älteren Generation, die sich behaglich eingerichtet habe, und es den neuen radikalen Gruppierungen, wie beispielsweise dem SDS, überlasse, eine nicht-repressive Gesellschaft, neue Sexualnormen (wie die Anti-Baby-Pille schon für Schülerinnen) und eine tiefgreifende Umgestaltung der Gesellschaft anzustreben.[70] Sein Gegenentwurf ist das spirituell geprägte Wohngemeinschaftsleben mit jungen Leuten. Einen seiner Artikel beschließt er mit den Worten: »Wir wollen

67 Vgl. Bauer, Bewegung.

68 Vgl. Jutta Richter, Das Experiment der Alternative Christen, in: Hans Hansen (Hg.), Gottes neue Offensive. Herausforderungen für bürgerliche Christen, o.J., 8-45; hier: 9f.

69 Vgl. Bauer, Bewegung.

70 Vgl. Heiner Richter, Jugend am Vorabend der Revolution, in: Heiner Richter/Jutta Richter (Hgg.), Impulse. Denkschrift zu mehreren Dekaden der AC. Die Gemeinschaftsform der AC und ihre Konzepte, Gütersloh 1988, 40-44.

nicht ablassen vom Gebet für die junge Generation, die radikalen Studenten und Schüler und uns selbst mit ihnen unter das Kreuz stellen.«[71]

Das Handeln der Alternativen Christen versteht Richter dabei ebenfalls als eine Revolution, die vier Grundlagen hat: »1. Die Freundschaft mit Jesus Christus 2. Der Einsatz für die Herrschaft Gottes heute 3. Die Gemeinschaft mit anderen 4. Der Kampf mit der Sünde«.[72] In der Terminologie der Revolution heißt es: »Es geht heute um Herrschaftswechsel, um Umsturz aller bisher uns beherrschenden Autoritäten. Es geht um die Herrschaft Gottes und um die Verwirklichung des Willens Jesu in unserer Revolution.«[73]

Von Anfang an werden die Konferenzen auch als Erweckungsveranstaltungen wahrgenommen:

> »Wenn nach dieser Tagung nichts geschieht, ist sie umsonst. Der Weg ist so einfach, denn Jesus wartet auf uns, uns das Leben zu geben. Er wartet auf uns, in innigste Lebens- und Liebesbeziehung mit uns zu treten. Er ist ja der Lebendige. Er ist ja unser Freund. Er ist wirklich dieser auferstandene königliche Herr. Er sucht Gefolgsleute, die Ihm zu Diensten stehen, die erfaßt sind: Welch ein Reich ist es, das wir mit ihm zu erbauen haben, dieses Reich Gottes! Dafür lohnt es sich wirklich, Opfer zu bringen. Aus den Opfern quillt das Leben. [Hervorhebung im Origi-

71 Vgl. Richter, H., Jugend, 48.

72 Heiner Richter, Verschiedene Sonntagsbriefe an die ACs, in: Heiner Richter/Jutta Richter (Hgg.), Impulse. Denkschrift zu mehreren Dekaden der AC. Die Gemeinschaftsform der AC und ihre Konzepte, Gütersloh 1988, 65-82; hier: 73.

73 Richter, H., Sonntagsbriefe, 73f.

> nal, UG] Es ist doch der Wunsch unseres Herrn Jesu selber, daß überall Zellen entstünden, Kraftzellen, Glutherde in den Schulen, in dieser und jener Stadt, die anderen [sic.] erregen.«[74]

Und die jungen Teilnehmenden formulieren am Ende der Tagung ein Gebet, das eine Selbstverpflichtung darstellt:

> »Mit Gottes Hilfe
> Will ich mich täglich von
> Jesus Christus revolutionieren lassen
> Und dadurch in der Liebe Christi
> Revolutionär werden überall,
> wohin Gott mich stellt:
> in meiner Familie,
> in meiner Schule und Universität,
> an meiner Arbeitsstelle,
> in meiner Gemeinde
> und in unserer Gesellschaft.«[75]

Der Impetus ist: Aus einer Erweckung soll die Umgestaltung der Gesellschaft im Sinne Jesu Christi erfolgen. Indem er die »Grundlagen der Revolution« formuliert, greift Richter die Sprache der Jugend und vor allem der politisierten Jugend auf. Er wirbt für eine Veränderung, die aber mit Mitteln angestrebt wird, die sich von

74 Schwester A., Aller Anfang ist schwer. Mitschriften aus der ersten gemeinsamen Konferenz 1968, in: Heiner Richter/Jutta Richter (Hgg.), Impulse. Denkschrift zu mehreren Dekaden der AC. Die Gemeinschaftsform der AC und ihre Konzepte, Gütersloh 1988, 55.

75 Anonym, Ziel und Weg für alternative junge Christen, in: Heiner Richter/Jutta Richter (Hgg.), Impulse. Denkschrift zu mehreren Dekaden der AC. Die Gemeinschaftsform der AC und ihre Konzepte, Gütersloh 1988, 59.

denen, die die als atheistisch-marxistisch wahrgenommene Studentenbewegung propagiert, deutlich unterscheiden. Zum Leben in der Gemeinschaft gehört es, das Revolutionäre und Andere im Zusammenleben zu erproben.

Der erste Kurs, um Mitarbeitende für diese Form der Lebensgemeinschaft auszubilden, findet im Studienzentrum im Sommer 1970 in Heimbuch statt: »Ein ausgewählter Kreis von rund 20 jungen Männern und Mädchen soll in vier Wochen eine grundlegende Ausbildung erhalten und miteinander eine revolutionäre Lebensgemeinschaft praktizieren.«[76] Die Gedanken, die ein Theologiestudent, der am Kurs teilgenommen hat, zu den gemachten Erfahrungen festhält, lassen erkennen, dass die Übergabe an Gott bzw. Christus grundlegender Impuls für alles weitere Handeln ist. Es ist von »Gottes Totalitätsanspruch« die Rede.[77]

Die Großfamilie in Heimbuch organisiert eine eigene Konferenz-, Studien- und Seelsorgetätigkeit. Tagungen werden auch in größeren Tagungsstätten außerhalb veranstaltet. Dazu kommt die Mitarbeit bei den alltäglichen Aufgaben im Haus selbst: Kochen, Waschen, Bügeln, Putzen – Tätigkeiten, die vorwiegend von den jungen Frauen übernommen werden –, Hausmeisterei, »Tonbandarbeit und Filmverleih, Bibliothek und Archiv-Pflege, Sekretariat, ... Gästebetreuung und Versandarbeit, Konferenzvorbereitung, Gartenarbeit und Druckerei mit allen dazugehörenden Nebenarbeiten«.[78]

76 Heiner Richter, Revolutionär leben in einer revolutionären Welt, in: Heiner Richter/Jutta Richter, Impulse. Denkschrift zu mehreren Dekaden der AC. Die Gemeinschaftsform der AC und ihre Konzepte, Gütersloh 1988, 93.

77 Heiner Richter, Auswertung des ersten Sommerkurses, in: Heiner Richter/Jutta Richter, Impulse. Denkschrift zu mehreren Dekaden der AC. Die Gemeinschaftsform der AC und ihre Konzepte, Gütersloh 1988, 94.

78 Jutta Richter, Handbuch für die Existenz. Ein Feldversuch der AC, in: Sebastian Sauer (Hg.), Aktuelle christliche Gruppen. Christliches kommunitäres Leben, Sandhausen, o. J., 15.

Zwei Prinzipien bestimmen dabei das Leben der Großfamilie: Das erste besteht im Halten der sog. »Stillen Zeit« in der Stunde morgens vor dem Frühstück. Es ist nicht festgelegt, wie diese Stunde gestaltet werden soll. Es kann in der Bibel gelesen, gebetet oder meditiert werden. Es wird empfohlen, die dann kommenden Gedanken aufzuschreiben.

Das zweite Prinzip bezieht sich auf das konkrete Zusammenleben und die Unterordnung des Einzelnen unter die Bedürfnisse und Ansprüche der Gemeinschaft:

> »*Privatinteressen, persönliche Wünsche und Bedürfnisse zugunsten des gemeinsamen Ziels für die Zeit des Zusammenlebens zurückzustellen*. Das heißt in der Praxis, daß jeder von sich aus auf einige Rechte verzichtet, die die gemeinsame Arbeit hemmen und hindern würden. Dazu gehört unter anderem das Recht auf Zweierverhältnisse innerhalb der Gemeinschaft.«[79]

Zu den verbindlichen Maßstäben der AC gehört darüber hinaus, sein Leben nach den Maßgaben des Neuen Testaments im Bewusstsein der Herrschaft Christi auszurichten. Tugenden wie Ehrlichkeit, Reinheit, Selbstlosigkeit und Liebe stehen hier zentral. Die AC verstehen sich zwar als Gemeinschaft innerhalb der Landeskirche, setzen den Akzent aber auf das gemeinsame, verbindliche Leben und Handeln in der eigenen Gruppe:

> »Unsere Welt ist nicht mehr zu ändern mit der Proklamation der reinen Lehre. Aber Gott will Veränderung schaffen mit der Provokation jedes Lebens,

79 Richter, J., Handbuch, 14.

> in dem Jesus Christus wirklich Herr ist und in dem seine Herrschaft Priorität hat *vor* allem anderen. Dazu leben wir zusammen und dafür setzen wir gemeinsam unser Leben ein.«

Es geht den AC um ein offensives Eintreten für den christlichen Glauben im Unterschied zu einem Christentum, das – verglichen mit dem kämpferischen Einsatz der Studentenbewegung der Zeit – als viel zu defensiv und zurückhaltend wahrgenommen wird. Anliegen der AC ist es, aufzurütteln und zur Übernahme von Verantwortung aufzufordern.[80] Christ*innen sollen sich kämpferisch für ihre Glaubenshaltung einsetzen, sie vertreten und sichtbar machen, genau so, wie die Marxist*innen ihre Positionen offensiv kenntlich machen. »Wo bleibt meine Alternative vom Reich Gottes im Hinblick auf die kommunistische Zielsetzung der Weltrevolution?«, heißt es.

Entsprechend suchen die AC die Öffentlichkeit. Man engagiert sich im In- und Ausland. Sie sind bei der Olympiade in München dabei und beim Ökumenischen Pfingsttreffen im Juni 1971, dem Vorläufer des Ökumenischen Kirchentags. Die AC nehmen dort an einer Untergruppe teil und entwickeln ein Grundsatzpapier, das auch angenommen wird. Das Papier fordert, die Kirche müsse in der Zweidrittelwelt Anwalt der Unterdrückten werden. Das Tagesgebet der AC beim Pfingsttreffen formuliert:

> »Mit Gottes Hilfe wollen wir in der Liebe Christi offensiv werden überall, wohin uns Gott stellt.

80 Vgl. Richter, J., Handbuch, 37.

> Laß uns eine verschworene Zelle der Erneuerung werden, damit wir für unsere Umgebung verantwortlich beten,
> denken und sorgen können.
> Gib uns solche Klarheit, solche Disziplin und solchen Einfluß,
> daß wir viele aus der Menge der Unentschlossenen
> von Deinem Plan überzeugen,
> aber auch Entschlossene, mit Haß und Bitterkeit arbeitende
> Revolutionäre gewinnen können für die größere,
> realistischere und menschlichere Revolution Deiner Liebe.«

Die AC zeigen damit ein gesellschaftspolitisches Bewusstsein, das in der evangelikalen Bewegung in den 1970er-Jahren eher unüblich ist und das sich auch in der Folgezeit konstant durchhält: Eine Chronik zum zwanzigjährigen Bestehen der AC beinhaltet ein Kapitel, das mit »Pädagogik, Seelsorge, Ökologie« überschrieben ist und damit zeigt, dass diese Anliegen dauerhaft verfolgt wurden.

Rolf R. und seine Verbindung zu den AC

Rolf R. besucht schon eine der ersten Konferenzen der AC. Er nimmt telefonisch Kontakt zu Heiner Richter auf und arbeitet seit Beginn der 1970er-Jahre – noch als Theologiestudent – bei den AC mit. Später wird er zusammen mit seiner Frau und drei Kindern im Nahbereich der Großfamilie leben. Er gehört zum sog. »inneren Kern«, hält, nachdem er examiniert ist, regelmäßig Bibelarbeiten und feiert in der Gemeinschaft Gottesdienste mit Abendmahl.

Bereits in dieser Zeit gibt es Affären. Rolf R. gelingt es offensichtlich – und dies unter den Augen der »Großfamilie« –, junge Frauen für sich einzunehmen, sich ihnen zu nähern und Beziehungen anzubahnen. So plant Rolf R., eine junge Chemiestudentin zu adoptieren. Er meint, »dass er so viel Liebe hätte und seiner Frau nichts wegnehmen würde, wenn er diese Liebe auch mit anderen teilt«.[81] Augenscheinlich geht es ihm um mehr als eine Vater-Tochter Beziehung. Heiner Richter macht ihm deutlich, dass eine Adoption nicht infrage komme und er die Gemeinschaft verlassen müsse, sollte er den Plan umsetzen.

In seiner Zeit bei den AC zeigt Rolf R. eine deutliche evangelikale Orientierung, wirkt aber beispielsweise auf einem Kirchentag in den 1970er-Jahren als Vermittler zwischen offizieller Kirche und den Alternativen Christen. Schriftliche Äußerungen aus dieser Zeit deuten auf ein hohes Sendungsbewusstsein hin. Rolf R. ist überzeugt, vollmächtig Seelsorge üben zu können. Er handelt in der Gewissheit, der Wahrheit Gottes zu dienen. Dieses Selbst- und Sendungsbewusstsein hat etwas Selbstermächtigendes. Eine kleine Schrift, die er in dieser Zeit veröffentlicht, trägt den vielsagenden Titel: »Zum aktiven Christsein erlöst«.

Dass Rolf R. nach seinem Vikariat nicht, wie ursprünglich vorgesehen, zu den AC zurückkehrt und der Kontakt zu Heiner Richter ab Ende der 1970er-Jahre abbricht, verdankt sich möglicherweise seinem Wissen darum, dass in einem Pfarrhaus der Landeskirche mehr Freiheiten möglich sind als im kontrollierten Bereich der christlichen Gemeinschaft in Heimbuch.

81 Reinhilde M., Kommunitätsmitglied, Persönliche Erinnerung an Rolf R., in: Rolf R. Unterlagen, AC, Diemelstadt, o. J.

2. Der Pfarrer

2.1 Von der Kindheit bis zum Theologiestudium

Kindheit und Jugend

Rolf R. wird kurz vor dem Ende des Zweiten Weltkrieges in Oberrat geboren. Er ist das dritte Kind des Lehrers Walter R., geb. 1912, und seiner Frau Gerda. Walter R. ist zu diesem Zeitpunkt Soldat im Rang eines Gefreiten. Er hat seinen Sohn nie kennenlernen können; es ist sogar ungewiss, ob er überhaupt von der Schwangerschaft seiner Frau erfahren hat: Walter R., den das Weltkriegsdenkmal seiner Heimatstadt unter den Gefallenen auflistet, ist seit 1944 vermisst. Sein Todesdatum und der Ort seines Sterbens konnten nie festgestellt werden.

Rolf R. hat zwei ältere Geschwister. Seine Mutter hat den Beruf der Sekretärin erlernt und kann so die Familie nach dem Krieg über Wasser halten. Zur Mutter unterhält der Sohn ein so enges Verhältnis, dass er sie, als sie 86 Jahre alt und pflegebedürftig ist, zu sich holen wird.

Der Junge wächst – wie so viele seiner Generation – vaterlos auf. Die Kleinstadt, in der er lebt, ist bis in die 1940er-Jahre von einer überwiegend evangelischen Bevölkerung geprägt. Nach dem Krieg erhöht sich die Zahl der katholischen Bürger durch die Zuwanderung Geflüchteter auf über 500, so dass in den 1960er-Jahren auch eine katholische Kirche im Ort gebaut wird. Der Junge ist offenbar begabt, jedenfalls darf er nach dem Besuch der Grundschule in Oberrat das Gymnasium im nahegelegenen Mühling besuchen. Mitte der 1960er-Jahre schließt er die Schule mit dem Abitur ab.

Konfirmiert wird Rolf R. ebenfalls in Oberrat. Nach seiner Konfirmation engagiert er sich in der Jugendarbeit seiner Gemeinde.[1] Während der Gymnasialzeit absolviert er ein Austauschjahr in den USA.

Nachdem er am Sprachenkolleg seiner Landeskirche die Ergänzungsprüfungen für Latein und Griechisch abgelegt hat, beginnt Rolf R. in einem Sommersemester das Studium der Evangelischen Theologie in Tübingen.

Studium während der Studentenunruhen

In Tübingen absolviert Rolf R. die Prüfung im biblischen Hebräisch und die in der Studienordnung vorgesehenen Proseminare. Kurz danach wechselt R. nach Heidelberg. Er kommt an eine Universität, die durch die Studentenbewegung und das Auftreten des Sozialistischen Deutschen Studentenbundes (SDS) in Unruhe ist. R. studiert weiter Evangelische Theologie, engagiert sich nach eigener Aussage aber auch innerhalb der Studentenbewegung. Welcher Strömung oder Gruppe er sich anschloss, ist jedoch nicht mehr feststellbar.

In Heidelberg tritt der SDS als »geschlossene Organisation« auf, die eine klare politische Agenda vertritt. Er organisiert neben

1 Vgl. handgeschriebener Lebenslauf vom 22.8.1975, in: LKA, Personalakte Rolf R., Bd. 1.

Demonstrationen vor allem sog. Teach-ins, Protestveranstaltungen auf dem Campus-Gelände, die das Ziel verfolgen, Teilnehmende über gesellschaftliche oder politische Missstände zu informieren und für den Widerstand zu mobilisieren. Themen sind z.B. die damals umstrittene Austragung der Olympischen Spiele in Mexiko, die dortige Diskriminierung schwarzer Sportler, die sich zur Black-Panther-Bewegung bekannten, oder der Einmarsch der Sowjetunion in die CSSR zur Niederschlagung des »Prager Frühlings«. Informationsveranstaltungen zum Thema Sexualität finden ebenfalls große Resonanz.[2]

Der »Heidelberger Winter« 1968/69 geht in die Universitätsgeschichte ein. Der Ring Christlich-Demokratischer Studenten (RCDS) tritt zunächst eher moderat auf. So fragt im Juni 1967 der Sprecher des RCDS anlässlich einer Demonstration zum Gedenken an Benno Ohnesorg die auf dem Universitätsplatz versammelten Studierenden, ob sie tatsächlich der Meinung seien, mit Tomaten- und Steinwürfen sowie Rauchbomben ihre abweichende Meinung angemessen kundzutun. Er selbst und der RCDS lehnen gewalttätige Proteste ab.[3]

Im Wintersemester 1968/69 schließt sich der RCDS aber der Forderung des SDS nach einer Demokratisierung der Universität und mehr Mitbestimmungsrechten für Studierende an. Es folgt ein Boykott der Grundordnungsversammlung, einer Art verfassungsgebende Versammlung der Universität durch die Studierenden.[4] Auf einer Veranstaltung mit dem Allgemeinen Studentenaus-

2 Vgl. Burkhart Braunbehrens u. a., Sozialistische Avantgarde und antiautoritärer Massenprotest. Studentenbewegung in Heidelberg, in: Karin Buselmeier u. a. (Hgg.), Auch eine Geschichte der Universität Heidelberg, Mannheim 1985, 414f.

3 Vgl. Katja Nagel, Die Provinz in Bewegung. Studentenunruhen in Heidelberg 1967-1973, Heidelberg u. a. 2009, 49f.

4 Vgl. Braunbehrens u. a., Avantgarde, 430f.

schuss (AStA) im November 1968 lehnt der Rektor eine Ausweitung der Mitbestimmungsrechte von Studierenden in der Grundordnungsversammlung explizit ab. 1969 wird daraufhin das Jahr der Revolte an der Universität: Studierende besetzen Institute, der Rektor droht mit einer Schließung der Gesamtuniversität. An vielen Instituten finden Vollversammlungen der Studierenden statt, Basisgruppen formieren sich. Lehrveranstaltungen werden zu Orten, an denen über die Lage diskutiert wird. Es kommt immer wieder zu Demonstrationen. Im Februar schließt der Rektor das Hörsaalgebäude der Universität.[5] Die Studenten – und nicht nur die sozialistischen Studenten des SDS – fordern Demokratie, Reformen und mehr Mitbestimmung an der Universität; eine wirkliche Radikalisierung hat aber noch nicht stattgefunden. Auch der RCDS spricht sich für die »Drittelparität« aus, d.h. Professoren, Dozenten und Studierende sollen in den Gremien der Universität in gleicher Zahl, mit gleichem Stimmrecht vertreten sein.[6] Noch vor Beginn des Sommersemesters 1969 verabschiedet die Grundordnungsversammlung trotz des Boykotts durch die Studierenden eine neue Grundordnung. Diese löst die Satzung der Universität von 1945 ab, gliedert die Universität neu und nimmt die in Aussicht gestellte Mitwirkung der Studierenden nicht auf. Dies führt zu einer ungeheuren Mobilisierung der Studierenden. Es kommt zu einem Streik, der zum Ausfall von 80 % der Lehrveranstaltungen führt.

Auch am Evangelisch-Theologischen Institut kommt es in dieser Zeit zu Protesten. Veranstaltungen werden zum Teil boykottiert bzw. »gesprengt« – so das homiletische Hauptseminar von Professor

5 Vgl. Braunbehrens, u. a., Avantgarde, 434f.

6 Vgl. Dietrich Hildebrandt, »... und die Studenten freuen sich!«. Studentenbewegung in Heidelberg 1967-1973, Heidelberg 1991, 51.

Manfred Seitz im WS 1968/69, der darüber eigens einen Bericht verfasst hat.[7] Während eines Seminargottesdienstes mit Predigtübung in der Peterskirche im Januar 1969 kommen zusätzlich zu den Seminarteilnehmenden weitere Personen dazu, so dass außer den 30 das Seminar besuchenden Studierenden weitere 70 Personen am Gottesdienst teilnehmen. Nachdem eine Studentin aus dem Seminar eine erste Probepredigt gehalten hat, versuchen die Hinzugekommenen, mit einer Gegenrede zu starten, die wiederum die am Seminar teilnehmenden Studierenden mit Gesang stören.

Schon im November 1968 hat es im gleichen Seminar die »Predigt« eines Seminarteilnehmers ebenfalls in der Peterskirche gegeben, in der dieser eine »Begründung, warum über Apokalypse 7,9-17 nicht zu predigen sei« verlesen hatte. Der Student schloss seinen Vortrag mit der zweiten Strophe der Internationale: »Es rettet uns kein höhres Wesen, kein Gott, kein Kaiser noch Tribun; uns aus dem Elend zu erlösen, können wir nur selber tun.«[8] Der Seminarleiter löschte daraufhin die brennenden Kerzen am Altar. Seitz begründete diese Aktion später so: »Wo Gott geleugnet wird, ist der Gottesdienst zu Ende.«[9]

Auch Seitz' Vorlesung »Praktische Theologie und Sakramente« wird gestört, ebenso wie die Vorlesung des Systematischen Theologen Edmund Schlink. Seitz selbst beschließt seinen Bericht mit einem optimistischen Resümee:

7 Vgl. Manfred Seitz, Abschrift: Homiletisches Seminar WS 1968/69 an der Theologischen Fakultät der Universität Heidelberg. Bericht über den bisherigen Verlauf, in: LKA GA 8846.

8 Manfred Seitz, Abschrift: Homiletisches Seminar WS 1968/69 an der Theologischen Fakultät der Universität Heidelberg. Bericht über den bisherigen Verlauf, 4, in: LKA GA 8846.

9 Manfred Seitz, Abschrift: Homiletisches Seminar WS 1968/69 an der Theologischen Fakultät der Universität Heidelberg. Bericht über den bisherigen Verlauf, 4, in: LKA GA 8846.

> »Es mag deutlich geworden sein, unter welchen Umständen gegenwärtig Theologie gelehrt und studiert werden muß. Aber es lohnt sich mehr denn je. Darum sei an dieser Stelle allen gedankt, denen, die mit mir zusammengearbeitet, denen, die mit mir gestritten haben, und denen, die teils dies, teils das getan haben. Dadurch ist eine Situation entstanden, in der der Glaube und das Bemühen, ihn theologisch zu verantworten, wieder teuer zu werden beginnt. Das allein entspricht seinem Wesen.«[10]

Dass die Weise, wie der Glaube theologisch zu verantworten sei, auch bei den Studierenden selbst umstritten ist, zeigt eine andere öffentlich geführte Auseinandersetzung. Eine selbst ernannte »basisgruppe theologie« kommentierte einen Gottesdienst und ein Gespräch mit dem damaligen Landesbischof Heidland folgendermaßen: »Episkopaler Versöhnungsschleim und subalterne Liberalscheiße sind die Exkremente der herrschenden Theologie.« Die Mitglieder der Gruppe betrachten sowohl den Landesbischof wie die anwesende bürgerliche Gemeinde als die »Repräsentanten der herrschenden Instanzen«, deren »Versöhnungsschleim [...] nicht zum Abbau bestehender Widersprüche« diene.[11] Dagegen wendet sich eine andere alternative theologische Gruppe. Sie positioniert sich dezidiert gegen diese Diffamierungskampagnen der Basisgruppe und fordert stattdessen eine Öffnung der Universität, um im Dialog mit den Professoren die »Dialektik rationalen Denkens im Studium selbst [...] gegen ihre Professoren« anzuwenden.[12]

10 Manfred Seitz, Abschrift Begleitwort, 3, in: LKA GA 8846.

11 basisgruppe theologie, Episkopaler Versöhnungsschleim und subalterne Liberalscheiße sind die Exkremente der herrschenden Theologie, in: LKA GA 8846.

12 Zur Lage, 10.2.1969, in: LKA GA 8846.

Unter dem evangelischen Theologen Rolf Rendtorff als Reformrektor beruhigt sich ab 1970 die Lage an der Universität Heidelberg.

Rolf R. sucht zunächst Anschluss an die politische Führung der Studentenbewegung in Heidelberg, wobei er sich aber eher konservativ zu orientieren scheint: Zwei Semester lang ist er Mitglied im Heidelberger Studentenparlament und hat sich – nach eigener Aussage – mehr für die Hochschulpolitik als für sein Studium engagiert.[13] Ob Rolf R. sich beim RCDS engagierte, ist nicht feststellbar.[14] Für später von ihm gemachte Aussagen, er habe Kommilitonen gehabt, die Terroristen geworden, in den Untergrund gegangen oder resigniert seien, finden sich ebenfalls keinerlei Belege. Rolf R.s Politisierung war, wenn man überhaupt von einer solchen sprechen kann, nur von kurzer Dauer.

Familiengründung und Anschluss an die Alternativen Christen (AC)

Schon im Alter von 23 Jahren heiratet Rolf R. die drei Jahre ältere Inge K. Für die damalige Zeit, in der es noch den Kuppeleiparagraphen gibt und unverheiratete Paare keine Wohnung finden, ist eine Eheschließung noch während des Studiums nicht ungewöhnlich und bei Theologiestudierenden ohnehin eher üblich. Das erste Kind wird Anfang der 1970er-Jahre geboren. Nach Rolf R.s eigener Aussage hatte ihn seine Frau zwischenzeitlich für kurze Zeit wegen einer anderen Beziehung verlassen. Es kommt jedoch zur Versöhnung.

13 Vgl. Jutta Richter, Keine Woche gleicht der anderen. Erinnerungen an die Zeit in Heimbuch, Sandhausen 1978, 25.

14 Das Archiv des RCDS ist noch nicht zugänglich.

Rolf R. schließt sich zusammen mit seiner Frau den AC an.[15] Das Ehepaar fühlt sich dem als revolutionär wahrgenommenen Anspruch der AC in besonderer Weise verpflichtet. Junge Menschen im Christentum zu beheimaten und neu für den Glauben zu begeistern, begeistert auch sie selbst: »Junge rebellierende oder resignierende Menschen ließen sich auf eine Revolution der Liebe Gottes ein. Es ging stürmisch zu und in großen Schritten voran.«[16]

Nach ihrer ersten Begegnung beschreibt Jutta Richter das Ehepaar: »Die junge Frau war hellblond und sehr individuell gekleidet, er dunkelhaarig und schmal. Er war Student und sah aus, als hätte er einen Urlaub dringend nötig; sprach leise und langsam, fast meinte man, etwas nachhelfen zu müssen.« Das Ehepaar beschließt direkt, in der Gemeinschaft mitzuarbeiten, und zieht nach einiger Bedenkzeit in die Nähe der Wohngemeinschaft nach Heimbuch. Ungefähr 60 Personen, einige davon auch anderer Nationalität, leben und arbeiten zu dem Zeitpunkt in dem Haus, davon 30 Personen als feste Gemeinschaft, die anderen sind wechselnde Gäste. Zu den Regeln der Initiative gehört es, jeden Morgen zwischen 6 und 7 Uhr eine stille Stunde vor Gott zu halten. Außerdem gilt für alle die »Geschwisterregel«, d.h. Nächstenliebe zu üben und geschwisterlich zu leben, was auch bedeutet, keine Liebesbeziehung in der Gruppe einzugehen, es sei denn ein Paar ist verheiratet.

Im Frühjahr 1973 besteht Rolf R. sein Erstes Theologisches Examen mit einer Nachprüfung in Ethik und der Gesamtnote »befriedigend«. Von den 17 Kandidaten, die geprüft werden, belegt er mit seinem Notendurchschnitt den 15. Platz.[17]

15 Vgl. ausführlicher zu ihnen Kap. 2.1.

16 Gudrun Schäfer u. a., Vorwort, in: Heiner Richter/Jutta Richter (Hgg.), Impulse. Denkschrift zu mehreren Dekaden der AC. Die Gemeinschaftsform der AC und ihre Konzepte, Gütersloh 1988, 13.

17 Zeugnis über die Erste theologische Prüfung in: LKA.

In einem Text zum Thema Ehe aus dieser Zeit erklärt Rolf R. diese zur »Zelle der Erneuerung der Welt«. Gesellschaftliche Anfragen an die Ehe erklärt er mit falschen Wertmaßstäben und einer »Krise des Menschenbilds«. »Familien sind die Bausteine der Gesellschaft.« Gehe es der Ehe schlecht, unterwerfe sie sich »Leistungsdenken, Genußstreben, Machtwillen und Profitgier«, so wirke sich dies auf die Gesellschaft aus. Klar ist für Rolf R., dass vorehelicher Geschlechtsverkehr nach Maßstab der Bibel nicht sein darf.[18]

1974 macht Rolf R. in der Kirchengemeinde in Heimbuch sein Vikariat. Er engagiert sich weiter bei den AC, wohnt aber nach wie vor nicht auf dem Gelände der Großfamilie, was das Vikariat möglicherweise nicht zulässt. Regelmäßig hält er aber bei den AC Gottesdienste.

Vom 16. bis 25. Juli 1974 nimmt Rolf R. an dem Internationalen Kongress für Weltevangelisation teil. Er ist beeindruckt von der Vielfalt der dort miteinander diskutierenden Konfessionen und Denominationen, die je eigene Wege der Evangelisation entwickeln und so etwas »von der Fülle und Schönheit des Leibes Christi« zeigen.[19] Hier entwickelt er ein Konzept der »Moralischen Aufrüstung«: »Es geht darum, entsprechend neu erkannter Wahrheiten zu handeln.«[20]

18 Vgl. Rolf R., Unveröffentlichtes Manuskript, in: Rolf R. Unterlagen, Alternative Christen, Diemelstadt.

19 Rolf R., Orientierung an der Zukunft: Eindrücke auf der ökumenischen-Weltkonferenz, in: AC 74 – 3+4; 41 (AC, Diemelstadt).

20 R., Orientierung, 46.

In Vorbereitung auf den Kirchentag in Frankfurt a.M. entsteht 1975 Rolf R.s Büchlein »Zum Christsein erlöst«, das im Verlag der AC in Heimbuch gedruckt und auf dem Kirchentag verkauft wird. Es gibt sich optisch alternativ: Auf dem Umschlag sind schwarz-weiß gezeichnete junge Gesichter zu sehen, statt einer Einleitung oder eines Vorworts gibt es eine »Gebrauchsanleitung«. Sie will konkrete »Richtungsanweisungen« geben, die sich im Alltag der Heimbucher Großfamilie bewährt hätten und den Anspruch erheben, Veränderung bewirken zu können. Der Text selbst argumentiert entschieden und apodiktisch. Klar ist – so die Gebrauchsanweisung: »Wo Gottes Wort nicht von kompromißgewohnten Menschen entschärft, verharmlost, relativiert wird, erweist es seine praxisverändernde Macht. In ihr wurzelt unsere Hoffnung für den Einzelnen, die Familien, die Arbeitswelt und die Völker.« Ziel ist es, eine »geistliche Erneuerung« in Kirche und Gesellschaft zu erwirken. Zentral ist die Ausrichtung auf Christus: »Unser Thema ist Er, der mit Angst fertig geworden ist.« Rolf R. plädiert für eine »Nachfolge in Freiheit«. Voraussetzung dafür ist, sich gewiss zu werden, dass Gott einen führt, und dies täglich, am besten am Morgen. Dieses In-die-Stille-Gehen schaffe den Freiraum, um vor Gott und den Menschen gleicherweise zu bekennen und wiedergutzumachen, was an negativen Eigenschaften in einem sei, nämlich »Unwahrhaftigkeit, Betrug, Selbstbetrug, Unklarheit, Zweideutigkeit, Lieblosigkeit, Faulheit ...«. Der Mensch sei dann frei, wenn er alles von Gott erwarte und zugleich am Reich Gottes mitarbeite. »Aber wichtig ist, daß die neue Schöpfung Gestalt gewinnt. Ich bin sein! Das macht mich wertvoll. Das macht mich wirksam.«

Vom 11. bis 15. Juni 1975 nimmt Rolf R. als Koordinator der AC und Herausgeber der AC-Kirchenzeitung am Kirchentag in Frankfurt a.M. teil. Die AC, eine CVJM-Ortsgruppe und ein größerer CVJM-Kreisverband führen unter der Überschrift »Die Menschheit zwischen Bewährung und Veränderung« zwei Verkündigungsveranstaltungen durch.[21] Rolf R. führt ein Interview mit dem damaligen EKD-Ratsvorsitzenden Helmut Claß. Dieser äußert die Hoffnung, dass ein Impuls von dem Kirchentag, der so viele Jugendliche erreicht hat, in die Gemeinden ausgeht, d.h. dass sich junge Menschen in den Gemeinden engagieren.

Beachtenswert ist eine Kontroverse um den Kirchentag, die damals innerhalb der evangelikalen Strömung des Christentums geführt wurde. Einige evangelikale Gruppen boykottieren das Treffen in Frankfurt und auch die AC hatten im Vorfeld eine »Warnung vor dem Kirchentag« verfasst, die möglicherweise von Rolf R. selbst stammt. Hier wird aber nicht zum Boykott aufgerufen, sondern es werden genaue Handlungsanweisungen gegeben, in welcher Weise der Kirchentag als eine »Bewährungsprobe« aufzufassen sei.[22] In einem Interview, das Rolf R. einer christlichen Zeitschrift zum Kirchentag gibt, formuliert er seine Überzeugung, dass Mission auf dem Kirchentag ihren Platz habe. Kritisch nach der Hörbarkeit des eigenen evangelikalen Auftrags angesichts des Pluralismus des Kirchentags gefragt, verteidigt Rolf R. das Engagement der AC: Es gebe Menschen, die die Botschaft der Verkündigung genauso dringend brauchen wie die schon Frommen, und

21 Vgl. Bf. An den Kirchenvorstand der Segenskirchengemeinde, Frankfurt a.M. vom 17.6.1974, in: Rolf R. Unterlagen, AC, Diemelstadt.

22 Warnung vor dem Kirchentag, in: Rolf R. Unterlagen, AC, Diemelstadt.

diese Menschen wolle Gott auch erreichen.[23] Rolf R. betont, er habe Gemeinschaft auch mit anderen Gruppen empfunden, habe mit anderen evangelikalen Gruppen Aktionen gewagt und resümiert: »Wir fühlen uns mitschuldig an der Lage der Kirche und wir fühlen uns mitbeschenkt durch das, was Gott an unserem Stand und an anderen Ständen getan hat.«[24] Im Juli 1975 bedankt sich Helmut Claß in einem persönlichen Brief bei Rolf R. für das Interview, das ein Brückenschlag gewesen sei.[25]

Im selben Sommer besteht Rolf R. das Zweite Theologische Examen. Als mündliches Schwerpunktfach wählt er die Homiletik.[26] Für die mündliche Prüfung erhält er die Note sehr gut. Er besteht das Zweite Examen als Zweitbester von neunzehn Personen seines Jahrgangs mit der Note »gut«. Die Erstplatzierte ist 1,25 Punkte besser als er und erhält die Note »sehr gut bis gut«. Seine Examensarbeit schreibt Rolf R. über »Themenbezogene Bibelarbeit – eine Reihe«. Schon hier wird ein Aspekt deutlich, der die spätere pfarramtliche Tätigkeit von Rolf R. stark mitprägen wird: biblisch fokussierte Seelsorge, getragen von einem ausgesprochenen Sendungsbewusstsein. Rolf R. arbeitet ab Ende der 1970er-Jahre in einem Arbeitskreis für Seelsorge mit. In der dazugehörigen Zeitschrift äußert er sich zum Thema der biblischen Seelsorge, die für ihn mit einem hohen Anspruch einhergeht: »Die Proklamation der Herrschaft Christi muß auf alles verzichten, was dem alten Äon angehört. Das bedeutet, daß jeder, der Seelsorge übt, so unter der Herrschaft Christi stehen muß, daß er alles losläßt und aufgibt, was in ihm selbst nicht den Maßstäben Christi entspricht.«[27] Hier

23 Vgl. R., Warnung.

24 Pro und Contra Kirchentag. Auszüge aus Idea-Interviews, in: AC 75/5, 91.

25 Brief H. Claß an R. R. vom 3.7.1975, in: Rolf R. Unterlagen, AC, Diemelstadt.

26 Vgl. LKA, Generalia.

27 Rolf R., Artikel, in: Seelsorgezeitschrift, in: Rolf R. Unterlagen, AC, Diemelstadt.

wird ein hoher ethischer Anspruch formuliert. Für die Seelsorge kann darum auch nicht ausgebildet werden, sondern sie ist eine »Lebenspraxis«, in der der Seelsorger jemandem eine »Kurskorrektur« – nicht mehr und nicht weniger – vorgeben kann.[28]

Rolf R. verlässt die AC schließlich mit der Begründung, dass er für seine Familie mehr Platz bräuchte und alles, was er innerhalb der Initiative gelernt habe, nun in der Praxis einer Gemeinde anwenden möchte.[29] Tatsächlich hatte er in den Jahren innerhalb der AC Gottesdienste gehalten, Bibelarbeiten gestaltet und das Abendmahl gefeiert.[30]

2.2 Pfarrvikar und erste Pfarrstelle: Blauberg

Im September 1975 beginnt Rolf R. seine Probedienstzeit als Pfarrvikar[31] in einer kleinen Gemeinde in der Kleinstadt Blauberg. In der Urkunde zu seiner Bestellung heißt es: »Von dem Pfarrvikar wird erwartet, daß er sich jederzeit in Lehre und Leben als ein Diener Jesu Christi erweist, seine Dienstpflichten treu erfüllt, sich theologisch weiterbildet und die für sein Amt geltenden Ordnungen beachtet.«[32]

Die Pfarrstelle in der Gemeinde war seit dem Ausscheiden des Vorgängers im April desselben Jahres verwaist. Der Kirchengemeinderat hatte bei der Neuausschreibung der Stelle angegeben,

28 Vgl. R., Seelsorgezeitschrift.

29 Vgl. Jutta Richter, Keine Woche gleicht der anderen. Erinnerungen an die Zeit in Heimbuch, Sandhausen 1978, 139.

30 Vgl. Richter, J., Woche, 103.

31 Es handelt sich um die Zeit nach Vikariat und Zweitem Examen, in der der nun vollständig ausgebildete Pfarrer eine Art Probe-/ Hilfsdienstzeit absolviert, nach der er dann in ein volles Pfarramt berufen werden kann.

32 Urkunde vom 5.9.1975, in: LKA, Personalakte Rolf R., Bd. 1.

»einen positiven Theologen, keinen radikalen oder extremen, egal ob linker oder rechter Richtung« zu suchen.[33] Die sich im Aufbau befindende Gemeinde sollte durch den zukünftigen Pfarrer – oder eine Pfarrerin (das kann sich der Kirchengemeinderat explizit vorstellen) – weitergeführt und gefördert werden. Bereits im Folgemonat nimmt der Pfarrvikar an einer ersten Pfarrkonferenz teil, die in einer Strafvollzugsanstalt stattfindet und das Thema »Welchen Beitrag kann die Evangelische Kirche zur Resozialisierung Gefangener leisten?«[34] trägt.

Im Oktober wird der neue Pfarrvikar durch den Dekan des Kirchenkreises ordiniert. Der Pfarrer der Luthergemeinde Blauberg, der zweiten evangelischen Kirchengemeinde im Ort, ist ebenfalls beteiligt. An der Ordination nimmt außerdem Heiner Richter teil, der sich noch im selben Jahr dafür einsetzt, dass Rolf R. zur Weltkirchenkonferenz nach Nairobi mitkommen darf.[35] Tatsächlich fährt der junge Pfarrer als Berichterstatter im November/Dezember 1975 zur Fünften Vollversammlung des Ökumenischen Rats der Kirchen nach Kenia. Die Konferenz steht unter dem Motto »Jesus Christus befreit und eint«. Bekenntnisse und Bekennen, Verkündigung des Evangeliums und die Evangelisation – diese Themen bestimmen die Vollversammlung, die vom 23. November bis zum 10. Dezember tagt.[36] Rolf R. kommt mit hohem Fieber aus Nairobi zurück, das als Pfeiffersches Drüsenfieber diagnostiziert wird.

33 Auszug aus dem Protokoll der Sitzung des Kirchengemeinderats Blauberg vom Montag, 5.5.1975, in: LKA, Dekanat X, R. 802.

34 Vgl. Amtliche Herbstpfarrkonferenz, hier: Bericht des Dekans an den Evang. Oberkirchenrat, in: LKA, Dekanat X, 253.

35 Vgl. LKA, Personalakte Rolf R., Bd. 1: 1975-1995: Brief Richters vom 18.10.1975.

36 Vgl. Lukas Vischer, Veränderung der Welt – Bekehrung der Kirchen. Denkanstöße der Fünften Vollversammlung des Ökumenischen Rates der Kirchen in Nairobi, Frankfurt a.M., 1976.

Erste Gemeindearbeit als Pfarrvikar

Die Gemeinde, in der Rolf R. sein Amt übernimmt, hat über 4.000 Mitglieder. Die Kirche wurde erst in den 1970er-Jahren erbaut und hat die typische funktionale Gestalt jener Zeit. Sie steht in einem Neubaugebiet, hat keinen Glockenturm und keine Glocken.[37] Der Gottesdienstraum fasst maximal 200 Personen und ist für besondere Anlässe wie Konfirmationen zu klein.

Dem jungen Pfarrvikar gelingt es in den ersten beiden Jahren, die Zahl der Gottesdienstbesucher*innen von durchschnittlich 35 auf 66 zu steigern.[38] Auch die Anzahl der an den Kindergottesdiensten Teilnehmenden steigt von 30 auf 50. Diese finden in Verbindung mit dem Hauptgottesdienst statt und werden von Ehrenamtlichen geleitet, die jeweils freitags von 15 bis 16 Uhr eine biblische Zurüstung erhalten.[39] Der Pfarrvikar reflektiert die Gemeindesituation in seinem ersten Visitationsbericht folgendermaßen:

> »Deutlich zu erkennen sind die typischen Probleme eines Neubaugebietes: mangelnde Kontakte – Gleichgültigkeit – Ängste – Jugendprobleme. Es gibt keine gewachsenen Strukturen u. keine verbindl. Normen für das gesellschaftliche Zusammenleben. Das kirchliche Leben liegt nicht nur räumlich am Rande des Geschehens. Viele sind der Kirche entfremdet. Unzählige Vereine und gesellschaftliche Aktivität suchen das menschliche Defizit abzudecken.

37 Vgl. Blauberg Visitation 1976, in: LKA, Dekanat X, R. 840, C2.

38 Vgl. R. 840, D3.

39 Vgl. R. 840, Ergänzung zum Visitationsbericht vom 6.12.1976, 3.

> In dieser Situation kann Gemeindeaufbau meines Erachtens nur Erfolg haben, wenn beim Proprium der Kirche begonnen wird: Verkündigung und Seelsorge – Bereiche, in denen die Kirche ohne Konkurrenz wirkt.«[40]

Rolf R. gibt nach Auskunft des Berichts an, darunter zu leiden, nicht mehr Hausbesuche machen zu können, die seines Erachtens besonders wichtig seien. Er wünscht sich auch einen Besuchsdienst für Neuzugezogene. Aufgrund seiner vielfältigen Dienstpflichten kann er diese nicht selbst aufsuchen. Der Bericht erwähnt, dass es im zurückliegenden Jahr eine »sich häufende Seelsorge an Selbstmordgefährdeten« gegeben habe.[41] Der Pfarrvikar gibt Religionsunterricht an der Realschule in Blauberg-Ost und betreut vier Konfirmandengruppen mit jeweils 15 bis 20 Jugendlichen.[42] Eine erhebliche Arbeitsbelastung ist nicht zu bestreiten; und das Engagement, das Rolf R. zeigt, wird von der Kirche auch wahrgenommen.

Im Visitationsbericht heißt es: »Pfarrvikar R. hat in dem Jahr aber mehr dort aufgebaut und an Gottesdiensten gehalten als Pfarrer H[...] in all den Jahren zuvor.«[43] Der Bericht hebt zudem das gute Verhältnis der beiden in Blauberg arbeitenden Pfarrer hervor, hält aber auch fest: »Daß Pfarrvikar R. überfordert ist, braucht hier wohl nicht betont zu werden, aber er meistert seine Aufgabe gut.«[44] Die Überlastung des Pfarrvikars wird ganz offensichtlich wahrgenommen, aber es werden keine Konsequenzen

40 Ergänzung 6.12.1976, 6.

41 Ergänzung 6.12.1976, 7.

42 Vgl. ebd., 8.

43 Bericht Visitation vom 17.12.1976, in: LKA, Dekanat X, Nr. 840, 1.

44 Ergänzung 6.12.1976, 2.

gezogen. Rolf R. selbst allerdings hat im Juni desselben Jahrs um eine Reduzierung seiner Schulstunden von zehn auf sechs gebeten, weil er sehr viele Konfirmandengruppen und vier neue Jugendkreise zu betreuen habe. Diese Reduzierung wird auch gewährt.[45] Ansonsten überlässt die Landeskirche den Pfarrer sich selbst.

An den Konferenzen des Kirchenbezirks nimmt der Pfarrvikar regelmäßig teil, so auch an der Frühjahrskonferenz im Mai 1976 zum Thema »Volkskirche – Kirche für das Volk«.[46] Er beteiligt sich an der Diskussion und fordert mehr Verbindlichkeit von den Pfarrern im Eintreten für ihre Sache.[47] Auch auf der Pfarrkonferenz im September zum Thema »Konfirmandenunterricht« bringt er sich aktiv ein. Er berichtet für eine Arbeitsgruppe und übernimmt es, das Protokoll der Konferenz zu führen. Seine Arbeitsgruppe formuliert vier Schwerpunkte: 1) Die sozialen Ängste der Konfirmand*innen aufgrund ihrer unterschiedlichen Herkünfte (»Sonderschüler« und Gymnasiasten) seien zu überwinden. 2) Zu fragen sei, wie Laien in die Arbeit integriert werden könnten. 3) Und weiterhin, wie der Konfirmand*innenunterricht konkret in die Gemeinde führen könne. Konfirmand*innenfreizeiten werden dabei als ein wichtiges Mittel gesehen, um sich kennenzulernen. 4) Die Frage nach einer Gottesdienstpflicht für Konfirmand*innen sei falsch gestellt, weil dadurch aus dem Gottesdienst ein »Muß« werde.[48]

45 Vgl. Brief vom 9.6.1976, in: LKA, Personalakte Rolf R., Bd. 1: 1975-1995.

46 Amtliche Frühjahrspfarrkonferenz am 12.5.1976, hier: Bericht des Dekans, in: LKA, Dekanat X, Nr. 254.

47 Vgl. Frühjahrspfarrkonferenz 12.5.1976, 3.

48 Protokoll der Herbstpfarrkonferenz am 22.9.1976, (zweiter Teil, Protokollant Pfv. R.), in: LKA, Dekanat X, Nr. 254, 1.

Ende Dezember erhält Rolf R. einen persönlichen Bescheid über die im Dezember durchgeführte Visitation, in der sein Engagement und die Mitarbeit seiner Frau lobend hervorgehoben werden.[49] Im August des Folgejahres führt Rolf R. ein Gespräch mit seinem Dekan, in dem er bestätigt, weiter in der Gemeinde bleiben zu wollen.[50] Er kann beachtliche Erfolge vorweisen: Der Gottesdienstbesuch habe von 20-30 auf 100-120 Personen zugenommen und die Kinder-, Jugend- und Altenarbeit floriere.

Die Pfarrkonferenz im Herbst 1977 behandelt das Thema »Die Eherechtsreform«. Im Wesentlichen geht es hier um die Reform des Scheidungsrechts 1977. Am Beginn der Konferenz steht eine Besinnung auf die Aussagen zu »Ehe und Ehescheidung im Neuen Testament«. Laut Protokoll äußert sich der Pfarrvikar mit einer Relativierung und einer kritischen Anfrage an die Ehe als kirchlicher Institution:

> »Er führte einen seelsorgerlichen Fall an, der aus der Hippie-Szene stammt. Ein junger Mann, schizophren und gewalttätig, zeugte ein Kind mit einem jungen Mädchen. Ist hier nicht trotz allem von der Ehe abzuraten, auch wenn man die Ehe als Schöpfungsordnung respektiert? Zum andern, warum wollte man einen Unterschied machen zwischen der Scheidung eines Stadtrates und einem Kirchengemeinderat? Die Ehe ist nicht eine kirchliche, sondern eine menschliche Organisation.«[51]

49 Vgl. Bf. OKR B. an Pfarrer Rolf R. vom 31.12.1976, in: LKA, Personalakte Rolf R., Bd. 1: 1975-1995.

50 Vgl. Gespräch mit Rolf R. am 22.8.1977, in: LKA, Personalakte Rolf R., Bd. 1: 1975-1995.

51 Protokoll der amtlichen Herbst-Pfarrkonferenz R. R. am 9.11.1977, in: LKA, Dekanat X, R. Nr. 254, 1.

Diese Position erscheint für einen evangelikal geprägten jungen Vikar ungewöhnlich und fortschrittlich. Auch in seinen Predigten zeigt er sich lebensnah und zugewandt:

In einer Predigt aus dieser Zeit über Hebr 3,7-15 thematisiert Rolf R. das »Zu-jemandem-Gehören«. Er beginnt mit zwei Anekdoten aus seiner Kindheit: Als Kind habe er in dem kleinen Ort, in dem er wohnte, oft vergessen, Menschen, denen er begegnete, zu grüßen. Manchmal habe man ihn angehalten und gefragt, zu wem er denn gehöre, um sich anschließend bei seiner Mutter über ihn zu beschweren. Für ihn sei klar gewesen: »Ich wusste, daß ich zu meiner Mutter gehöre, daß ich dahin gehöre, wo man für mich sorgt.«[52] Die zweite Anekdote thematisiert dann das nicht auf die Mutter Hören, weil der Junge zu sehr ins Spiel vertieft ist und auf das Rufen zum Abendessen nicht reagiert. Diesen Einstieg verbindet Rolf R. geschickt mit der Frage danach, warum es gilt, auf die Stimme Gottes zu hören. Der Autor des Hebräerbriefes, so stellt es Rolf R. fest, möchte, »dass wir das Leben nicht verpassen. Er möchte, dass wir dahin gehören, wo Liebe und Freude und Frieden und Gerechtigkeit nicht nur Schlagworte sind. Er möchte, dass uns die Liebe Gottes gehört, dass sie uns erreicht, dass sie uns umfängt mit seiner Geborgenheit.« So lautet dann auch der Schlusssatz der Predigt: »Gott beschenkt die, die sich seiner Liebe öffnen, die ihm gehören, die ihn hören. Lasst uns ihn hören. Amen.« Die Predigt ist sorgfältig durchkomponiert, knüpft mit den kleinen Anekdoten am Anfang an die Lebenswirklichkeit der Gemeinde an, um dann deutlich zu machen, dass es darauf ankommt, in allen Geschehnissen des Lebens auf die Stimme Gottes zu hören, gerade, wenn es nicht glatt läuft.

Im Frühjahr des Folgejahres nähert sich Rolf R.s Probedienstzeit ihrem Ende. Der Pfarrvikar muss zahlreiche Unterlagen beim

52 Transkript der Predigt vom 29.1.1978 in Blauberg.

Landeskirchenamt einreichen. Der Bericht seines zuständigen Dekans fällt uneingeschränkt positiv aus. Der Pfarrvikar habe einen vorbildlichen Gemeindeaufbau geleistet. Der Dekan resümiert: »Man wird R. sicher als ›Charismatiker‹ einschätzen können und ihn als das Gegenteil von dem ansehen können, was man heute ›Sozialingenieur‹ nennt.«[53] Auch der Unterrichtsbesuch, der in einer Hauptschulklasse, die R. in Religion unterrichtet, stattfindet, erfährt eine positive Bewertung. Zu den schriftlichen Arbeiten, die zum Abschluss des Pfarrvikariats bewertet werden, gehört auch ein Bericht über R.s Aufenthalt in Nairobi. Die Konferenz dort hat er als Aufruf für eine neue Spiritualität verstanden, die er etablieren will. Der zuständige Dekan urteilt abschließend: »RRs Anwesenheit in unserem Kirchenbezirk ist eine Bereicherung. Seine Liebe zur Ökumene ist kein Hobby, sondern die Konsequenz seiner Glaubenshaltung.«[54]

Gemeindeaktivitäten und theologisches Profil

Ab Mai, nach dem Ende der Probedienstzeit, verwaltet Rolf R. offiziell die Pfarrstelle, ist also nicht mehr nur Pfarrvikar. Im Mai liefert er auch den Jahresbericht über seine eigene Gemeindearbeit ab. Im 2. Halbjahr ist der Gottesdienstbesuch am Sonntag auf durchschnittlich 130 Personen angestiegen und hat im ersten Halbjahr des Folgejahres weiter zugenommen. In seinem Bericht betont R., wie wichtig ihm gute Jugendarbeit ist und dass für diese möglichst viele Mitarbeitende gebraucht werden, deren Arbeit wertgeschätzt

53 Bericht des Dekans vom 31.5.1978, in: LKA, Personalakte Rolf R., Bd. 1: 1975-1995.

54 Beurteilung der beiden Semestralarbeiten von Pfarrvikar Rolf R., in: LKA, Personalakte Rolf R., Bd. 1: 1975-1995.

werden muss.[55] Darüber hinaus hat sich Rolf R. auf dem Kirchentag in Berlin 1977 engagiert und ist als Referent unterwegs.

Eine Tauf- und zwei Trauansprachen sind dem Bericht beigegeben. Zum Trauspruch aus Ps 37,7 predigt Rolf R., dass Gottvertrauen die Fähigkeit zum Verzeihen schenke, und dass Hoffnung und Geborgenheit, die Gott schenke, dazu führten,

> »die Schwierigkeiten meistern zu können: daß man im Augenblick der Anfechtung an der Treue festhalten kann, daß man im Augenblick des Zorns in sich um eine Geborgenheit weiß, die einen den Weg öffnet zur Versöhnung, den Weg öffnet, auf den anderen zuzugehen und zu sagen: verzeih mir.«[56]

Ähnlich vollmundig argumentiert die zweite Traupredigt, in der es ebenfalls die Herrschaft Gottes ist, nach der getrachtet werden soll, damit sich alles ordnet:

> »Hölle ist da, wo einer sich selber in den Mittelpunkt stellt, einer nur von sich aus denkt und die eigene Meinung für die einzig richtige hält. Hölle ist da, wo einer sich durchsetzen will – oder beide. In der Ehe ist jeder in Gefahr, daß er den anderen bestimmen will.«[57]

Die meisten noch zugänglichen Predigten dieser Zeit sind christologisch akzentuiert: Christus ist in einer Predigt über Johannes 10 »die Tür«, »der Weg aus der inneren Gefangenschaft« und »der Zu-

55 Vgl. Rolf R., Jahresbericht, Mai 1978, in: LKA, Personalakte Rolf R., Bd. 1: 1975-1995.

56 Rolf R., Trauansprache, in: LKA, Personalakte Rolf R., Bd. 1: 1975-1995.

57 Trauung eines jungen Pfarrers mit einer Gemeindediakonin, in: LKA, Personalakte Rolf R., Bd. 1: 1975-1995.

gang zum Leben«. Der Mensch stehe sich aber dabei, durch diese Tür zu gehen, selbst im Weg:

»Noch eins paßt nicht durch die Tür: das dicke ›Ich‹, das sich in [sic] Mittelpunkt stellt, das bewundert werden will. Das dicke ›Ich‹, das andere unterdrückt. Das dicke ›Ich‹, das für den eigenen Vorteil kämpft.«[58] Es ist Luthers homo incurvatus in se, der »auf sich selbst verkrümmte Mensch«, den Rolf R. hier vor Augen stellt. Und für ihn ist es Jesus selbst, der das Angebot macht, den Menschen ihr jeweiliges »dickes Ich« abzunehmen – eine Predigt, die auf anregende Weise den Sündengedanken veranschaulicht und ohne jede Erwähnung des Begriffs Sünde auskommt.

Offensichtlich ist der Gemeinde sehr daran gelegen, ihren dynamischen und ideenreichen Pfarrer zu behalten.[59] Nachdem der Kirchengemeinderat[60] ihn zum Pfarrer gewählt hat, setzt er sich im Juni 1978 in einem Brief an den Oberkirchenrat energisch und nachdrücklich für seine baldige Einführung ein und schlägt direkt einen Termin im August vor. Der Präses beruft ihn entsprechend, und tatsächlich wird er im August feierlich in sein Amt eingeführt und erhält die Berufungsurkunde.

Die Predigt anlässlich seiner Einführung als Pfarrer der Gemeinde hält Rolf R. über seinen Konfirmationsspruch 1 Tim 1,15: »Das ist gewißlich wahr und ein Wort, des Glaubens wert, dass Christus Jesus in die Welt gekommen ist, die Sünder selig zu machen, unter denen ich der erste bin.« Er macht der Gemeinde deutlich, dass niemand in der Lage sei, ohne Sünde zu sein, und ver-

58 Predigt über Joh 10, in: LKA, Personalakte Rolf R., Bd. 1: 1975-1995.

59 Vgl. Brief vom 6.6.1978 an das Landeskirchenamt, in: LKA, Personalakte Rolf R., Bd. 1: 1975-1995.

60 Der Kirchengemeinderat ist das jeweils von der Gemeinde gewählte Gremium, das gemeinsam mit dem Pfarrer die Gemeinde leitet. Synonym für Kirchengemeinderat existieren in den evangelischen Landeskirchen weitere Bezeichnungen für diesen Kreis, wie Presbyterium oder Ältestenkreis.

anschaulicht das anhand eines Briefes, den er selbst vorgeblich bekommen hat, nämlich eine Mahnung von der »Firma Schöpfer und Sohn aus 731 Himmelreich«. Die Firma weise ihn darauf hin, dass er seine Schulden bezahlen müsse für das, was ihm geliefert wurde, nämlich u. a.: »1 Leib, funktionstüchtig, komplett ausgestattet, Einzelanfertigung von hohem künstlerischem Wert; [...] ein überaus kostbares Leben [...] ein wenig Weisheit (auf Wunsch hätten wir Ihnen gerne mehr geliefert) [...].« – Deutlich wird, wie wenig der Mensch sich selbst verdankt. Und obwohl dieser erste Brief eine Zahlungsaufforderung enthält, ist das alles doch geschenkt. Denn es gibt einen zweiten Brief, der ebenfalls verlesen wird: Hier wird dem Schuldner mitgeteilt, dass Jesus die Rechnung bereits beglichen habe. Die letzten Sätze der Predigt bringen dies nochmals als Zusage an die Gemeinde auf den Punkt:

> »Es ist alles vollbracht. Die, die merken, was ihnen fehlt an Dankbarkeit, was ihnen fehlt an Liebe, was ihnen fehlt an Treue, an Eifer, an Geduld, an Barmherzigkeit, die, die merken, was ihnen fehlt an Ausstrahlung, die dürfen Jesus bitten – das ist gewißlich wahr und ihre Schuld wird gelöscht.
> [...] Es gibt Hilfe für alle, gerade für die, die meinen, sie wären nicht gut genug dafür, ihnen kommt Jesus besonders nahe.«[61]

Kopien beider Briefe werden später an die Gemeinde ausgeteilt.

An der Pfarrkonferenz im Herbst 1978, die unter dem Thema »Gruppentherapie und Seelsorge« steht, nimmt Rolf R. bereits als

61 Predigt anlässlich der Einführung von Rolf R. als Pfarrer am 20.8.1978, in: LKA, Personalakte Rolf R., Bd. 1: 1975-1995.

ordinierter Pfarrer teil. Der Gegenstand der Konferenz ist innerhalb der AC umstritten und entsprechend kritisch hinterfragt Rolf R. die vorgestellte Therapieform.[62]

Die Pfarrkonferenz im nächsten Jahr tagt zum Thema »Sünde«. Ein Vortrag von Prof. Frank Crüsemann zur Auslegung der Sündenfall-Geschichte in Gen 3 im Zusammenhang mit der Geschichte vom Brudermord Kains an Abel in Gen 4 wird kontrovers diskutiert. Crüsemann betont, dass der Mensch trotz der Sündhaftigkeit, die in Gen 3 sozusagen als conditio humana beschrieben wird, die Möglichkeit hat, autonome Entscheidungen zu treffen. In diesem Sinne legt Crüsemann Gen 4,7 als Beleg dafür aus, dass dem Menschen von Gott der Raum zugebilligt wird, selbst Gutes und Böses voneinander zu unterscheiden. Rolf R. reagiert – wie viele seiner Kollegen – eher negativ auf diese Interpretation. Er will unbedingt daran festhalten, dass Gott nach dem Bundesschluss den Menschen die Zehn Gebote als feste Norm gegeben hat und resümiert: »Von daher sind die Autonomievorstellungen unsrer [sic] Zeit zu hinterfragen: Wird bei ihnen nicht ein legitimer Anspruch Gottes an den Menschen dabei unter den Tisch gekehrt?«[63] Der gesetzlich, um nicht zu sagen evangelikal, denkende Pfarrer will die Gebote verbindlicher machen.

Bald darauf erhält seine Gemeinde endlich eine Glocke, zwei Jahre später kann mit Hilfe einer Spende der Stadt auch ein Glockenturm errichtet werden. In der Osternacht predigt Rolf R. von der Kraft der Auferstehung, die auch heute noch erfahren werden kann:

62 Vgl. Amtliche Herbstpfarrkonferenz am 24.11.1978, in: LKA, Dekanat X, R. 254, 1.

63 Protokoll über die amtliche Herbstpfarrkonferenz am 14.11.1979, II. Teil (ab 14.30 h), in: LKA, Dekanat X, R. 254, 3.

»Und so, wie das Volk durch die Fluten des Roten Meeres hindurch gerettet wurde und all ihre Verfolger in diesem Roten Meer vernichtet wurden, so erfahren wir an Ostern, daß Jesus Christus, der Auferstandene uns hindurchführt, durch alle Schuld hindurch, durch alle Fluten des Alltags hindurch.«[64]

Aktivitäten und Überforderungen im Amt

Anfang der 1980er-Jahre nimmt Rolf R. gemeinsam mit seiner Frau an einer Pfarrkonferenz des Kirchenbezirks zum Thema »Kirche – Israel« teil. Zu diesem Zeitpunkt gibt es bereits Klagen des Schuldekans und der Schulen, an denen Rolf R. unterrichtet, dass zu viele seiner Stunden ausfallen. Ein halbes Jahr später reicht Rolf R. ein ärztliches Attest ein, dass ihm eine »Erschöpfungsdepression« diagnostiziert.[65] Das hohe Engagement in der Gemeinde wirkt sich auf den Gesundheitszustand des Pfarrers aus. Dazu kommen andere Stressoren: In der Familie gibt es mittlerweile fünf Kinder und die Wohnsituation ist schwierig. Rolf R. wird vom Religionsunterricht befreit. Sein Arzt stellt im August eine Besserung des Gesundheitszustandes fest. Kurze Zeit später setzt sich der zuständige Schuldekan dann aber erneut beim Landeskirchenamt für seine Freistellung vom Religionsunterricht ein und begründet das so: »Herr R. ist tatsächlich gesundheitlich sehr angeschlagen. Wegen seiner familiären Situation (5 Kinder) sah er sich bisher nicht in der Lage, einen längeren Urlaub oder gar eine Kur anzutreten.«[66]

64 Transkript der Predigt in der Osternacht 1980 in Blauberg.

65 Ärztliches Attest vom 30.1.1980, in: LKA, Personalakte Rolf R., Bd. 1: 1975-1995.

66 Bf. Schuldekan an das Landeskirchenamt vom 12.8.1981, in: LKA,Personalakte Rolf R., Bd. 1: 1975-1995.

Die Bezirkssynode im Herbst desselben Jahres behandelt Haupt- bzw. Gemeindeberichte zu Taufe, Trauung und Beerdigung. Die jeweilige Praxis in den Gemeinden des Kirchenbezirks wird dargestellt, auftretende Probleme und Fragen werden erörtert. Rolf R. setzt sich in der Diskussion dafür ein, gottesdienstliche Segnungen von Kindern einzuführen, die bisher nicht vorgesehen sind. Er kann diese Neuerung tatsächlich durchsetzen: »Man einigte sich einstimmig auf den Vorschlag von Pfarrer R., den Hauptbericht des Kirchenbezirks über die Taufe zu ergänzen, daß a) Segnungen von Kindern im Kirchenbezirk [...] erfolgen, b) daß Segnungen von Kindern gewünscht werden.«[67]

Seit dem Beginn der 80er-Jahre tragen die Pfarrer von Blauberg und Braunstadt im Gottesdienst gelegentlich eine Stola. Das Umlegen des schmalen Stoffstreifens als liturgisches Amtszeichen ist in der Landeskirche nicht unumstritten und muss vom Landeskirchenamt genehmigt werden. Rolf R. verteidigt das Tragen aus gemeindlicher und ökumenischer Sicht, da er mit dem katholischen Amtskollegen gut zusammenarbeitet. Offensichtlich hat Rolf R. keine Probleme, die eigentlich strikt normierte evangelische Amtskleidung an dieser Stelle zu verändern – zu dieser Zeit eine eher fortschrittliche Position.[68]

Eine Predigt in dieser Zeit behandelt die biblische Geschichte von Isaaks Opferung (Gen 22,1–19). Rolf R. formuliert eine Paränese: Gott sei kein Gott, der Menschenopfer wolle, aber die heutige Gesellschaft bringe ständig Menschenopfer: Der Gott Wohlstand, der Menschen fresse, weil »sie den Wohlstand stören, wie viele Menschen werden auf den sterilen Altären der Abtreibungskirche [!] dem Wohlstand geopfert, dem Urlaub machen wollen, dem Frie-

67 Protokoll der Tagung der Bezirkssynode am Freitag, den 2.10.1981, in: LKA, Dekanat X, R. R. 365, 2.

68 Vgl. Protokoll vom 22.10.1981, in: LKA, Dekanat X, R. R. 745.

den und Ruhe haben wollen.«[69] Gott stelle das Vertrauen Abrahams auf die Probe. Es sei eine Prüfung, wie sehr er an Gott als einen liebenden Gott glaube. Genauso würden heute Menschen geprüft, ob ihr Glaube an die Verheißungen von Frieden und Gerechtigkeit fest blieben, auch wenn sie auf die Probe gestellt würden. Rolf R. fordert dazu auf festzubleiben, denn: »Wer Gott nicht vertraut, der wird Menschen überfahren, übergehen, an den Rand schieben, ja, seelisch, psychisch und materiell vernichten.«[70] – Das ist eine radikale Botschaft. Nicht nur in der Weise, wie Rolf R. hier Abtreibung thematisiert. Implizit unterstellt er auch, dass Menschen, die nicht genügend Gottvertrauen haben, skrupellos handeln.

Im September 1982 besucht Rolf R. die Pfarrkonferenz, deren Thema »Die Einheit der Kirche in der Zerrissenheit zwischen Nord und Süd« ist. Internationale Referenten des globalen Südens berichten auf dieser Konferenz aus ihren Heimatländern. Probleme, die auch auf der Konferenz von Nairobi diskutiert wurden, nämlich z.B. die Frage, wie transnationale Konzerne bzw. Konzernführer es beispielsweise in Südafrika mit der Verpflichtung auf ein christliches Ethos halten, sind Gegenstand der Diskussion.[71] Auch das Rassismusproblem bzw. das Apartheidsystem Südafrikas und die Frage, wie sich die westlichen Kirchen dazu verhalten sollen – der lutherische Referent spricht sich für wirtschaftliche Boykottaktionen aus – werden diskutiert. Andere Referenten betonen die Tatsache, dass internationale Konzerne dazu beitrügen, Unrechtssysteme aufrechtzuerhalten. Das Auswertungsgespräch der Pfarrkonferenz spiegelt die Hilflosigkeit, wie mit den Informationen weiter umzugehen sei. Rolf R. mahnt, nicht vorschnell zu handeln,

69 Transkript einer Predigt vom 5.4.1981 in Blauberg.

70 Predigt 5.4.1981.

71 Vgl. Protokoll der Pfarrkonferenz, dienstagvormittags, Referent S., in: LKA, Dekanat X, R. R. 374.

während andere fordern, konkrete Schritte zu ergreifen.[72] Auffällig ist, dass Rolf R. nicht so sehr die politische Ebene sieht, sondern das persönliche Handeln in den Vordergrund stellt: »Wir müssen in die persönliche Ebene gehen. Es geht um persönliche Änderung, aus der heraus Wiedergutmachung (Handeln) geschieht.«[73] Andere dagegen fordern eine klare Standortbestimmung der Kirche auf der politischen Ebene und im Hinblick auf die Verflechtungen der Wirtschaft in Ausbeutungs- und Unterdrückungsstrukturen: »Eine Christenheit ohne Urteilskraft ist keine Christenheit.«[74]

Im November 1982 hält Rolf R. eine Predigt zu Micha 4 und zur Friedensthematik. Sie steht im Kontext der Aufrüstungsdebatte und der starken Friedensbewegung zu Beginn der 80er-Jahre. Der Pfarrer vertritt hier eine eindeutige Position: Frieden könne nicht gemacht, nicht erzwungen, sondern nur geschenkt werden. Das bedeutet für ihn: Weder militärische Aufrüstung und Drohung noch die Forderung nach Abrüstung können Frieden schaffen, sondern dieser sei nur durch die Umkehr der Völker zu Gott zu erreichen:

> »Solange die Völker ihren Weg gehen, ihren selbstsüchtigen Weg, den Weg von Nationalstolz, den Weg der Ideologie, den Weg von Herrschaft und Gewalt, solange die Völker ihre eigenen Götzen anbeten, ob das nun die freie Marktwirtschaft mit dem Götzen des Profits und des Wachstumsdenkens ist, oder ob das die Planwirtschaft mit dem Götzen der Herrschaft des Proletariats ist, – solange die Völker ihren

72 Vgl. Pfarrkonferenz im ökumenischen Institut. Protokoll des Auswertungsgesprächs am 15.9.1982, in: LKA, Dekanat X, R. R. 374.

73 Auswertungsgespräch 15.9.1982.

74 Auswertungsgespräch 15.9.1982.

> eigenen Weg gehen und sich nicht der Herrschaft Gottes unterwerfen, solange werden wir auch nicht den Klang von Hammer und Ambos hören, daß die Schwerter zu Pflugscharen umgeschmiedet werden. Der Friede kommt nicht durch Gerede, der Friede kommt da, in dem Augenblick, wo die Völker zu dem Haus des Herrn strömen und von ihm Weisung erwarten.«[75]

Der Pfarrer weiß aber auch um die Unbelehrbarkeit der Menschen und fragt, wie viele Kriege es wohl noch geben müsse, bis die Menschen umkehren. Gott zu vertrauen sei letztlich die einzige Sicherheit, die jeder Mensch habe.

Gemeindearbeit

Ein Visitationsbericht aus der Zeit, kurz bevor Rolf R. diese Gemeinde verlassen wird, schildert eindringlich die schwierige Gemeindesituation in dem Neubaugebiet, das neben Ein- und Zweifamilienhäusern auch Hochhäuser und Aussiedlerhöfe umfasst.[76] Von einer »Trabantensiedlung« und »Schlafstadt« im Umfeld der Großstadt ist die Rede, in der sich Aspekte der »anonymen Massengesellschaft« ausprägten.[77]

In diesem Kontext hat Rolf R. in der Zeit seines Wirkens vielfältige neue Formen etabliert, um Gemeindeglieder anzusprechen. Es gibt eine Christenlehre, die »Jugend-Frühschoppen« genannt

75 2. Predigt am vorletzten Sonntag im Kirchenjahr 14.11.1982 (Pfarrer Rolf R.), in: LKA, Dekanat X, R. R. 799, 3f.

76 Vgl. Predigt 14.11.1982, 1.

77 Predigt 14.11.1982, 1.

wird. Dazu kommen zahlreiche weitere Gruppen für Jungen und Mädchen in der Gemeinde. »Abende der Begegnung« sollen die ›mittelalten‹ Gemeindeglieder ansprechen. Dabei ist es Rolf R. gelungen, eine große Anzahl von Gemeindegliedern für eine aktive Mitarbeit in der Gemeinde zu gewinnen und zu schulen. Die Mitarbeitenden selbst entwickeln adressatengemäße Angebote. Ein von der Gemeindediakonin und einer Mitarbeiterin, M. K., ins Leben gerufener »Emma-Club« für 14- bis 15-jährige Mädchen hat den Namen durchaus als Programm gewählt: Emma stehe für die emanzipierte Frau.[78] Die Jugendarbeit wird in der Gemeinde als das eigentliche »Herzstück« gesehen. Garagen sind zu Jugendräumen umfunktioniert worden, und durch Flohmärkte und Feste wird das nötige Geld für eine Gestaltung der Räume erwirtschaftet.[79] Pfarrer R. führt im Bericht die Vielfalt der Gemeindearbeit vor Augen und resümiert deutlich: »Es wäre ein Jammer, wenn es der Kirchenhierarchie [!] gefallen sollte [sic] diese Mitarbeiterschaft in der Frage des künftigen Seelsorgers im Stich zu lassen.«[80]

Auch publizistisch engagiert sich Rolf R. Neben einem kleinen gemeindeeigenen Mitteilungsblatt gibt es die ökumenische Zeitschrift, die gemeinsam von der lutherischen und katholischen Gemeinde gestaltet wird.

Dazu kommt das liturgische Engagement: Neben dem Hauptgottesdienst ist ein Vorabendgottesdienst eingeführt worden, der ebenfalls gut besucht wird. Das Abendmahl wird nicht nur einmal im Monat, sondern wöchentlich im Vorabendgottesdienst gefeiert. Es gibt eine vermehrte Inanspruchnahme der Einzelbeichte.[81]

78 V. Emma-Club, in: LKA, Dekanat X, R. 799.

79 Vgl. Visitationsbericht Blauberg, in: LKA, Dekanat X, R. R. 799, 11.

80 Visitationsbericht, R. R. 799, 2.

81 Vgl. Visitationsbericht, R. R. 799, 4.

Rolf R. merkt an: »Die seelsorgerliche Arbeit des Pfarrers hat viel von den Anregungen der AC in Heimbuch gewonnen.«[82]

Eine nach wir vor schwere Bürde stellt für Rolf R. allerdings der abzuleistende Schulunterricht dar. Obwohl die Stundenzahl schon reduziert wurde, fällt auf, das Rolf R. oft krankheitsbedingt fehlt. Der Rektor der Schule, an der Rolf R. unterrichtet, beschwert sich über den hohen Stundenausfall, von 54 möglichen Stunden seien 22 wegen Krankheit ausgefallen.[83]

Der zuständige Dekan antwortet auf diesen doch beeindruckenden Visitationsbericht, der die ganze Vielfalt des Gemeindelebens und das Engagement der Ehrenamtlichen spiegelt, mit einem relativ lapidaren »Persönlichen Bescheid«, der zwar das Engagement lobt und als vorbildlich bezeichnet, zugleich aber dazu auffordert, in der neuen Gemeinde auf unterschiedliche Personengruppen zuzugehen und die Pfarramtsverwaltung ernster zu nehmen.[84]

Damit ist eine Veränderung in Rolf R.s Leben angedeutet. Er wird seine Gemeinde verlassen, was angesichts der Aufbauarbeit, die er geleistet hat, ein ungewöhnlicher Schritt ist. Was genau die Gründe dafür waren, eine Neuorientierung anzustreben, ist nicht eindeutig zu bestimmen. In den ersten Jahren im Pfarramt hat es – so gibt es die Betroffene Wiebke S. zu Protokoll – ein Gespräch mit dem zuständigen Dekan A. über Übergriffe auf junge Mädchen bzw. Konfirmandinnen gegeben. Im Archiv finden sich dazu allerdings keinerlei Anhaltspunkte. Sicher ist, dass Rolf R. in Blauberg zwei Verhältnisse mit Haushaltspraktikantinnen und eine Affäre mit einer verheirateten Frau sowie mit der Freundin die-

82 Visitationsbericht, R. R. 799, 8.

83 Religionsunterricht von Pfarrer R., 13.5.1983, in: LKA, Personalakte Rolf R., Bd. 1: 1975-1995.

84 Vgl. Persönlicher Bescheid auf die Kirchenvisitation vom 3.-9.10.1983 Blauberg, in: LKA, Dekanat X, R. R. 799.

ser verheirateten Frau unterhielt.[85] Aber es ist nicht klar, ob dies einen Einfluss auf die Entscheidung des Pfarrers und seiner Familie hatte, Blauberg zu verlassen und in der Gemeinde in Bergedorf neu zu beginnen. Vielleicht gaben den Ausschlag auch nur die beengte Wohnsituation für die große Pfarrfamilie im Pfarrhaus in Blauberg. Das Pfarrhaus in der Gemeinde in Bergedorf ist größer. Vielleicht reizte Rolf R. auch das dortige evangelikalere Umfeld.

2.3 Abschied und zweite Pfarrstelle: Bergedorf

Im Alter von fast 40 Jahren wechselt Rolf R. die Gemeinde und geht nach Bergedorf. Seine Abschiedspredigt in Blauberg enthält einen etwas irritierenden Kommentar:

> »Da gibt es sicher manche, für die ist dies ein Freudentag: Endlich geht er, hat lang gebraucht, bis er's gemerkt hat. Man kann es nicht jedem recht machen, und vor allem ist Gottes Wort unbequem. Wer Gottes Wort predigt, muß sich unbeliebt machen.«[86]

Rolf R. hat bei allem Erfolg offensichtlich auch Ablehnung in der Gemeinde erfahren. Aber er begegnet dieser Ablehnung auf eine außerordentlich selbstbewusste Weise: Die, die ihn ablehnen, kommen nicht damit zurecht, dass Gottes Wort eben unbequem ist. Den Kritikern wird klargemacht: Gott ist auf der Seite des Pfarrers, der sich durch die Predigt unbeliebt macht bzw. machen muss. Den Gemeindegliedern aber, die wegen seines Weg-

85 Vgl. das Interview mit Wiebke S. sowie das Interview mit Karla F.

86 Predigt, Pfarrer R. 28.7.1983 (Verabschiedung in Blauberg), in: LKA, Dekanat X, R. R. 799

gangs trauern, gibt er Hosea 14,4 – die Losung für den Tag – auf den Weg: Die Verwaisten finden bei Gott Gnade.

In seiner Abschiedspredigt vergleicht Rolf R. seine Gemeinde mit einer Tochter, für die er Verantwortung übernommen hat, als sie im Kindergartenalter war und die jetzt – 12-jährig – gerade in die Pubertät kommt. Er empfiehlt für die Zeit der Verwaisung sowohl das tägliche Gebet zu Hause – dies auch als Paranäse – und natürlich den regelmäßigen Gottesdienstbesuch und das Abendmahl. Auch wenn der Pfarrer fort sei – so der tröstliche Zuspruch am Ende – Gott sei immer noch da.

Die Gemeinde in Blauberg muss nun eine Vakanz hinnehmen und gibt anlässlich einer Visitation im Oktober zu Protokoll: »Pfr. R. bedauert, daß er zu früh gegangen ist – er hinterlasse eine Gemeinde, die noch nicht auf eigenen Füßen zu stehen in der Lage sei. Er legt großen Wert darauf, daß seine Arbeit in gleicher Weise fortgesetzt wird.«[87] An dieser Gemeindeversammlung aus Anlass der Visitation nehmen über 60 Mitarbeitende aus den verschiedensten Gemeindegruppen teil, die vehement eine schnelle Neubesetzung der Pfarrstelle fordern. Daraus lässt sich schließen: Die aktiven Gemeindemitglieder suchen Führung, weil der bisherige Pfarrer seine Gemeinde stark auf sich fokussiert hatte. Die gewissermaßen »kopflose« Gemeinde will jemanden, der bestimmt, wohin es gehen soll. Das Protokoll hält fest: »Die Argumente wurden großenteils in sehr aggressiver Weise vorgetragen.«[88]

Der Ältestenkreis hält in einem handschriftlichen Protokoll im Oktober nochmals den Dank an Pfarrer R. fest, dessen vielseitige Arbeit ausdrücklich gelobt wird: »Die Ältesten würdigen seine Gottesdienste, insbesondere seine missionierende Predigt.

87 Protokoll über die Mitarbeiterzusammenkunft am 7.10.1983 im Rahmen der Kirchenvisitation in Blauberg, in: LKA, Dekanat X, R. R. 799.

88 Mitarbeiterzusammenkunft 7.10.1983.

Die Gottesdienste in der [...][G]emeinde waren von der persönlichen Ausstrahlung des Pfarrers geprägt.«[89] Das Charisma seiner missionierenden Predigt war schon bei den AC positiv aufgefallen. Allerdings weist der Kreis explizit auch auf Defizite hin. Er konstatiert eine »Kontaktschwäche« des Pfarrers im Unterricht und bei Hausbesuchen und kritisiert organisatorische Schwächen.[90]

Ein weiteres Protokoll des Ältestenkreises vom selben Tag befasst sich mit dem Umstand, dass Rolf R., obwohl er die Gemeinde bereits verlassen hat, immer noch den Vorsitz über die Sozialstation der Gemeinde führt. Diesen abzugeben verweigert er mit dem Hinweis, es müsse zuerst eine Nachfolge durch einen Seelsorger bestimmt sein. Für seinen Rücktritt stellt er Bedingungen: »1. Wenn ein Theologe für dieses Amt gefunden ist 2. Die Vertretung nach außen soll unbedingt die kirchlichen Interessen wahrnehmen.«[91] Diese Kontroverse kann in der Sitzung nicht beigelegt werden, zeigt aber den paternalistischen Führungsanspruch, den der jetzt ehemalige Pfarrer hier vertritt.

Die Sitzung, auf der noch fünf weitere Tagungsordnungspunkte besprochen werden, dauert von 20.15 bis 23.30 Uhr. Offensichtlich hat der Konflikt viel Zeit gekostet. Tatsächlich hält der ehemalige Blauberger Pfarrer auch noch die Predigt zum Festgottesdienst bei Abschluss der Visitation über Joh 5,1-16. Die zentrale Aussage der Predigt zielt auf die Zusage der Nähe Jesu auch in einer anonymen Großstadtgemeinde: »Wenn wir entmutigt, wenn wir enttäuscht, wenn wir im Schmerz, in der Trostlosigkeit, in der Hoff-

89 Protokoll über die Sitzung des Ältestenkreises der Pfarrei in Blauberg am 7.10.1983, in: LKA, Dekanat X, R. R. 799.

90 Vgl. Ältestenkreis 7.10.1983.

91 Protokoll der gemeinsamen Sitzung des Ältestenkreises am 7.10.1983 um 20.15 Uhr, in: LKA, Dekanat X, R. R. 799.

nungslosigkeit stehen, dann ist da Jesus. Und wenn alle unsere Not übersehen – Er übersieht diese Not nicht! Er sieht, wo wir leiden.«[92]

Neubeginn in einer evangelikalen Gemeinde

Knapp zwölf Jahre lang wird Rolf R. von nun an seinen Dienst in der evangelischen Kirchengemeinde Bergedorf versehen. Er hatte sich auf die Stelle nicht beworben, vielmehr hatte das Landeskirchenamt die Neubesetzung verfügt.[93] Die Stelle war seit Mai des Vorjahres vakant und wurde zwischenzeitlich durch einen Pfarrer im Ruhestand verwaltet.

Die neue Gemeinde ist mit knapp 3.400 Gemeindegliedern etwas kleiner als die in Blauberg. Wie dort gibt es aber auch hier zwei Pfarrstellen. Im Visitationsbericht vom Frühjahr 1983 wird ein ungewöhnlich guter Gottesdienstbesuch festgehalten: knapp 300 (!) Personen, das entspricht 9 % der Gemeindemitglieder, kommen zum Sonntagsgottesdienst.[94] Über die Hälfte der Gottesdienstteilnehmer*innen nimmt auch am Abendmahl teil.

Der Gemeindediakon von Bergedorf hat einen längeren Bericht zu seiner Arbeit geschrieben, aus dem die spezifische Prägung der Gemeinde etwas deutlicher hervorgeht. Er hat in der Zeit der Vakanz in Bergedorf eine Reihe von Aufgaben übernommen, die er in seinem Bericht sachlich darstellt. Deutlich wird, dass der Diakon mit der in Bergedorf herrschenden stark pietistisch-erwecklichen Theologie Schwierigkeiten hat. So moniert er, dass inner-

92 Festgottesdienst zum Abschluss der Visitation am 9.10.1983, in: LKA, Dekanat X, R. R. 799.

93 Vgl. Bf. Pfarrer L., (undatiert), in: Bergedorf 11/54 – Kirchengemeinderat – Protokolle 1979-1983.

94 Vgl. Berichte zur Visitation am 6. und 8.5.1983, in: LKA, Abt. 003. SpA, R. 19542.

halb der Gemeinde eine »hausgemachte Bergedorfer Theologie« vorherrsche und die Jugendarbeit »nach Inhalt und Form sehr geprägt [werde] von einer evangelikalen-methodistischen Richtung, die vor allen Dingen von der Bibelkonferenzstätte ›Bergedorfer Höhe‹ ausgeht.«[95]

Der Diakon stellt sich Jugendarbeit nicht als Arbeit an den »Frommen und Bekehrten« vor, die auf eine »Entscheidung für Jesus« zielt, sondern möchte Jugendliche theologisch und pädagogisch in einer offenen Jugendarbeit an den Glauben heranführen.[96] Der Kirchengemeinderat lobt im Gespräch mit der Visitationskommission zwar den Einsatz des Diakons und vor allem seine Andachten im Krankenhaus, empfindet sein sonstiges Auftreten aber nicht nur als selbstbewusst, sondern sogar als selbstherrlich. Man wünscht sich von ihm »eine höhere Bereitschaft, sich sagen zu lassen«.[97]

Der Diakon hatte sich zur Gemeindesituation und -atmosphäre zuvor bereits in einem Bericht geäußert, der Grundlage für das Abschlussgespräch über sein Anerkennungsjahr war. Er stellt darin fest, dass er mit seiner Familie zwar freundlich aufgenommen wurde, die Gemeinde von ihm aber weniger eigenständige Arbeit als vielmehr die Entlastung des Pfarrers erwartete.[98] Dennoch entwickelt er eine Initiative für die Begrüßung von Neuzugezogenen, weil es in dieser Hinsicht bisher keine Aktivitäten gegeben hatte. Probleme gibt es im Bibelgesprächskreis der Gemeinde. Der Diakon will wirklich Gespräche führen, während es der Kreis ge-

95 Bericht zur Visitation der Kirchengemeinde Bergedorf im Mai 1983, in: LKA, Abt. 003. SpA, R. 19542, 4.

96 Vgl. Visitation Mai 1983.

97 Visitation in Bergedorf 6.-8.5.1983, in: LKA, Dekanat Y, Pfarrei Bergedorf Organisation der Kirche, Bd. II, 1983, Az. 11/8.

98 Vgl. Bericht von Peter Franz, 3, in: LKA, Dekanat Y, Pfarrei Bergedorf Organisation der Kirche, Bd. II, 1983, Az. 11/8.

wohnt ist, einem Vortrag zuzuhören. Als er beginnt, diese Form zu verändern, bleiben einige weg, aber gerade Frauen über 60 greifen das neue Modell gerne auf.

> »Gerade für Frauen ist dies in der Gemeinde keine Selbstverständlichkeit. Es gibt noch viele Stimmen in der Gemeinde, wonach die Frau in der Gemeinde zu schweigen hat und jegliche demokratische und emanzipatorische Bewegung in der Kirche als Sünde und Ungehorsam gegen Gottes Gebot bezeichnet wird.«[99]

Besonderes Engagement verwendet der Diakon darauf, die Mitarbeiterinnen des Kindergottesdienstes didaktisch zu schulen und ihnen andere Methoden nahezubringen, als nur eine biblische Geschichte zu erzählen.[100] Er versucht sich auf diese Weise an neuen Wegen der Zusammenarbeit, stößt dabei aber nicht auf Gegenliebe in seiner Gemeinde. Insofern fällt sein Urteil durchwachsen aus. Im Hinblick auf die Zusammenarbeit mit dem Kirchengemeinderat heißt es: »Schwierigkeiten habe ich mit manchen Ältesten dort, wo es um neue Formen kirchlichen Lebens geht, wo es um demokratische Bewegungen in der Kirche und wo es um die Stellung der Frau in der Kirche geht.«[101] Der Diakon konstatiert Konservativismus und Beharrung. Dezidiert resümiert er im Schlussteil: »Ich habe bis jetzt noch keine Gemeinde kennengelernt, die so in Traditionen, Lehren und Formen festgefahren ist wie die Bergedorfer Kirchengemeinde.«[102] – Das ist

99 Peter Franz, 8.

100 Vgl. Peter Franz, 12-16.

101 Peter Franz, 19.

102 Peter Franz, 24.

die Ausgangssituation, in die hinein Rolf R. mit seiner Großfamilie kommen wird. Ein selbstbewusster Kirchengemeinderat steht ihm gegenüber.

Evangelikale Wirkungsstätte Bergedorf – Konflikte zwischen Pfarrer und Kirchengemeinderat

In der Sitzung mit dem Kirchengemeinderat und der Visitationskommission vom Mai 1983 zeigt sich, wie stark die Gemeinde durch zwei Konferenzstätten geprägt wird, deren Theologie nicht unumstritten ist, nämlich die der »Christlichen Konferenzstätte« und die des Bibelhauses Talitha kumi. Es wird als positiv hervorgehoben, dass der zukünftige Pfarrer zu beiden Einrichtungen bereits Kontakt hat.[103] Offensichtlich kommt Rolf R. in eine anders geprägte, sehr viel frömmere Gemeinde, die theologisch sehr interessiert, jedoch mindestens als konservativ zu charakterisieren ist.

Das wird dann auch auf der ersten Gemeindeversammlung anlässlich der Visitation der Gemeinde, auf der Rolf R. ebenfalls schon anwesend ist, deutlich. Neben Visitationskommission, Kirchengemeinderat, Pfarrer und Gemeindediakon sind ca. 130 Gemeindeglieder aller Altersgruppen versammelt, die ein lebhaftes Gespräch führen. Rolf R. wird am Schluss gebeten, ebenfalls zur Gemeinde zu sprechen. Diese erste Selbstvorstellung verrät etwas über sein Selbstbild:

103 Vgl. Visitation Bergedorf 6.-8.5.1983, II. Protokoll der Sitzung von Kirchengemeinderat und Visitationskommission, in: LKA, Abt. 003.SpA, R. 19542.

> »Ich freue mich, an diesem Nachmittag bei Ihnen sein zu können. Ich habe aufmerksam zugehört. Denn das wichtigste Werkzeug für einen Pfarrer ist nicht das Mundwerk, sondern die Ohren. Als der, der etwas hört von Gott, aus der Bibel, von den Menschen, kann er zum Verkündiger werden. Ich habe gespürt, daß ich, jetzt noch in einer Neubaugemeinde tätig, in eine geistlich geprägte Gemeinde komme, ich freue mich auf die Arbeit hier. Ich möchte Grüße sagen von meiner Frau und gleichzeitig bemerken, daß ich mich gefreut habe über die Beiträge der Frauen, die ich ermutigen möchte, auch weiterhin in der Gemeinde ihren Mund aufzutun. Gott wolle unsere zukünftige gemeinsame Arbeit segnen.«[104]

Die Selbstverortung als geistlicher Begleiter wird deutlich. Rolf R. ist seinem Selbstbild zufolge nicht aus sich selbst heraus Pfarrer, sondern weil er im Zwiegespräch mit Gott, der Bibel und den Menschen ist, sich als ein von Gott Beauftragter versteht. Im Juli desselben Jahres nimmt Pfarrer R. auf Einladung an einer Sitzung des Kirchengemeinderates teil. Der Festgottesdienst anlässlich seiner Einführung wird auf Anfang September festgelegt und sorgfältig geplant. Zwölf Grußworte werden eingeplant. Im August bezieht die Familie das Pfarrhaus und wird mit Glockenläuten und Posaunenchor empfangen: Viele Gemeindeglieder versammeln sich abends im Pfarrgarten, um den neuen Pfarrer zu begrüßen, der »überrascht und vor Freude übersprudelnd« ein sponta-

104 Gemeindeversammlung der Ev. Kirchengemeinde Bergedorf aus Anlass der Visitation am 8.5.1983, 6, in: LKA, Abt. 003.SpA, R. 19542.

nes Grußwort an die Gemeinde richtet, in dem er betont, dass das Pfarrhaus offenes Haus für jedermann sei.[105] Die Familie bezieht ein großes, für sie renoviertes Pfarrhaus mit einem alten Schuppen, »Der Kuhstall« genannt, in dem bis zum Neubau eines Gemeindezentrums die Jugendarbeit stattfinden wird. Ein weitläufiges mit Rasen und Sträuchern bestandenes Gelände schließt sich an, das für christliche Open-Air-Festivals und Gemeindefeste genutzt wird.

Am 4. September wird die Berufung von Pfarrer R. nach Bergedorf mit einem Festgottesdienst gefeiert. Er hält die Predigt über Gen 28,10-19. Geschickt verknüpft Pfarrer R. die Geschichte Jakobs mit der Wirklichkeit der Gemeindeglieder. Die Situation Jakobs thematisiert und existenzialisiert er als eine der Verlassenheit und des Schuldig-geworden-Seins. Die Himmelsleiter, der Weg zu Gott, stehe offen, selbst wenn es »Steine der Sorgen, Steine der Angst und Steine der Schuld« gebe. »Ich kann mir vorstellen, daß es auch in Bergedorf Steiniges gibt.«[106] Gott habe den Menschen den Himmel geöffnet, eine Leiter, die zu ihm führe, in der Person Jesu Christi gegeben. Auf diese Verbindung dürfe sich jeder verlassen, auch in Angefochtenheit und in Schuldsituationen. Die Gegenwart Gottes heile, und sie könne auch heute noch erfahren werden und heilen. Daraus sollte eine Haltung zum Leben resultieren, in der weniger geklagt wird und es weniger Angst gibt. »Mit Jesus leben, das soll unser Motto sein. Amen.«[107] Ähnlich christologisch akzentuiert ist am 18. September die Predigt über die Auferweckung des Jünglings zu

105 Der Pfad. Gemeindegruß der Ev. Kirchengemeinden Bergedorf und Prehn für September 1983 (unpaginiert).

106 Der Predigttext für den heutigen Sonntag 4.9.1983, in: LKA, Dekanat Y, Pfarramt Bergedorf, Mitarbeiter der Kirche: Stellenbesetzung Bd. 1983 bis 2005, Az. 22/22.

107 Predigttext 4.9.1983.

Nain (Lk 7), die klarmacht, dass durch Jesus Christus Sünde und Tod und Angst ihre Macht verloren haben: »Wer ihm vertraut, der steht dann plötzlich nicht mehr im dunklen Trauerzug, sondern der steht dann im hellen Zug derer, die Jesus nachfolgen. Und er lässt seine Nachfolger nicht im Stich. Amen.«[108]

Als im September eine Friedensinitiative die Kirche zu einer Mahnfastenaktion benutzen möchte, wehrt Rolf R. dies in Absprache mit seiner Gemeinde und dem katholischen Kollegen ab. Die Kirche könne mit Gottesdiensten und Gebeten mahnen, sei aber kein Raum für »Formen der politischen Meinungsbildung«.[109] Rolf R. lässt sich im Oktober 1983 in den Vorsitz seines Landesausschusses des Deutschen Ev. Kirchentags wählen. Der Präses gratuliert Rolf R. zu seiner Wahl als Stellvertretendem Vorsitzenden.[110]

In der Sitzung des Kirchengemeinderates im Oktober wird festgehalten, dass die »Gemeinschaft unter dem Wort und Sakrament verstärkt« und nicht einseitig auf die Predigt fokussiert werden soll. Abendmahl und Taufe sollen stärker in den Mittelpunkt des Gottesdienstes gerückt werden – dies als Anliegen von Pfarrer R., der von November bis Februar ein Taufseminar und im Folgejahr ein Seminar zum Abendmahl anbieten wird.[111] Der Gemeindediakon gibt im Januar der Gemeinde bekannt, dass er sich wegversetzen lassen will, Gründe werden im Protokoll nicht angeführt.[112] Ein Aktenvermerk des Landeskirchenamts gibt an, dass

108 Transkript der Predigt Bergedorf, 18.9.1983 über Lk 7.

109 Bf. vom 7.10.1983, in: Bergedorf 11/54 – Kirchengemeinderat – Protokolle 1979-1983.

110 Vgl. Bf. vom 6.10.1983 an Rolf R. vom Präses, in: LKA, Personalakte Rolf R. Bd. 1.

111 Protokoll über die Sitzung des Kirchengemeinderates Bergedorf vom 17.10.1983, in: Bergedorf 11/54 – Kirchengemeinderat – Protokolle 1979-1983.

112 Vgl. Protokoll der Kirchenältestenfreizeit vom 27.-29.1.1984, in: Bergedorf 11/54 – Kirchengemeinderat – Protokolle 1984-1987.

er aus persönlichen Gründen wechseln wollte; genannt werden diese allerdings nicht.[113]

Wie konservativ die Gemeinde orientiert ist, wird u. a. daran deutlich, dass während einer Sitzung des Kirchengemeinderates gefragt wird, ob Frauen »von der Austeilung des Abendmahls ausgeklammert werden sollen«[114]! Pfarrer R. antwortet, dass es keinen biblischen Grund dafür gebe. Die Gemeinde nimmt in dieser Zeit den Kontakt zu ihrer Partnergemeinde in der DDR wieder auf. Eine Gemeindedelegation reist im Frühjahr 1984 für ein paar Tage dorthin. Am 11. April schreibt der Kirchenälteste Bergedorfs einen Brief an das Landeskirchenamt und bittet um die umgehende Wiederbesetzung der Diakonenstelle. Auch wenn man annehmen kann, dass damit die Dringlichkeit des Antrags unterstrichen werden soll, ist wohl dennoch an der in diesem Brief gemachten Aussage nicht zu zweifeln, dass Pfarrer R. schon mehr als ausgelastet und seine Gesundheit angeschlagen sei.[115]

Im Juli wird das letzte Kind der Familie, Peter, geboren. Im Sommer 1984 initiiert Rolf R. ein »1. Christliches Open-Air-Festival«, das im Pfarrgarten stattfindet. Die Songs, die christliche Bands spielen, »erzählen von Lebenserfahrungen mit Gott und waren oft als Gebet formuliert.«[116] Selbstverständlich beteiligt sich der Pfarrer: »Durch das Programm führte Pfr. R., der in ansprechenden Bildern (Telefon, 99 Luftballons) das missionarische Anliegen der Veranstaltung vertiefte und in Interviews den Musikern persönliche Glaubenserfah-

113 Vgl. Aktenvermerk des Personalreferenten vom 15.3.1983, in: LKA, Personalia: Franz, Peter, Bd. 1, 1981-1995.

114 Protokoll vom 20.2.1984, in: Bergedorf 11/54 – Kirchengemeinderat – Protokolle 1984-1987.

115 Bf. An das Landeskirchenamt vom 11.4.1984, 2, in: LKA, Mitarbeiter der Kirche: Spezialia, Kirchengemeinde Bergedorf, Gemeindediakon/in, Bd. 1, 1980, Az. 23/7.

116 Der Pfad. Gemeindegruß der Ev. Kirchengemeinden Bergedorf und Prehn für September 1984 (unpaginiert).

rungen entlockte.«[117] Der Kirchengemeinderat wünscht sich für die Mitarbeiterrüste im November das Thema »Gemeindewachstum«, das in der Gemeinde gefährdet scheint, da die Leiterin des Chores gekündigt hat und der Frauenkreis ohne Leitung ist.[118]

Zu dieser Mitarbeiterrüste fährt Pfarrer R. – wohl wegen der schweren Erkrankung seiner Tochter – nicht mit; jedenfalls heißt es im Gemeindebrief: »Überschattet wurden die frohen Stunden immer wieder durch die Tatsache, daß Pfarrer R. wegen der besonderen Belastung, die seine Familie zur Zeit erfährt, nicht bei uns sein konnte.«[119] Vom 5. bis 9. Juni 1985 fahren ca. vierzig Jugendliche für ein missionarisches Projekt zum Kirchentag nach Düsseldorf.[120] Offensichtlich gelingt es Rolf R., weiterhin Jugendliche seiner Gemeinde für den Kirchentag zu begeistern. Einen scharfen Brief schreibt er im November an sein Landeskirchenamt, weil Bergedorf keine pauschale Kirchentagskollekte erhoben hat, obwohl diese Pflichtkollekte war. Der Pfarrer hat sich vorbehalten, seiner Gemeinde ein ausgesuchtes Projekt des Kirchentages zu empfehlen, für das gesammelt wurde und keine Kollekte für den Kirchentag im Allgemeinen. Dieses Verhalten wird damit begründet, dass Bergedorf eine »überwiegend evangelikal geprägte Gemeinde« sei. Rolf R. führt aus:

> »Es ist in unserer Gemeinde schwer vorstellbar, z.B. Geld zu sammeln für das Homosexuellenforum ›Der zärtliche Mensch‹ oder für das Luxushotelzim-

117 Pfad, September 1984 (unpaginiert).

118 Vgl. Protokoll vom 8.10.1984, in: Bergedorf 11/54 – Kirchengemeinderat – Protokolle 1984-1987.

119 Der Pfad. Gemeindegruß der Ev. Kirchengemeinden Bergedorf und Prehn für Dezember 1984 (unpaginiert).

120 Vgl. Protokoll vom 3.6.1985 TOP 8, in: Bergedorf 11/54 – Kirchengemeinderat – Protokolle 1984-1987.

mer von D. Sölle, oder für die emotional aufgeheizten Beatmessen und liturgischen Nächte im neuen Gewand.«[121]

Dagegen stellt er sein Engagement auf dem Kirchentag, an dem seiner Aussage nach 180 Mitarbeitende beteiligt waren, als konstruktiven und positiven Beitrag zum Kirchentag, getragen von jugendlichen Teilnehmenden dar. Rigide und arrogant klingt der Abschlusssatz des Briefes: »Mit freundlichen Grüßen, aber ohne Ihre Euphorie in Sachen Kirchentag zu teilen, aber als einer, der auch weiterhin bereit ist, konkret zur Verbesserung des Kirchentags beizutragen.«[122] Damit wird eine deutliche Positionierung erkennbar, die klar die evangelikale Verortung zeigt. In Bergedorf scheint Rolf R. zusehends konservativer, um nicht zu sagen, reaktionärer zu werden.

In diesen Zeitraum fällt ein tiefgreifender persönlicher Schicksalsschlag: Im Sommer stirbt die zweitgeborene Tochter kurz vor ihrem 14. Geburtstag an einer Krebserkrankung. Die Todesanzeige weist auf ihre Reife im Glauben in ihrer Leidenszeit hin und darauf, dass sie nun in Gott ruhe. Rolf R. selbst beerdigt sein Kind unter großer Anteilnahme seiner Gemeinde. Gilt die Beerdigung eines eigenen Kindes als Akt echter tiefgreifender Frömmigkeit, stellt sie zugleich doch eine krasse Überforderung dar. Präses F. schreibt einen Kondolenzbrief.

Noch im selben Jahr setzt Rolf R. sich für die Abhaltung eines Jugendkirchentages im folgenden Sommer ein, in den ein Open-Air-Festival eingebettet werden soll. Die benachbarte Gemeinde, deren Mitarbeit für die Durchführung der Veranstaltung nötig

121 Bf. Rolf R. an die Landeskirche vom 29.11.1985, in: LKA, Dekanat Y, Pfarramt Bergedorf Gemeinde und ihre Gruppen: Ev. Kirchentag, Bd. 1983 bis 1991, Az. 71/2.

122 Bf. v. 29.11.1985.

wäre, kann sich die Organisation aber nicht vorstellen, da sie ihre Kapazitäten übersteige.[123] Entsprechend findet dieser Jugendkirchentag nicht statt. Deutlich wird aus den Protokollen jedoch, dass Pfarrer R. hier treibende Kraft ist. Im Sommer 1987 nimmt er am Frankfurter Kirchentag teil. Für Oktober wird in der Kirche eine große Evangelisation mit einem methodistischen Pastor und Mitglied im Arbeitskreis Gebet der Evangelischen Allianz geplant.[124]

Eine Arbeitstagung des Kirchengemeinderates im Januar des darauffolgenden Jahres thematisiert das Klima zwischen Kirchenvorstand und Pfarrer. Mitglieder des Kirchenvorstandes haben den Eindruck, mit ihren Anliegen nicht ernst genommen zu werden. Pfarrer R. dagegen sieht sich einem schweigenden Widerstand ausgeliefert.[125] Persönliche Konflikte werden deutlich, als eine der Ältesten anspricht, ihr Fehlen bei der Allianz-Gebetswoche sei kritisch erwähnt worden. Sie sei aber derzeit durch viele Umstände stark belastet. Eine heftige Debatte entbrennt. Das Protokoll hält fest: »Pfr. R. besteht darauf, daß die Ältesten beim gemeinsamen Gebet mit Bibelhaus und Konferenzstätte anwesend sein müssen, wenn sie ihre Leitungsfunktion in der Gemeinde wahrnehmen wollen.«[126] Hier wird keine Rücksicht auf persönliche Schwierigkeiten genommen; der Pfarrer ist unerbittlich. Eine ähnlich radikale Haltung vertritt er im Hinblick auf die Feier der Fastnacht im Kindergarten: Als bekannt wird,

123 Vgl. Protokoll vom 12.11.1985, in: Bergedorf 11/54 – Kirchengemeinderat – Protokolle 1984-1987.

124 Vgl. Protokoll vom 23.6.1986, TOP 1, in: Bergedorf 11/54 – Kirchengemeinderat – Protokolle 1984-1987.

125 Vgl. Notizen von der Arbeitstagung des Kirchengemeinderates vom 16.-18.1.1987, in: Bergedorf 11/54 – Kirchengemeinderat – Protokolle 1984-1987.

126 Protokoll vom 23.1.1987, TOP 11, in: Bergedorf 11/54 – Kirchengemeinderat – Protokolle 1984-1987.

dass zwei Gruppen des Kindergartens nach Abschluss des Themas »Die kleine Hexe« an Fastnacht ein Hexenfest mit Verkleidungen feiern wollen, verbietet Pfarrer R. die Veranstaltung.[127] Auch der Kirchengemeinderat hält später, nämlich im Sommer 1987, fest: »Der Kindergarten soll bewußt evangelisch geführt werden.«[128]

In einer Predigt über den »sinkenden Petrus« im Februar des nächsten Jahres betont Pfarrer R., dass der Weg, den Gott mit einem vorhabe, analog dem Weg der Jünger nicht unbedingt ein einfacher sei. Jesus treibe die Jünger und somit die Menschen überhaupt vorwärts: »Er läßt es nicht zu, daß man sich ausruht auf den Lorbeeren der Vergangenheit, er treibt sie zu neuen Ufern. Und er treibt sie in die Dunkelheit.«[129] Während die Jünger sich in einer ausgelieferten Situation wähnen, betet Jesus für sie. – Dies gilt für die Gegenwart. Petrus schließlich steht für den Menschen, der sich zunächst auf Gott verlässt. »Nur da, wo dann unser Herz sich von ihm abwendet, nur da, wo wir das ›Unmöglich‹ in unserem Leben entdecken, wo wir auf uns selber schauen und auf die Not, da, wo uns wieder das Selbstmitleid erwischt, da sinken wir.«[130] Aber Jesus nehme Petrus trotzdem an und auf, und diese Zusage gelte allen Menschen. Das hieße: Wenn Jesus in die Einsamkeit und Not und Dunkelheit treibt, aber auch diese Zeiten begleitet, wird es möglich, zu vertrauen und sich nicht zu fürchten. Mit dieser Zusage schließt die Predigt.

127 Vgl. Protokoll vom 6.4.1987, TOP 11, in: Bergedorf 11/54 – Kirchengemeinderat – Protokolle 1984-1987.

128 Protokoll vom 1.6.1987, TOP 1, in: Bergedorf 11/54 – Kirchengemeinderat – Protokolle 1984-1987.

129 Evangelische Kirche Bergedorf, Gottesdienst am 1.2.1986 Predigttext Mt 14, 22-33, 2, in: LKA, Dekanat Y, Pfarrei: Bergedorf, Organisation der Kirche: Visitation 18.-24.2.1991, Bd. III 1991, Az. 11/8.

130 Gottesdienst 1.2.1986, 4.

Im August predigt Rolf R. über Röm 8,14-17 und macht klar: Kind Gottes zu sein bedeute zunächst, sich überhaupt für Gott zu interessieren. Analog der lutherischen Rechtfertigungslehre hält er fest: Es könne keine eigene Willensentscheidung sein, Kind Gottes zu werden, sondern Gott muss den Menschen zu seinem Kind machen. Gotteskind zu sein bedeutet auch nicht – und das ist vielleicht der Gemeindesituation mit ihren verschiedenen Prägungen geschuldet – »die Uniform, derselbe Stallgeruch, nicht die Gruppe ist es, die mich zum Gotteskind macht, sondern der Vater«.[131]

Es gilt, nicht auf sich selbst zu vertrauen, auf eigenes geistliches Leben, sondern das Geschenk des Vaters anzunehmen, die Liebe des Vaters in Jesus anzunehmen. Vom Geist Gottes angetrieben zu sein, bedeutet dann, eine nicht versiegende, schöpferische Energiequelle zu haben, die – und hier macht er einen Ausflug in die Welt der Energieversorgung mit fossilen Energien, Atomkraft und Sonnenenergie – wie die Sonnenergie keine Schadstoffe produziert, wärmt und unerschöpflich ist. Diese Erfahrung führt zur Unabhängigkeit von menschlichen Regeln und Vorschriften und zu kindlichem Vertrauen. Die Predigt mündet in Zuspruch: »Jeder aber darf wissen, daß die, die ihr Herz öffnen für den Vater im Himmel, die, die Gottes Kinder werden, das Leben erben. Sie erben die Geborgenheit, sie erben den Frieden, sie erben das Heil, sie erben, was ihr Herz ersehnt aus lauter Gnade. Amen.«[132]

Am Kirchentag vom 17. bis 21. Juni 1987 in Frankfurt a.M. ist Rolf R. wiederum mit 180 Mitarbeitenden – aus den Gemeinden Blauberg und Bergedorf kommend – auf dem Markt der Möglich-

131 Evangelische Kirche Bergedorf, Gottesdienst am 31.8.1986, Predigttext Römer 8,14-17, 4, in: LKA, Dekanat Y, Pfarrei: Bergedorf, Organisation der Kirche: Visitation 18.-24.2.1991, Bd. III 1991, Az. 11/8.

132 Evangelische Kirche Bergedorf, Gottesdienst am 31.8.1986, Predigttext Römer 8,14-17, 6, in: LKA, Dekanat Y, Pfarrei: Bergedorf, Organisation der Kirche: Visitation 18.-24.2.1991, Bd. III 1991, Az. 11/8.

keiten beteiligt. Sie gestalten in der Nähe der Frankfurter Liebfrauenkirche ein Projekt, bei dem sie Menschen auf der Straße auf das Kirchentagsgeschehen hin ansprechen wollen. Zusätzlich gibt es ein Podium mit Aktivitäten.

Spannungen in der Gemeinde

Im Herbst 1987 werden die Spannungen zwischen Ältesten und Pfarrer auf einer Sitzung des Kirchengemeinderates unter Verschiedenes angesprochen. Man vereinbart, eine direkte Aussprache mit dem Pfarrer zu suchen, der während der Sitzung nicht anwesend war.[133] Am 21. September findet eine Sondersitzung des Kirchengemeinderates wieder ohne Pfarrer R. statt. Es gibt eine Aussprache über die schwierige Zusammenarbeit. Das Protokoll hält zunächst fest, dass »es im kleineren Kreis bereits Gespräche und Gebete mit dem Pfarrer über die ›persönlichen‹ Probleme gegeben hat. Diese Gespräche hatten teilweise seelsorgerlichen Charakter und es war Vertraulichkeit vereinbart. Sie sollen deshalb nicht im großen Kreis weitergeführt werden.«[134]

Danach wird darüber gesprochen, dass es »Fronten« zwischen Pfarrer und Gemeinderat gebe, und man fragt, ob das immer so war. Es wird festgestellt, dass es von Anfang an »kein Miteinander« gegeben, sondern der Pfarrer seine eigenen Ideen verwirklicht habe. Zugunsten seiner großen Ideen würden die Verpflichtungen des Pfarrers gegenüber Kranken und Sterbenden und in der Gemeinde zurückgestellt. Ein zentraler Reibungspunkt ist

133 Vgl. Protokoll vom 14.9.1987, TOP 13, in: Bergedorf 11/54 – Kirchengemeinderat – Protokolle 1984-1987.

134 Protokoll über die Sondersitzung des Kirchengemeinderates am 21.9.1987, in: Bergedorf 11/54 – Kirchengemeinderat – Protokolle 1984-1987.

das projektierte Gemeindezentrum, das Rolf R. gerne realisieren möchte. Die Mitglieder des Gemeinderates fühlen sich unter dem Druck nachzugeben, weil er sonst mit Weggang droht: »Älteste halten ihre Meinung zurück, weil sie gemerkt haben, daß man nicht gemeinsam zu einem Ergebnis kommt, und weil sie Angst vor einer erneuten heftigen Reaktion des Pfarrers haben. Soll ich meine Meinung vertreten und damit zwangsläufig die Konfrontation suchen?«[135]

Der Rat hält fest, dass der Pfarrer sich als »Pfarrherr« gebärde und keinen Widerspruch ertragen könne. Er besuche von sich aus keine Kranken, sondern müsse immer dazu aufgefordert werden. Er werde von den Ältesten gebeten, »evangelistisch« zu predigen, tue dies aber nicht, sondern organisiere stattdessen »große evangelistische Projekte außerhalb«.[136]

Es werden zahlreiche Defizite in der Zusammenarbeit aufgeführt bzw. es wird überhaupt mangelnde Zusammenarbeit beklagt: Jugendchor und Jugendtreff fielen auseinander, Posaunenchor und Pfarrer verstünden sich nicht. Der Pfarrer drücke große Projekte außerhalb durch, ohne den Kirchengemeinderat vorher zu informieren und zu beteiligen (Musikfestival, Jugendkirchentag). Die Gemeinde fühlt sich offensichtlich vom Pfarrer vernachlässigt und verzweifelt angesichts seiner Alleingänge und seiner Unzugänglichkeit: »Wie können große Projekte und ein großer Bau gefordert werden, wenn die kleinen Alltagsgeschäfte nicht laufen; ist die Haltung gut: Notfalls ziehe ich das auch ohne euch durch?«[137]

Der Kirchengemeinderat fragt sich auch, ob der Pfarrer nicht ein falsches Bild von sich hat, ob er wirklich Probleme in der Seel-

135 Sondersitzung 21.9.1987.

136 Sondersitzung 21.9.1987.

137 Sondersitzung 21.9.1987.

sorge lösen kann, die er bei sich selbst nicht lösen könne. Der Ältestenkreis möchte eine gute und vor allem transparente Zusammenarbeit, und er möchte, dass die Mitarbeitenden besser betreut werden. Er wünscht sich wirkliche Zusammenarbeit und er wünscht sich, wahrgenommen zu werden.[138]

Im Oktober 1987 findet eine Sondersitzung unter Beteiligung des Pfarrers statt, der das Protokoll der Sitzung, die ohne ihn stattgefunden hat, vorher einsehen konnte und zunächst dazu Stellung bezieht. Er betont, dass die Gemeinde wusste, was auf sie zukommt, dass er nämlich einen Schwerpunkt in Verkündigung und Seelsorge setze und dass ihm gesellige und repräsentative Verpflichtungen schwerfielen. Er weist auch zurück, dass er zu wenig für die Gemeinde arbeite, indem er alle seine Verpflichtungen aufzählt und dabei für die Predigtvorbereitung zehn Stunden pro Woche angibt.[139] Im Prinzip weist Rolf R. alle Vorwürfe zurück. Er verspricht wohl, vorab besser über das zu informieren, was er verwirklichen will, aber er beansprucht für sich: »Was der Pfr. verwirklicht hat, waren nur zum Teil eigene Ideen. Hier ist die innere Berufung, für Versöhnung zu arbeiten, aus der Enge in die Weite zu stellen.«[140] Die Ältesten haben das Gefühl, dass an ihrem Anliegen vorbeigeredet wurde. Sie sehen sich nicht als ein »vorgesetztes Kontrollgremium«, sondern wollen wirklich zusammenarbeiten. Offensichtlich leiden sie unter dem Einzelgängertum ihres Pfarrers.[141] Der Anspruch des Kirchengemeinderates und die Vorstellungen des Pfarrers klaffen mittlerweile weit auseinander. Klar ist

138 Vgl. Sondersitzung 21.9.1987.

139 Vgl. Protokoll über die Sondersitzung des Kirchengemeinderates am 13.10.1987, in: Bergedorf 11/54 – Kirchengemeinderat – Protokolle 1984-1987 = PfA Bergedorf 9.

140 Vgl. Sondersitzung 21.9.1987.

141 Sondersitzung 21.9.1987.

aber auch, dass der Kirchengemeinderat selbstbewusst stets ein Wort mitreden will.

In der Februarsitzung des Kirchengemeinderates zeigt sich, dass es auch Konflikte um die Finanzen gibt. So hat Pfarrer R. eigenmächtig eine Passionsmusik organisiert, die 5.000 DM kostet. Im Protokoll wird der Unmut über die Situation spürbar: »Bei dem Satz ›Wir müssen uns überlegen, ob wir uns eine Kantorin in Zukunft leisten können.‹ verläßt Pfr. R. den Raum.«[142] Dass der gewünschte Stellenabbau mit dem mutmaßlichen Verhältnis mit der Kantorin, von dem einige Älteste wissen, zu tun hat, kann vermutet werden.[143]

Der Gemeinderat bespricht darauf kurz, dass unbedingt mehr auf die Finanzen geachtet werden müsse und dass der vom Pfarrer geäußerte Hinweis auf mehr Gottvertrauen bei ungesicherten Finanzen gegen den gesunden Menschenverstand gehe. In der Sitzung im März 1987 berichtet Pfarrer R. von seinen gesundheitlichen Problemen und dass er demnächst eine Kur brauche. Der Gemeinderat rät ihm, nun kürzer zu treten und unbedingt seine Gesundheit wiederherzustellen. In derselben Sitzung wird Maria W. ab dem 1. Mai 1987 als Ganztagskraft für die Diakoniestation eingestellt.[144] Im Juni berichtet Rolf R. der Gemeinde von einem notwendigen Krankenhausaufenthalt vom 29. Juni bis 8. Juli.[145] In der Sitzung im August teilt er mit, dass er eine weitere Behandlung brauchen werde. Regelmäßig besuchen Evangelisten

142 Vgl. Protokoll vom 1.2.1988, in: Bergedorf 11/54 Kirchengemeinderat – Protokolle 1988-1991.

143 Vgl. das Interview mit Frau J.

144 Vgl. Protokoll vom 7.3.1988, in: Bergedorf 11/54 Kirchengemeinderat – Protokolle 1988-1991. Maria W. wird später in einem Gespräch mit dem Präses angeben, seit 1989 eine Affäre mit Rolf R. gehabt zu haben.

145 Vgl. Protokoll vom 27.6.1988, in: Bergedorf 11/54 Kirchengemeinderat – Protokolle 1988-1991.

und Missionare die Gemeinde.[146] Im selben Jahr engagiert er sich mit seinen Jugendlichen wiederum für ein großes Musikfestival mit christlichen Gruppen, das im September auch stattfindet.[147]

Die Probleme der Zusammenarbeit scheinen nicht ausgeräumt. Am 17. Oktober sprechen der Älteste Martin Schulz, der Dekan W. und Pfarrer R. über die Gemeindesituation.[148] Am 7. November trifft sich der Kirchengemeinderat. In Anwesenheit von Dekan W. werden die Schwierigkeiten mit Pfarrer R. angesprochen. Dass der Kirchengemeinderat Änderungsdruck empfindet, wird schon daran deutlich, dass er sich an den Dekan als Vorgesetzten gewandt hat. Wieder werden bereits besprochene Probleme thematisiert, so dass die älteren Gemeindeglieder den Eindruck haben, der Pfarrer habe kein Interesse an ihnen, sondern steuere lieber Großprojekte. Wieder weicht der Pfarrer mit der Begründung aus, er sei für so etwas nicht begabt. Es wird gefragt, ob er es sich damit nicht zu einfach mache. Es wird ebenfalls moniert, dass er den Konfirmand*innenunterricht sehr distanziert abhalte.

Der Kirchengemeinrat ist ratlos, ob es die Krankheit von Rolf R. ist, die »Passivität hervorruft«.[149] Zuvor muss es ein Gespräch der Ältesten mit dem Präses gegeben haben, ohne dass der Pfarrer dabei war, in dem es ebenfalls Klagen über ihn gab. Der Dekan bekundet, dass der Zeitpunkt für dieses Gespräch sicherlich ungünstig war. Jedoch hält das Protokoll fest, dass »der Pfarrer Kritik nicht

146 Vgl. beispielsweise: Die aktuelle Woche 9.-14. November: Evangelist XY (6 Abende), in: Der Pfad. Gemeindegruß der Ev. Kirchengemeinden Bergedorf und Prehn für November 1986 (unpaginiert).

147 Vgl. Dekanat Y, Pfarramt Bergedorf, R. 328, Bd. 1981 bis mit 1995: Jugendarbeit.

148 Vgl. Protokoll vom 17.10.1988, in: PfA Bergedorf 9.

149 Protokoll vom 7.11.1988, in: PfA Bergedorf 9.

verarbeiten kann. Er fühlt sich immer angegriffen und merkt gar nicht, daß die Bereitschaft zum Tragen da ist.«[150]

Erstmals wird angesprochen, dass es auch private und persönliche Probleme des Pfarrers gibt, die seine Arbeit beeinträchtigen:

> »Trotzdem wird deutlich gesagt, daß der KGR zum Pfr. steht, daß er hier einen Auftrag hat und daß die Ältesten mit ihm vorwärtsgehen wollen. Allerdings sind Probleme in der Pfarrfamilie, die eine Spannung und Belastung mit sich bringen. Und schließlich muß bei allem auch das Alkoholproblem genannt werden.
> Pfr. R. ergänzt und erinnert an die Gerüchte über seine Beziehungen zu einer anderen Frau. [Gerüchte!] Seine Arbeit geht über Kirchturmhorizonte hinaus. Trotzdem hat er [...] alle auswärtigen Projekte abgesagt.
> Er gesteht den ersten Schwachpunkt (Probleme mit seiner Frau) ein [sic] weist aber darauf hin, daß hier seelsorgerlich gearbeitet wird. Der Prälat und der Kirchenrat [...] sind hier im Gespräch.
> Ein zweiter Punkt ist, daß Pfr. R. vorwärts will. Er hat oft den Eindruck, daß erst bewiesen werden muß, daß es geht, bevor darüber abgestimmt wird. Hinter dieser Haltung stecken Ängste. Aber er möchte auch hier lernen und nicht die ganzen Konflikte auf die Krankheit geschoben wissen.
> Der Gesundheitszustand ist im Grunde ein kleineres Problem.

150 Protokoll 7.11.1988.

> Die Gerüchte, die durch das Eheproblem genährt werden, sind schwerwiegende. [Hervorhebung UG]
> Hier weist Pfr. R. darauf hin, daß er im Gottesdienst eine lockere Art hat und daß schon eine Umarmung im Gottesdienst Anstoß erregt, auch wenn das brüderlich gedacht ist.
> Zum Alkohol: Vor dem Gottesdienst hat der Pfr. oft Brechreiz. Da hilft nur ein Melissengeist. In Zeiten, in denen er gesund ist, braucht er keinen Alkohol. Er hat auch schon ein halbes Jahr vollständig auf Alkohol verzichtet. Allerdings war es auch schon so, daß er Alkohol gebraucht hat, um den Dienst verrichten zu können. Medizinisch liegt kein Alkoholismus vor. Die Kur bezieht sich deshalb selbstverständlich auch nicht auf diesen Problembereich. Wenn die Krankheit weg ist, will Pfr. R. wegen der Gerüchte mindestens 1 Jahr vollständig auf Alkohol verzichten.
> Der Dekan weist darauf hin, daß bei der Formulierung ›mit Hilfe von Alkohol den Dienst verrichten‹ doch ein Quäntchen Wahrheit an den Gerüchten dran ist.«[151]

Festgehalten werden kann: Es gibt zwei drängende private Probleme. Erstens wird die problematische Ehe in der Gemeinde wahrgenommen, und über die Eheprobleme hinaus gibt es Gerüchte über andere Beziehungen zu Frauen und übergriffiges Verhalten (Umarmungen). Zweitens hat der Pfarrer mindestens ein Alkoholproblem oder ist Alkoholiker. Auch dies wird von der Gemeinde wahrgenommen und schmälert sein Ansehen. Eine

151 Protokoll 7.11.1988.

gewisse Selbstgefälligkeit bzw. Arroganz kommt zum Ausdruck, wenn der Pfarrer betont, dass seine Arbeit über »Kirchturmhorizonte« hinausgehe.

Die Frage ist, ob der hinzugezogene Dekan nicht eine Amtspflichtsverletzung hätte anzeigen müssen. Dass es dem Dekan wichtig war, dass Pfarrer R. baldmöglichst seine Kur antritt, äußert er im Gespräch deutlich. Der Dekan berichtet davon auch im Bezirkskirchenrat. »Die Gespräche gingen um die Krankheit des Herrn R. mit der besonderen Situation im Pfarrhaus und der Schwierigkeit des Herrn R. im KGR und bei Kontakten mit der Gemeinde.«[152] Am 22. November werden zusätzlich der Prälat und OKR D. eingeschaltet. Im Januar 1988 wird im Bezirkskirchenrat informiert, dass Pfarrer R. bis zum Beginn seiner Kur im April krankgeschrieben ist, dass er aber die Konfirmation, Gottesdienste und Konfirmandenunterricht weiter durchführen werde.[153]

In der Novembersitzung hält der Bericht vom Jugendkirchentag und Musikfestival fest, dass beide Veranstaltungen eher schwach besucht waren. Diese Aktionen außerhalb der eigentlichen Gemeindearbeit, die Rolf R. so wichtig findet, sind jedenfalls im Jahr 1988 kein großer Erfolg.[154] Außerdem hält das Protokoll unter Verschiedenes fest, dass die Behandlung von Pfarrer R. nicht angeschlagen habe. Im Dezember wird nochmals über Jugendkirchentag und Musikfestival berichtet. Da die Besuchszahlen weit hinter den Erwartungen zurückblieben, ist in der Kirchengemeinde ein Defizit von über 11.000 DM entstanden.

152 Protokoll über die 33. Sitzung des Bezirkskirchenrates Y am 22.11.1988, in: LKA, BKR-Protokolle Y 1984–1993.

153 Vgl. Protokoll über die 34. Sitzung des Bezirkskirchenrates Y am 16.1.1989, TOP 5, in: LKA, BKR-Protokolle Y 1984–1993.

154 Vgl. Protokoll vom 14.11.1988, in: PfA Bergedorf 9.

Das Protokoll hält fest: »Als Fazit kann festgehalten werden, daß es nicht möglich ist, in unserer Gemeinde etwas ohne Unterstützung durch Kirchengemeinderat und Mitarbeiterschaft erfolgreich durchzuführen. [...] Im nächsten Jahr soll kein Festival sein.«[155] Kirchengemeinderat und Mitarbeitendenschaft stehen nicht (mehr) hinter dem Pfarrer.

Vom 20. bis 22. Januar 1989 findet zum Abschluss der Wahlperiode eine Fahrt des Kirchengemeinderates statt, die am Freitagabend – noch ohne Pfarrer R., der erst nach einem Neujahrsempfang kommen kann – mit einem Rückblick auf fünf Jahre Kirchengemeinderat beginnt. Die Bilanz fällt gemischt aus: Das vor Jahren gesteckte Ziel, Neuzugezogene besser anzusprechen, wurde erreicht; eine Verbesserung des Verhältnisses zum Krankenhaus war angestrebt und scheiterte. Die bessere Betreuung der mittleren Generation u. a. über Kinderbetreuung funktioniert. Der Jugendtreff dagegen ist 1987 »eingeschlafen«.[156] Der Traum von einem Gemeindezentrum wurde anfangs aktiv angegangen, seine Verwirklichung kam dann aber, nicht zuletzt aufgrund der Finanzlage, zum Erliegen. Der Kontakt zur Partnergemeinde sollte wieder aufgenommen werden – das ist gelungen. Als besondere Veranstaltungen werden erwähnt: das Gemeindefest im Pfarrgarten, das erste Musikfestival. Distanziert heißt es: »Im November 1985 in einer gemeinsamen Sitzung mit Hösten tauchte erstmals der Jugendkirchentag auf.«[157]

Ein eigener Punkt (V.) ist dem Verhältnis zum Pfarrer gewidmet. In ihm heißt es:

155 Protokoll vom 5.12.1988, in: PfA Bergedorf 9.

156 Notizen von der Ältestenrüste vom 20.-22.1.1989 in Hösten, in: PfA Bergedorf 9.

157 Ältestenrüste 20.-22.1.1989.

»Der Pfr. war schon krank, bevor er gekommen ist. Trotzdem ist mir beim Lesen von Einladungen und Protokollen aufgefallen, daß anfangs eine beachtliche Frische, eine Freude an der Arbeit und ein Drang vorwärts zu kommen da war und auch ein unerschöpflicher Ideenreichtum. Erst 1987 im September war die Sondersitzung ohne den Pfarrer und kurz darauf die Aussprache.
Im September [des folgenden Jahres] war dann das Gespräch mit dem Präses, das [ergänze: in, UG] eine andere Richtung lief, als geplant.
Im November war dann das Gespräch mit dem Dekan und auf dieser Rüste wollen wir weiterarbeiten.«[158]

Es folgt eine Aussprache über gebliebene Belastungen. Wiederum wird das Alkoholproblem angesprochen. Er wird gefragt, ob er den angebotenen Verzicht für ein Jahr nicht bereits jetzt üben könne. Der Pfarrer erklärt, er habe Magen- und Darmprobleme, für die er den Alkohol brauche.

»Anfragen aus der Gemeinde zeigen, daß dort das Alkoholproblem registriert wird und der Ausfall wegen Krankheit nicht immer abgenommen wird.
Pfr. R. erklärt, daß er immer bei einer zweiten Kasualie mit Brechreiz zu kämpfen hat. Mit der Frau hat eine Versöhnung stattgefunden [Hervorhebung UG], sie achtet beim Kochen auf Diät. Es besteht berechtigte Hoffnung, daß die Krankheit in der Kur ausgeheilt wird.

158 Ältestenrüste 20.-22.1.1989.

> Deutlich wird darauf hingewiesen, daß der Kirchengemeinderat bereit ist, den Pfarrer zu begleiten und gemeinsam Schwierigkeiten zu bewältigen. Andererseits steht aber die eindeutige Erwartung, daß nach der Kur einiges anders gehen muß.«[159]

Nochmals beteuert Pfarrer R., dass kein organischer Alkoholismus vorliege. Beim Ausblick auf die nächsten Ältestenwahlen stellt sich heraus, dass die meisten Ältesten nicht erneut kandidieren wollen. Martin Schulz, der als Vorstand fungiert und immer zu den Sitzungen eingeladen hat, zieht sich zurück und begründet dies mit seiner beruflichen Belastung. Von den zwölf Mitgliedern des Rates wollen acht nicht erneut kandidieren, die restlichen vier Personen überlegen noch. Niemand ist zu einem spontanen »Ja« bereit.

In der Märzsitzung des Kirchengemeinderates, an der Pfarrer R. nicht teilnimmt, wird bekanntgegeben, dass dieser sich vom 6. April an für voraussichtlich sechs bis zehn Wochen in eine Rehaklinik begeben werde.[160] Im März 1989 werden zwei Töchter von Rolf R. in seiner Gemeinde konfirmiert: Lena und Laura. Kurz vor seiner Abreise nimmt Pfarrer R. am 3. April noch an der Sitzung des Kirchengemeinderates teil.

Im April 1989 wird in der gemeindeeigenen Zeitschrift öffentlich zu einem Gebet für den »Lieben Bruder R.« aufgerufen, dem vom Kirchengemeinderat baldige Genesung gewünscht wird.[161] Das Maiheft teilt mit, dass Pfarrer R. voraussichtlich drei weitere

159 Ältestenrüste 20.-22.1.1989.

160 Protokoll vom 6.3.1989, in: PfA Bergedorf 9.

161 Vgl. Der Pfad. Gemeindegruß der Ev. Kirchengemeinden Bergedorf und Prehn für April 1989 (unpaginiert).

Wochen abwesend sein werde.[162] An der Junisitzung nimmt Pfarrer R. wieder teil und berichtet von seinem Kurerfolg und dass er künftig mehr auf Bewegung und Freizeit bzw. Sport achten wolle.[163] Im Kirchengemeinderat vom Oktober wird festgestellt, dass bislang nur acht für den neuen Kirchengemeinderat Kandidierende gefunden werden konnten – unter ihnen auch Maria W. – und dass die bisherigen Ältesten im Amt bleiben würden, wenn sich bis zum 8.10. nicht genügend Kandidaten fänden.[164] Im Oktober findet das Gemeindefest statt, genauso Evangelisationen.[165] Zum Reformationsfest kommt Dekan W. des Kirchenbezirks und hält die Festpredigt. In den letzten Monaten des Jahres kommen keine Probleme der Amtsführung oder des persönlichen Verhaltens des Pfarrers mehr zur Sprache.

Die konstituierende Sitzung des neu gewählten Kirchengemeinderates beginnt mit der Wahl von Pfarrer R. zum Vorsitzenden des Gremiums – zuvor hatte Martin Schulz den Vorsitz inne. Diese Kandidatur wird begrüßt. Der Kirchengemeinderat verspricht sich dadurch wohl größere Beteiligung und Verantwortungsübernahme seitens des Pfarrers: »Einhellig wird es begrüßt, wenn Pfr. R. künftig Kontakte knüpft, Verhandlungen führt und vermehrt mit den Leuten redet.«[166]

Das Jahr startet mit einer gemeinsamen Freizeit der scheidenden und der neuen Mitglieder des Kirchengemeinderates mit Ehepartnern. Im Mittelpunkt steht der Plan, endlich den Bau des Ge-

162 Vgl. Der Pfad. Gemeindegruß der Ev. Kirchengemeinden Bergedorf und Prehn für Mai 1989 (unpaginiert).

163 Vgl. Protokoll vom 5.6.1989, in: PfA Bergedorf 9.

164 Vgl. Protokoll vom 2.10.1989, in: PfA Bergedorf 9.

165 Vgl. beispielsweise 10.-17.10.1988 Evangelisation, in: Der Pfad. Gemeindegruß der Ev. Kirchengemeinden Bergedorf und Prehn für November 1988 (unpaginiert).

166 Protokoll vom 8.1.1990, in: PfA Bergedorf 9.

meindezentrums voranzutreiben.[167] Im März findet zu diesem Vorhaben auch eine Gemeindeversammlung statt, die gut angenommen wird. Für Mai wird wieder ein Musikfestival geplant.[168] Die Protokolle der nächsten Monate bleiben unauffällig. Ärger bekommt Pfarrer R. allerdings mit dem Kirchengemeinderat, als er ohne Rücksprache mit ihm einen Computer anschafft. Er bittet um Entschuldigung für dieses eigenmächtige Handeln. »Der Computer wurde aus Mitteln ›Essen auf Rädern‹ finanziert.«[169] Im Novemberheft der Kirchenzeitung hat Maria W. einen kleinen Text veröffentlicht. Offensichtlich engagiert sie sich in der Kirchengemeinde. Auch in diesem Jahr hält Dekan W. die Predigt beim Reformationsgottesdienst.

Ansonsten fällt die Bilanz des Kirchengemeinderates am Beginn des nächsten Jahres verhalten positiv aus – in wesentlichen Bereichen jedenfalls habe »eine positive Entwicklung eingesetzt«.[170] Die ersten Sitzungen des Kirchengemeinderates gelten der Lektüre des von Rolf R. erstellten Visitationsberichts. In der Zeitschrift der Kirchengemeinde Bergedorf veröffentlicht Rolf R. einige Gedanken zum Monatsspruch des Januars (»Gott spricht: Solange die Erde steht, soll nicht aufhören Saat und Ernte, Frost und Hitze, Sommer und Winter, Tag und Nacht.« Gen 8,22). Rolf R. beschreibt die Ankunft der Arche aus der Perspektive der Kinder Noahs, die ihren Vater bei der Ankunft gespannt beobachten.

> »Was wird das Erste, das Wichtigste sein, das er in seinem Leben anfängt? Wird er die wunderbare

167 Vgl. Protokoll über die Besprechungen auf der Ältestenrüste vom 19.-21.1.1990, in: PfA Bergedorf 9.

168 Vgl. Protokoll vom 12.3.1990, in: PfA Bergedorf 9.

169 Protokoll vom 10.9.1990, in: PfA Bergedorf 9.

170 Wo stehen wir?, in: PfA Bergedorf 9.

> Rettung erst einmal mit einem vergnüglichen Festmahl feiern, den Schampus sprühen lassen? Oder wird er die Arme aufkrempeln und sich stracks an den Wiederaufbau machen (›schaffe, schaffe, Häusle baue‹)? Oder muß er zuerst die Brötchen verdienen, [...] Aber nichts von alledem. Noah rühmt sich nicht selbst, er sorgt nicht für sich selbst, er denkt nicht an sich selbst: er baut dem Herrn, seinem Gott, einen Altar.«[171]

Noah bringt Gott ein Opfer. Die Kinder sehen, dass ihr Vater eine lebendige und glaubwürdige Beziehung zu Gott hat und dass Gott Noahs Opfer segnet und damit ihn. Dieser Segen – so der Pfarrer – gelte auch heute noch den Geängstigten, ja, allen Nachkommen Noahs, er sei spürbar. Das wird ausgeweitet zu einer universalen Gnadenzusage: »Unbegrenzt gilt Gottes Zusage an die gesamte Menschheit, daß er, auch wenn die Menschen ihm nicht gehorchen und damit im Unheil leben, sie nicht völlig dem Verfall preisgegeben wird.«[172] Segen gilt denjenigen, die zwischen Hoffen und Bangen leben. Das gilt auch im Heute. Damit schließt der Text.

Sprachlich auffällig sind die saloppen Bilder, die Noahs Handeln imaginieren und damit die Applikation auf die Gegenwart vornehmen (Schampus; schaffe, schaffe ...). Interessant ist die Perspektive, da sie nicht die Noahs, sondern die seiner Kinder ist. Heißt das übertragen: Rolf R. ist Noah und Noahs Kinder sind die Gemeindeglieder? Er ist derjenige, der Gottes Segen an die Gemeinde

171 Kirchenfenster 1 (Januar 1991). Ausblicke und Einblicke der evangelischen Kirchengemeinde Bergedorf – Der Pfad, 10.

172 Kirchenfenster 1 (Januar 1991). Ausblicke und Einblicke der evangelischen Kirchengemeinde Bergedorf – Der Pfad, 10.

vermittelt? Dieser Anspruch und das dahinterliegende, selbstbewusste Selbstbild zeichnen sich m.E. ab.

Eine im Februar stattfindende Visitation verläuft unspektakulär, jedenfalls ist im Protokoll vom März von Kontroversen oder Auffälligkeiten nicht die Rede.[173] Rolf R. hat einen nahezu perfekt gestalteten Visitationsbericht von knapp über fünfzig Seiten fertiggestellt und wird Dekan W. und Oberkirchenrat D. damit sehr beeindrucken. Ungeachtet aller internen Unstimmigkeiten gelingt es der Gemeinde, nach außen von sich ein Bild der Geschlossenheit und Funktionsfähigkeit zu bieten. Zwar betont der Visitationsbericht im Wesentlichen die Erfolge in der Gemeindearbeit, immer wieder klingt aber auch durch, dass die Einflüsse der Christlichen Konferenzstätte und des Bibelhauses Talitha kumi, zu denen sich auch Gemeindeglieder und sogar Mitarbeitende halten, eine Identifikation mit der eigenen Kirchengemeinde erschwere.[174] Zunächst wird jedoch hervorgehoben, dass es dem Pfarrer gelungen sei, mit diesen beiden und auch mit der katholischen Kirchengemeinde gemeinsame Veranstaltungen zu initiieren.[175] Neben dem innergemeindlichen Engagement hebt Rolf R. seine Verdienste um regelmäßige Mitarbeit beim Kirchentag hervor, – er vertritt den Kirchenbezirk im Landesauschuss des Kirchentags – zu deren Teilnahme er auch Mitarbeitende motiviert.[176]

Der Bescheid zur Visitation streicht heraus, dass die Kerngemeinde pietistisch geprägt und aus dieser Prägung heraus aktiv ist,

173 Vgl. Protokoll vom 4.3.1991, in: PfA Bergedorf 9.

174 Vgl. Evangelische Kirchengemeinde Bergedorf – Visitation 1991, 27f., in: LKA, Dekanat Y, Pfarrei: Bergedorf, Organisation der Kirche: Visitation 18.-24.2.1991, Bd. III 199', Az. 11/8.

175 Vgl. Visitation 1991, 5.

176 Vgl. Visitation 1991, 41.

so dass diejenigen, die von außen an die Gemeinde herantreten, weil sie neu zugezogen sind, und die, die eher eine volkskirchlich geprägte Orientierung haben, jedoch kirchliche Dienste in Anspruch nehmen wollen, schwer zu integrieren sind bzw. nicht integriert werden wollen. Die existierenden Kreise hätten eine »evangelistisch missionarische Ausrichtung. Sie wollen einen bekenntnisorientierten, verbindlichen und eindeutigen Lebensstil pflegen und dabei für Jesus Christus Zeugnis ablegen.«[177] Vorsichtig kritisiert der Bescheid, dass es so etwas wie eine prophetische Kirche, die sich gesellschaftlichen und politischen Fragen zuwendet, z.B. der Frage nach Frieden oder Bewahrung der Schöpfung, nicht wahrzunehmen sei. Der Bescheid verweist darauf, dass es nicht nur eine Art zu glauben gibt und dass die Kirche immer ein *corpus permixtum* aus Frommen und weniger Frommen bildet.[178]

Der persönliche Bescheid des Dekans W. an Pfarrer R. zur Visitation klingt euphorisch: Der Pfarrer verstehe es, die jungen Menschen seiner Gemeinde anzusprechen und zur Mitarbeit zu bewegen. Gleichermaßen könne er die unterschiedlichen Glaubensströmungen in seinem Ort als Ausdruck der »Gemeinschaft unter dem gleichen Herrn« zusammenbringen.[179] Hingewiesen wird darauf, dass die Belastbarkeit des Pfarrhauses vielleicht überschätzt würde: Ehe und Familie strapazieren, weswegen Delegation nach außen empfohlen wird. Noch intensiver sollen die Mitarbeitenden angesprochen und motiviert werden. Dekan W. resümiert, sehr positiv:

177 Bescheid zur Visitation der Kirchengemeinde vom 18.-24.2.1991, in: PfA Bergedorf 9, 2.

178 Vgl. Bescheid 18.-24.2.1991, 3.

179 Vgl. Visitation in Bergedorf vom 18.-24.2.1991, hier: Persönlicher Bescheid an Herrn Pfarrer R., in: LKA, Dekanat Y, Pfarrei: Bergedorf, Organisation der Kirche: Visitation 18.-24.2.1991, Bd. III 1991. Az. 11/8.

»Angesichts der schillernden Frömmigkeit in der Bergedorfer Gemeinde ist ein Pfarrer nötig, der zu verstehen weiß, wie die Vielfalt der Glaubenszeugen auf den roten Faden der gemeinsamen Verantwortung für Gemeinde vor Ort, aber auch für ›Kirche für andere‹ gebracht werden muß. Für diese Aufgabe sind Sie, lieber Herr R., vornehmlich prädestiniert. Behalten Sie selbst einen kühlen Kopf und ein heißes Herz für die Sache Jesu, die immer von neuem Begeisterte braucht, wie es ein Kirchentagslied bekanntlich singt. Und weil ein Pfarrer immer zuerst in den Kreis seiner Ehe und Familie eingeschlossen bleibt, möge auch dort die Begeisterung füreinander und miteinander nie erlöschen.«[180]

Von der Ältestenrüste im Juni gibt es nur ein sehr kurzes Ergebnisprotokoll, in dem es allerdings heißt: »Schwelende Probleme in der Beziehung KGR – Pfarrer wurden besprochen. [...] Pfr. R. soll in einer der nächsten Sitzungen über seine Prioritäten und Zielvorgaben für die Zukunft berichten.«[181] Jedoch werden keine Klagen oder Änderungswünsche des Kirchengemeinderates vorgebracht. Insgesamt scheint die Zusammenarbeit und die Gemeindearbeit zufriedenstellend zu verlaufen.

Ab dem Sommer gelingt es, eine offene Jugendarbeit an jeweils einem Samstag im Monat aufzubauen: Ziel ist es, »einmal im Monat einen Samstagabend mit viel Ideen und Aktion für Jesus [Hervorhebung im Original, UG] zu gestalten.«[182] Themen sind unter

180 Persönlicher Bescheid 18.-24.2.1991.

181 Ergebnisprotokoll der Ältestenrüste vom 14.-16.6.1991, in: PfA Bergedorf 9.

182 Vgl. Brief An alle Freunde auch aus der Christenlehre vom 9.7.1991. in: Dekanat Y, Pfarramt Bergedorf, R. R. 328, Bd. 1981 bis 1995: Jugendarbeit.

anderem: »10 Gebote sind sie für uns heute noch ein Maßstab?«, »Stellt der Islam eine Gefahr für uns dar?«, oder »Nachdenken über Abtreibung«.[183] Die Einladungen werden von Pfarrer R. mitunterschrieben.

Stellungnahme zum § 218 (1991)

Im »Kirchenfenster«, der gemeindeeigenen Zeitschrift, veröffentlicht Pfarrer R. im Herbst 1991 einen Artikel zum § 218, der im Kirchengemeinderat diskutiert wird. Den Hintergrund für seinen Beitrag bildeten wohl die Debatten des Rates der Evangelischen Kirche in Deutschland und der Konferenz der Evangelischen Kirchenleitungen des Bundes der Evangelischen Kirchen in der ehemaligen DDR um die rechtliche Regelung des Schwangerschaftsabbruchs. Die Kirchen im Westen und im Osten Deutschlands rangen nach dem Fall der Mauer um eine gemeinsame Position und sprachen kein apodiktisches Verbot der Abtreibung aus. Reiner Anselm etwa, damals Assistent von Trutz Rendtorff, des Münchener Professors für Systematische Theologie, und heute selbst Professor für Theologische Ethik, befürwortete in den Lutherischen Monatsheften eine Indikationsregelung. Diese sei, so sein Argument, am ehesten in der Lage, der einer ungewollten Schwangerschaft inhärenten Konfliktstruktur Rechnung zu tragen und eine ethisch verantwortliche Güterabwägung vorzunehmen. Das bedeute auch, dass eine Indikationsregelung eine Beratung implizieren müsse, in der der Schutz des ungeborenen Lebens angesprochen werde. Die Indikationsregelung sorge für einen Aus-

183 Programm Jugendtreff August-Dezember, in: Dekanat Y, Pfarramt Bergedorf, R. R. 328, Bd. 1981 bis 1995: Jugendarbeit.

gleich zwischen individuellen und gesellschaftlichen Interessen, der gerade nicht gewahrt bleibe, wenn auf »Polarisierung und Bestrafung« gesetzt werde.[184]

Genau darauf setzt aber Rolf R. in großer Selbstgewissheit und mit zynischem Sarkasmus: Die Gottlosigkeit nehme überhand, weil die christlichen Kirchen sich nicht mehr trauten, ein »deutliches Wort zum Schutz des ungeborenen Lebens zu sagen«.[185] Das Selbstbestimmungsrecht der Frau werde in den Vordergrund gerückt. Es bzw. sie dürfe »über Leichen gehen«. (!) Nach dem »Herrn des Lebens« werde nicht mehr gefragt. »Ist er nicht längst durch HerrInnen ersetzt worden (oder nennen sie sich MenschInnen)? Gibt es mit dieser Einstellung nicht auch schon eine Patentlösung für AltInnen und KrankInnen?« – Deutlich scheint hier durch, welche Haltung Rolf R. zu feministischen Emanzipationsforderungen hat, und wie polemisch seine Einwürfe sind, wenn er vor einer Entgrenzung warnt, die menschliches Leben überhaupt – auch das der Alten und Kranken – zur Disposition stelle. Und natürlich fehlt dann auch der Hinweis auf den Nationalsozialismus nicht: »Schmerzfreie und schnell wirksame Mittel von der Spritze über die Pille bis zur Sonderdusche mit dem Duschgel Zyklon B (auschwitzbewährt) hat die deutsche Medizin bereits 1933-1945 im Sinne der Kostendämpfung und zur Endlösung sozialer Konflikte entwickelt.«[186] Es folgt die rhetorische Frage: »Das erscheint Ihnen als unmöglich? Wenn der Respekt vor dem Leben erst abgeschafft ist, werden noch schlimmere Dinge möglich.«[187] – Rolf R. führt in seinem Beitrag die Argumentation absichtsvoll auf ein völlig anderes Gleis: Aus der konkreten

184 Reiner Anselm/Christian Kupatt, Entweder Täterin oder Opfer. Zur Dauerdebatte um den Schwangerschaftsabbruch, in: Lutherische Monatshefte 1 (1992), 33-37; hier: 37.

185 Kirchenfenster 5 (1991): Vorwort.

186 Kirchenfenster 5 (1991): Vorwort.

187 Kirchenfenster 5 (1991): Vorwort.

ethischen Frage danach, wie bei einem Schwangerschaftskonflikt der Schutz des Lebens und das Selbstbestimmungsrecht der Frau gegeneinander abzuwägen sind, macht er eine Frage nach dem »Respekt vor dem Leben« überhaupt. Dass dieser im Horizont des christlichen Glaubens aber überhaupt nicht infrage gestellt werden kann, ist offensichtlich. Pfarrer R. unterschlägt einfach, dass gerade der »Respekt vor dem Leben« die ethischen Fragen danach, wie Menschen im Rahmen ihrer zunehmenden medizinischen Möglichkeiten mit dem Leben umgehen, aufwerfen. Er formuliert ein der Sache nicht gerecht werdendes Entweder – Oder, das auch das Recht der Frau, über ihren Körper selbst zu bestimmen, gar nicht in den Blick nimmt. Diese scheint in seinen Augen nur als ein Objekt, das fremden Mächten ausgeliefert ist, bemängelt er doch »die zunehmende Bereitschaft auch in der Kirche, betroffene Frauen durch Freigabe der Abtreibung unter Druck zu setzen und ihnen das letzte Argument gegen die Forderung von Angehörigen zur Abtreibung zu nehmen.«[188]

Auch in der Sitzung des Bezirkskirchenrats vom 1. Juli 1991 kommt der Artikel zur Sprache.[189] Rolf R. führt über seinen Artikel auch eine schriftliche Auseinandersetzung mit Pfarrer Otto W. aus einer der Nachbargemeinden. Dieser hat Rolf R.s Position offenbar offen kritisiert. Am 1. Juli reagiert Rolf R. darauf mit einer Stellungnahme. Er hält an der Gleichsetzung von Abtreibungen und der »Tötung lebensunwerten Lebens« im Nationalsozialismus fest und betont, dass er in dieser Hinsicht nicht der einzige »bekennende Christ« im Land sei, der das so sehe.[190] Die Assoziation, die R.

188 Protokoll der 8. Sitzung vom 1.7.1991, TOP 3, in: PfA Bergedorf 9.

189 Vgl. Protokoll der 8. Sitzung vom 1.7.1991, TOP 5.5, in: LKA, BKR-Protokolle Y 1984-1993.

190 Vgl. Brief Rolf R. an Otto Weidel vom 1.7.1991, in: Dekanat Y, Pfarramt Bergedorf, Diakonie und Seelsorge, R. 345.

hervorrufen möchte, ist offensichtlich: Der Kampf gegen die Reform des § 218 ist Kirchenkampf.

In seinem Antwortbrief vom 10. Juli kritisiert Otto W. nochmals sehr deutlich Form und Stil des Artikels und fragt: »Meinen Sie wirklich, daß ein Heer von Frauen ohne Not zur medizinischen oder sozialen Indikation geht?«[191] Er lehnt die Gleichsetzung von Abtreibung mit der von den Nationalsozialisten betriebenen »Euthanasie« dezidiert ab und kritisiert, dass Rolf R. keine andere Meinung als seine eigene als Meinung eines bekennenden Christen akzeptiere. Deutlich wird, dass Rolf R. auch in Kreisen, die selbst eine konservative Theologie vertreten, umstritten ist. Sein Eifer und seine Polemik ecken an. R. jedoch zeigt sich unbeirrbar in seinem Sendungsbewusstsein, das eine kritische Selbstreflexion offenbar nicht zulässt.

Zuspitzung der Konflikte in Gemeinde und Ehe

Ein Brief von OKR D. im Nachgang zur Visitation vom Juli 1991 ist nichtsdestoweniger voll des Lobes. Der Oberkirchenrat hebt das ausgeprägte Talent Rolf R.s, Menschen zusammenzubringen, hervor und würdigt auch seine Predigten positiv. Gleichzeitig spricht er an, dass durch dieses Engagement Ehe und Familie Entbehrungen hinnehmen müssten. Offensichtlich ist allen, die die Familie etwas besser kennen, bewusst, wie schwierig die Ehe ist.[192] Dass der Visitationsbericht in einer perfekt strukturierten Computerfassung abgegeben wurde, hinterfragt der OKR kritisch: Er warnt

191 Brief Otto Weidel an Rolf R. vom 10.7.1991, in: Dekanat Y, Pfarramt Bergedorf, Diakonie und Seelsorge, R. 345.

192 Kirchenvisitation vom 18.-24.2.1991, in: LKA, Dekanat Y, Pfarrei: Bergedorf, Organisation der Kirche: Visitation 18.-24.2.1991, Bd. III 1991, Az. 11/8.

davor, nicht zu viel Zeit für optische Gestaltung zu verwenden. Das ändert aber nichts an der Wertschätzung und dem Interesse, im Dialog zu bleiben:

> »Lieber Herr R., Sie erkennen sicher: Das alles schreibe ich, weil ich mit Ihnen im Gespräch und in Verbindung sein möchte. Und dieses nicht nur, weil Ihr Amt in Bergedorf ein besonders schweres ist, sondern auch, weil Begegnungen mit Ihnen lohnend sind – auch für mich selbst und auch dann, wenn wir einmal – wie bei der letzten Bezirkssynode – zunächst aneinander vorbeireden.
> Seien Sie weiterhin meiner besten Wünsche gewiß!«[193]

Deutlich wird, dass Oberkirchenrat D. durchaus die problematischen Seiten des Wirkens in der Bergedorfer Gemeinde wahrgenommen hat. Im Visitationsbericht findet sich in der Liste der ehrenamtlich Mitarbeitenden auch Maria W., die den Gemeindebrief austrägt und Besuchsdienste macht.[194] Sie wird es sein, die später bei der Kirchenleitung dazu auffordern wird, disziplinarisch gegen das Fehlverhalten des Pfarrers vorzugehen.

Eine Sondersitzung des Kirchengemeinderates ist dem Nachgespräch zur Visitation gewidmet. Auch Dekan H. nimmt teil. Deutlich wird, dass die Gemeinde einen starken Binnendiskurs pflegt und nicht auf andere zugeht – so jedenfalls die Wahrnehmung durch die Visitation: »Dekan H. weist darauf hin, daß die wesentlichen Intensionen [sic] des Visitationsbescheides darin liegen, der

193 Bf. vom 9.7.1991 von OKR K. D. an Rolf R., in: Personalakte Rolf R., Bd. 1.

194 Vgl. Berichte zur Visitation am 18.-24.2.1991, in: LKA, Dekanat Y, Pfarrei: Bergedorf, Organisation der Kirche: Visitation 18.-24.2.1991, Bd. III 1991, Az. 11/8.

bestehenden Gemeinde die andersartigen und anderglaubenden [sic] ›lieber zu machen‹. Es soll eine einladende Offenheit entstehen.«[195] Dekan H. vermisst, dass nicht auch politischer Alltag in der Verkündigung vorkommt, und sagt zu, den Reformationsgottesdienst der Gemeinde mitzugestalten.

Anfang 1992 kommen erneut Konflikte zwischen dem Kirchengemeinderat und dem Pfarrer zur Sprache. In der Februarsitzung, auf der auch Prälat E. anwesend ist und offenbar die Moderation übernimmt, werden die Prioritäten diskutiert, die ein Pfarrer in Bezug auf seinen Dienst setzen solle. Sichtbar wird: Die Mitarbeitenden fühlen sich zu wenig gesehen und zu wenig gewürdigt. Nach wie vor scheint auch die familiäre Situation des Pfarrers für Spannungen mit der Gemeinde zu sorgen:

> »Desweiteren reflektiert die familiäre Problematik in die Gemeindearbeit. Da die Kirchenältesten sich für die Gemeindearbeit verantwortlich fühlen, wäre die Entlastung durch ein Licht am Horizont der familiären Probleme nach den vielen Jahren wünschenswert.
> Pfr. R. erläutert, daß die Krankheit nach den Aussagen der Ärzte sich nur dann bessern kann, wenn Streß vermieden wird. Der Streß in der Familie wird oft als größer bewertet als der in der Gemeinde. [...]
> Pfr. R. merkt an, daß auch ein Lob für die Arbeit des Pfarrers eine Erleichterung für das gegenseitige Miteinander sein würde. Die Freiheit der einzelnen Mitarbeiter und die Aussöhnung zwischen Christlichen

195 Protokoll Nr. 12 – Sondersitzung des KGR am 23.9.1991, TOP 3, 2, in: PfA Bergedorf 9.

> Konferenzstätte, Bibelhaus und Kirchengemeinde bzw. die guten Kontakte zur kath. Kirchengemeinde sind eine Frucht der Arbeit des Pfarrers.«[196]

Das Protokoll hält unter dem Punkt »Verschiedenes« fest, dass der Pfarrer eine Kur beantragt habe für die Zeit nach dem Ende der Konfirmationen in der Gemeinde. Die Märzsitzung, wieder in Anwesenheit von Prälat E., macht nochmals die Prioritätensetzung innerhalb der Gemeindearbeit zum Thema, wobei Prälat E. zunächst die Perspektive der Kirchenleitung erläutert. Es werden Fragebögen ausgewertet, auf denen die Ältesten notieren konnten, welche Prioritätensetzung sie sich für die Gemeindearbeit wünschen. Sehr klar wird der Wunsch nach einer Verbesserung der Konfirmand*innenarbeit genannt. Die Ältesten halten dem Pfarrer vor, keinen persönlichen Kontakt zu den Konfirmand*innen aufzubauen und den Unterricht oft ausfallen zu lassen oder ihn nicht pünktlich zu beginnen.[197] Auch im Hinblick auf das Verhältnis von Rolf R. zu den Mitarbeitenden äußert der Kreis Kritik:

> »Pfr. R. hat oft eine große Distanz zu den Mitarbeitern. Das liegt einmal an einem zu geringen Kontakt bzw. an der Tatsache, daß sich manche Mitarbeiter von selbst abgrenzen. Für manche Außenstehende wirkt das Schweigen des Pfarrers wie Desinteresse bzw. Ablehnung.«[198]

196 Protokoll R. R. 18 des KGR vom 3.2.1999, TOP 3, in: PfA Bergedorf 10.

197 Vgl. Protokoll R. R. 19 des KGR vom 2.3.1992, TOP 2, in: PfA Bergedorf 10.

198 KGR 2.3.1992, TOP 2.

Der Kirchengemeinderat sieht manche Schwerpunkte, die Rolf R. in seiner Arbeit setzt, kritisch. Im Fragebogen können die Ältesten benennen, welche Aktivitäten des Pfarrers ihrer Meinung nach wegfallen können. Genannt werden: Mitarbeit in überregionalen Gremien sowie Beschäftigung mit der zu der Zeit sehr modernen Computertechnik und zusätzlich aufwendige Vorbereitungen der Kirchentage rauben dem Pfarrer Zeit, die – so die Meinung des Kirchengemeinderates – für die Arbeit in seiner eigenen Gemeinde besser verwendet werden könnte.[199]

Im Mai schreibt Rolf R. an das Landeskirchenamt und bittet um eine schnelle Wiederbesetzung der vakant gewordenen Gemeindediakon*innenstelle. Zum Stellenprofil schreibt er:

> »Wichtiger als perfekte Organisation ist uns ein liebevoller, herzlicher seelsorgerlicher Umgang mit Mitarbeitern und Gemeindegliedern. Eigene Erfahrungen mit und eine grundsätzlich positive Einstellung zum pietistischen Erbe sind dazu unbedingt nötig, auch wenn es heute gilt, Erstarrungen in diesem Bereich zu überwinden und anders geprägte Neuzugezogene zu integrieren.«[200]

Die Sitzung des Kirchengemeinderates im Juni findet ohne Pfarrer R. statt, der aber den Plan hat, für 6.000 DM einen neuen Computer zu kaufen, und den Rat um Zustimmung bittet. Der Rat lehnt das Ansinnen ab. Zum entsprechenden Tagesordnungspunkt hält das Protokoll fest:

199 Vgl. KGR 2.3.1992, TOP 2.

200 Bf. Rolf R. an das Landeskirchenamt vom 9.5.1992, in: LKA, Mitarbeiter der Kirche, Spezialia, Kirchengemeinde Bergedorf, Bd. 1980 Az. 23/7.

»Der Computer hat nicht die erwarteten und zugesagten Entlastungen gebracht (vermehrte Besuche). Die Situation in der Gemeinde ist nach wie vor schlecht. Wichtige Mitarbeiter wollen die Gemeinde zum Jahresende verlassen, wenn sich in der Alkoholproblematik nichts ändert. Der KGR berät seit Jahren und auch die Gespräche mit dem Prälaten müssen als gescheitert betrachtet werden. [Hervorhebung UG] Einigkeit bestand darüber, daß Pfr. R. die Kur nutzen muß, um ganz abzuschalten und neue Kräfte zu tanken. Durch geeignete Maßnahmen (z.B. freier Tag) muß Pfr. R. sicherstellen, daß er die Kraft für seine Aufgaben erhält. Andernfalls müssen zum Jahresende Schritte über den Dienstweg eingeleitet werden, um weiteren Schaden von unserer Gemeinde abzuwenden.«[201]

Ab dem 5. August soll Rolf R. eine Kur antreten, die sechs bis acht Wochen dauern soll.

Bis zum Ende des Jahres kommen keine weiteren Konflikte mit dem Pfarrer zur Sprache.

Eine Freizeit des Kirchengemeinderates im Januar 1993 findet statt, aber es gibt kein Protokoll dieser Veranstaltung. Das Ankündigungsblatt zur Verkündigungswoche aus dem gleichen Jahr, die im Februar in Bergedorf unter Mitarbeit weiterer Pfarrer und Pastoren stattfindet, hat mutmaßlich Rolf R., der Erstunterzeichner ist, gestaltet. Es geht um den verkündigenden und verkündeten Christus, der auch als Auferstandener abgebildet ist,

201 Protokoll R. R. 21 des Kirchengemeinderates vom 1.6.1992, TOP 1, in: PfA Bergedorf 10.

mit der Frage »Wer ist dieser ...«. Christus wird folgendermaßen qualifiziert:

> »* der Schulden löscht und kaputte Typen heilt
> * der Menschen sammelt und sie an sich bindet
> * der mit seinem guten Samen verschwenderisch umgeht
> * der Leerlauf aufdeckt und verwandtschaftliche Zwänge aufhebt
> * der aus schlimmen Ängsten befreit
> * der Hartgebundene befreit«.[202]

Zumindest in der ersten Aussage fällt der umgangssprachliche Ton auf, der wohl eine jüngere Klientel ansprechen will. Theologisch wird der Freiheitsaspekt des Evangeliums in den Vordergrund gestellt. Verwandtschaftliche Zwänge können überwunden, eine umfassende Freiheit erlangt werden. Damit sind Aspekte angesprochen, die zur reformatorischen Theologie gehören, jedoch einseitig auf die Zuwendung Gottes fokussieren. Allerdings wäre es wohl eine Überinterpretation, diesen Flyer als Ausdruck der Theologie Rolf R.s »in nuce« zu qualifizieren.

Hohe Wogen schlägt in der Gemeinde ein Brief, den drei Ehepaare aus Bergedorf ebenfalls im Januar an Präses F. richten, und der zu einer Sondersitzung des Kirchengemeinderates und zu Gesprächen zwischen Oberkirchenrat D. und Rolf R. sowie zwischen dem Kirchengemeinderat und OKR D. führt. Der Brief bringt Anliegen, die auch der Kirchengemeinderat bereits vorgebracht hatte, nochmals zur Sprache:

202 Flyer »Wer ist dieser«, in: PfA Bergedorf 105 (Dekanat Y, Pfarramt Bergedorf, Dienst und Ordnung der Verkündigung, Bd. 1950-1995, Az 32/7).

»Den Gottesdienst als zentrale Veranstaltung des Gemeindelebens können wir nicht mehr als gemeinsames Feiern verstehen. Die Predigten von Pfarrer R. wirken düster und unvorbereitet. Das vermittelte Menschenbild mutet deprimierend an. Es ist uns peinlich, Außenstehende einzuladen. Auch nach Gottesdiensten zu kirchlichen Feiertagen kamen Außenstehende auf uns zu und fragten, ob der Pfarrer betrunken, psychisch krank oder unter Medikamenten stehend sei. Wegen seiner zunehmend mangelnden Glaubwürdigkeit fällt es uns auch schwer, am Gottesdienst teilzunehmen.«[203]

Die Briefschreiber kritisieren, dass die Verantwortung für die Jugendarbeit vollständig an Ehrenamtliche abgegeben worden sei und der Pfarrer sich ausschließlich für Projekte außerhalb der Gemeinde engagiere, wie Musikfestivals, Jugendkirchentage und Kirchentage.[204] »Viele Kirchgänger wenden der Bergedorfer Gemeinde den Rücken zu oder erwägen einen baldigen Gemeindewechsel. Sie begründen dies unmittelbar mit der mangelnden Glaubwürdigkeit des Pfarrers, der ihrer Meinung nach seinen Aufgaben als Hirte der Gemeinde nicht mehr nachkomme.«[205]

Aufgrund dieses Briefes wird eine Intervention erforderlich: Oberkirchenrat D. wird als Vermittler eingeschaltet. Das Protokoll einer Sondersitzung des Kirchengemeinderates im März hält konkrete Vereinbarungen fest:

203 Bf. an Präses F. vom 15.1.1993, 1, in: PfA Bergedorf 10.

204 Vgl. Bf. an Präses F. 15.1.1993, 2.

205 Bf. an Präses F. 15.1.1993, 2.

> »1. Pfarrer R. (und Frau) klären ihre persönlichen Verhältnisse (einschließlich Alkoholprobleme) durch Teilnahme an der biblisch-therapeutischen Seelsorge. [...] Der Kirchengemeinderat klärt zusammen mit Pfarrer R. die Ziele, Konzepte und Strukturen der Gemeindearbeit.«[206]

Dem Kirchengemeinderat ist daran gelegen, dass OKR D. mitüberwacht, dass die Vereinbarungen auch eingehalten werden. In Punkt 2 der Vereinbarung heißt es: »Pfarrer R. berichtet bis Mitte Mai an OKR D. vom Stand dieser Bemühungen; dann wird ein Termin für den nächsten Bericht an OKR D. abgesprochen.«[207] Die Kirchengemeinderatsmitglieder bekommen eine Supervision mit dem Therapeuten und Studienleiter Dr. Hans Maier. Man macht sich Gedanken darüber, wie es weitergehen kann, aber offensichtlich erscheinen den Gemeinderatsmitgliedern die Alkoholprobleme und die Schwierigkeiten in der Ehe des Pfarrers als so gravierend, dass es nach der Supervision sowohl Rücktritte als auch Beurlaubungen im Gemeinderat gibt.[208]

Indem es sich der Biblisch-Therapeutischen Seelsorge (BTS) zuwendet, nutzte das Ehepaar R. einen Ansatz, der in pietistischen Kreisen akzeptiert war, weil er auf biblischer Grundlage Methoden aus der Tiefenpsychologie und der Verhaltenstherapie anwendete. Das BTS-Institut war 1987 von Professor Dieterich und seiner Frau gegründet worden.[209] Dass auch die Ge-

206 Stärkung der Gemeindeleitung in Bergedorf, in: PfA Bergedorf 10.

207 Stärkung.

208 Protokoll Nr. 36 der Sitzung des KGR vom 5.7.1993, TOP 9, in: PfA Bergedorf 10.

209 Vgl. zum Ansatz der Biblisch-Therapeutischen Seelsorge: Rüdiger Marmulla, Wie ein Frühling. Die Biographie von Hilde und Michael Dieterich, Witten 2016, 90-99. Die BTS arbeitet u. a. mit Konzepten von Carl Rogers, Viktor Frankl, Alfred Adler und anderen, und zwar stets auf biblischer Grundlage.

meinde ihre Supervision durch ein Mitglied dieser Gesellschaft bekommt, zeigt wiederum die evangelikale Ausrichtung der Gemeinschaft.

Das Jahr ist daneben vor allem von den Bemühungen um die Finanzierung eines Gemeindehauses geprägt. Rolf R. versucht, die Vereine des Ortes für die gemeinsame Organisation eines großen Gemeindefestes zu gewinnen. Dieses findet vom 10. bis 12. September tatsächlich statt, allerdings hat die Last der Organisation vor allem ein Mitglied des Kirchengemeinderats getragen. Das Fest erbringt einen Reinerlös von gut 48.000 DM.

Selbstverständlich nimmt der Pfarrer im Juni 1993 am Kirchentag in München teil. Ebenfalls im Juni bittet der Kirchengemeinderat Oberkirchenrat D. nochmals dringlich, ein weiteres Mal einzugreifen. Weil – entgegen der Absprache – die Gespräche von Pfarrer R. und seiner Frau mit dem Therapeuten erst ab August erfolgen werden, sind in der Supervision, die der Kirchengemeinderat bekommen hat, Zweifel aufgekommen, »ob an unseren Schwierigkeiten wirklich mit dem notwendigen Ernst gearbeitet wird.« OKR D. wird gebeten, mit der Gemeinde nach der Sommerpause Strukturprobleme zu besprechen.[210]

Die planerischen Entscheidungen zum Neubau des Gemeindezentrums prägen die Gemeindearbeit des Folgejahres 1994. Die Probleme zwischen Pfarrer und Rat bestehen dabei weiterhin. Das Protokoll der Kirchengemeinderatssitzung vom 7. Februar hält fest, dass nunmehr ein Gespräch mit OKR D. gesucht werden sollte, nachdem man ein Jahr zuvor an den Präses geschrieben habe. Dafür soll ein Gemeindekonzept erstellt und dann mit Herrn D. besprochen werden. Offensichtlich will der Gemeinderat

210 Bf. von Kirchengemeinderat Martin Schulz an OKR D. vom 9.6.1993, in: Dekanat Y, Pfarramt Bergedorf, Mitarbeiter der Kirche: Beschwerden gegen Geistliche, Bd. 1940-1994 = in: PfA Bergedorf 62.

den Druck auf Pfarrer R. erhöhen und hinsichtlich seiner Wünsche im Blick auf Prioritätensetzung und Gemeindekonzept endlich zu Ergebnissen kommen.[211]

Im April findet eine gemeinsame Sitzung des Kirchengemeinderates mit einer Arbeitsgruppe »Gemeindekonzept« statt, in der die Mitarbeitenden ihre Unzufriedenheit und ihr Leiden an der Situation äußern. Sie fühlen sich vom Pfarrer nicht gesehen und nicht wertgeschätzt. Wiederum ist das Alkoholproblem des Pfarrers Thema und verklausuliert werden wohl auch weitere Verfehlungen des Pfarrers angesprochen:

> »Gott freut sich über jeden Sünder, der Buße tut und seine Sünden bekennt. Wir sollten daher um Erkenntnis für Herrn R. beten und ein Wunder erwarten und dem Pfarrer helfen, von seinen Problemen loszukommen. [...] Privat ist es ein Gebot der Nächstenliebe, Herrn R. zu helfen und für ihn zu beten. Vom Amt her gesehen jedoch so, daß er es nicht ausfüllen kann. – Solange die Sünde so übermächtig ist, wird sich kaum etwas ändern.«[212]

Im Mai begibt sich Rolf R. in einen Kuraufenthalt wegen einer »toxischen Schädigung der Leber«, verursacht durch eine lange unerkannte Borreliose, aber auch durch Alkoholmissbrauch. Zuvor hatte er noch versucht, die Borreliose mit täglichen Infusionen ambulant behandeln zu lassen.[213] Ende Mai wendet sich der Kir-

211 Vgl. Protokoll R. 43 der KGR-Sitzung am 7.2.1994, in: PfA Bergedorf 10.

212 Protokoll der Sitzung des Kirchengemeinderates zusammen mit der Arbeitsgruppe Gemeindekonzept, 27.4.1994, in: PfA Bergedorf 35 (Az. 11/55).

213 Vgl. Einladung zur Sitzung des Kirchengemeinderates vom 27.5.1994, in: PfA Bergedorf 10.

chengemeinderat in einem Brief an den behandelnden Therapeuten des Ehepaars, Herrn Prof. Dieterich, und schickt ihm das Protokoll einer Sondersitzung des Kirchengemeinderates. Geäußert wird, dass Pfarrer R. »nur theologisches Wissen verkündigt, das keinen praktischen Bezug hat«.[214] Weiter heißt es: »In der Bibel ist die Wahrnehmung des Amtes an eine entsprechende Lebensführung geknüpft. Falls hier nicht zu ändernde Widersprüche sind, sollte sich die Gemeinde von dem jeweiligen Ältesten trennen. Eine Beurlaubung des Pfarrers wäre sinnvoll. [...]Wir können Pfr. R. nicht immer nur tragen. Er hat auch mit zur bestehenden Situation beigetragen.«[215] Mit fünf zu vier Stimmen legt der Rat dem Pfarrer einen Stellenwechsel nahe. – Dass der Kirchengemeinderat dies dem behandelnden Therapeuten mitteilt, macht deutlich, wie zugespitzt die Lage ist. Offenbar ist man verzweifelt, empfindet die Situation in der Gemeinde als unerträglich, erhofft sich von den zögerlich agierenden kirchlichen Instanzen wie Landeskirchenamt und Oberkirchenrat aber keine Hilfe mehr. Die Gemeinde ist nun nur noch bestrebt, das Problem, also den Pfarrer, loszuwerden.

In den folgenden Monaten bemüht sich Pfarrer R. intensiv, der Gemeinde Fernstehende zu gewinnen. Ein missionarischer Impuls ist unverkennbar. So wird im Sommer an sechs Abenden ein Gemeindeseminar angeboten, dass »Grundfragen des Glaubens« unter dem Titel »Christ werden – Christ bleiben« behandelt.[216]

Am 1. Juli 1994 muss der Pfarrer ins Krankenhaus.[217]

214 Sondersitzung 9.5.1994, in: SpA 26208.

215 Sondersitzung 9.5.1994.

216 Vgl. Flyer Christ werden – Christ bleiben, in: Dekanat Y, Pfarramt Bergedorf, Gemeinde und ihre Gruppen, Bd. 1987 bis 1994, R. 316.

217 Vgl. Protokoll der 6. Sitzung des Bezirkskirchenrates Y 4.7.1994, in: LKA, BKR-Protokolle Y 1994-2002.

Im August weiß der Kirchengemeinderat, dass die Gemeinde die zusätzliche Stelle eines Pfarrvikars bekommen wird. Es gibt dadurch eine dienstliche Vertretung für den Pfarrer. Im Oktober muss es in einer Gemeindeversammlung eine Auseinandersetzung mit Frau R. gegeben haben. Über die Inhalte der Auseinandersetzung schweigt das Protokoll.[218]

Von September 1994 bis zum Februar 1995 unterzieht sich der Pfarrer einer weiteren Entziehungskur. Sein Gesundheitszustand verbessert sich dadurch enorm, aber die Eheprobleme bleiben. Der Kirchengemeinderat weiß, dass Rolf R. im Pfarrhaus von seiner Frau getrennt lebt. »Falls sich keine Annäherung ergibt, ist aus gegenwärtiger Sicht eine Trennung von seiner Frau nicht umgehbar. Dies würde die Situation als Pfarrer in der Gemeinde sehr kompliziert machen.«[219] Im Januar 1995 kommt der Kirchengemeinderat zu dem Ergebnis, dass die Gemeinde eine Trennungs- und Scheidungssituation im Pfarrhaus eigentlich nicht mittragen kann.[220] Das teilt sie Pfarrer R. mit. In seiner Sitzung im März hält der Kirchengemeinderat fest, dass Pfarrer R. in einem Telefonat geäußert habe, nicht in die Gemeinde zurückkommen zu wollen.[221] Als der Gemeinderat erfährt, dass Pfarrer R. vom Landeskirchenamt in eine andere Gemeinde abgeordnet werden soll und gleichzeitig die Pfarrstelle in Bergedorf aber noch nicht freigegeben werde, sind sich alle Mitglieder einig, dass diese Maßnahme zeitaufwendig sei und der Gemeinde schade.[222]

218 Vgl. Kirchengemeinderatssitzung 10.10.2022 Verschiedenes, in: PfA Bergedorf 10.

219 Kirchengemeinderatssitzung 4.1.1995, TOP 2, in: PfA Bergedorf 10.

220 Vgl. Protokoll über die Sitzung am 7.1.1995, in: PfA Bergedorf 10.

221 Vgl. Kirchengemeinderatssitzung 6.3.1995, TOP 5, in: PfA Bergedorf 10.

222 Vgl. Protokoll über die Sitzung des Kirchengemeinderats am 10.4.1995, TOP 7, in: PfA Bergedorf 10.

Im Mai erhält der Kirchengemeinderat die Nachricht, dass wohl doch eine Berufung von Rolf R. auf eine andere Pfarrstelle erfolgen und die Pfarrstelle in Bergedorf neu ausgeschrieben werden kann. Nun soll auch die Gemeinde über diesen Sachstand informiert werden.[223] Im Mai erklärt Rolf R. seine persönliche Situation dem Landeskirchenamt, namentlich OKR K. und Frau P. Sechs Monate Langzeittherapie in einem Fachkrankenhaus liegen hinter ihm, er fühlt sich vollständig gesund und von seiner Sucht geheilt. Er macht klar, dass er nicht weiter bereit ist, eine Paartherapie zu versuchen. Seiner Meinung nach fehle seiner Frau die nötige Einsicht, dass sie sich ebenfalls verändern müsse und nicht nur Anklägerin und Opfer sei. Er teilt mit, dass er auf jeden Fall Trennung und Scheidung will. Das Personalreferat unterstützt ihn: Bis zur Klärung einer neuen Berufung soll er für Gottesdienstvertretungen zur Verfügung stehen. Dafür bedankt er sich und weist auf »Mißverständnisse und Ärgernisse« im Verhältnis zu OKR D. hin, der derzeit nicht mit ihm, sondern nur mit seiner Frau im Gespräch sei.[224]

Der Kirchengemeinderat möchte im Hinblick auf die Neubesetzung der Stelle vorab festlegen, dass die Stelle von Pfarrer R. auf jeden Fall mit einem Pfarrer und nicht mit einer Pfarrerin besetzt werde. Der Bezirkskirchenrat lehnt es ab, die Stellenausschreibung entsprechend zu gestalten, und hält daran fest, die Rechtstitel – »Pfarrer und Pfarrerin« – zu verwenden.[225] Der vertretende Pfarrvikar wird die Gemeinde zum 31. März wieder verlassen. Für

223 Vgl. Protokoll über die Sitzung des Kirchengemeinderats am 8.5.1995, TOP 2, in: PfA Bergedorf 10.

224 Bf. Rolf R. an das Landeskirchenamt vom 11.5.1995, in: LKA, Personalakte Rolf R., Bd. 1.

225 Vgl. Protokoll der Sitzung des Bezirkskirchenrates Y 6.11.1995, TOP 5, in: LKA, BKR-Protokolle Y 1994-2002.

die Wiederbesetzung gibt es, so stellt der Bezirkskirchenrat es im März fest, keine Interessenten.[226]

Offiziell wird Rolf R. in einem Gottesdienst im Juli 1995 von der Bergedorfer Gemeinde in einer Art und Weise verabschiedet, die zumindest der Dekan als »stimmig« erlebt.[227] Frau R. bleibt mit den Kindern noch einige Monate im Pfarrhaus wohnen.[228] Tatsächlich zerbricht die Ehe endgültig, obwohl das Ehepaar lange Zeit eine Paartherapie gemacht hat – drei Jahre bei Prälat Z. und ein Jahr bei einem Paartherapeuten. In Bergedorf hat Rolf R. – so die Aussage von ihr selbst – ein Verhältnis mit Maria W. Seine Geliebte Karla F. ist ebenfalls noch mit ihm zusammen, genauso wie deren Freundin. Seit ca. 1995 ist er mit Beate K. zusammen. Gerüchte gibt es über ein Verhältnis mit seiner Sekretärin und der Kantorin.[229]

2.4 Letzte Pfarrstelle: Riehl

Am 1. Juni 1995 – nun bereits über 50 Jahre alt – wechselt Rolf R. nochmals die Pfarrstelle und geht nach Riehl, eine dörfliche Gemeinde mit unter tausend Mitgliedern. Am 23. April hatte er sich dort in einem Predigtgottesdienst vorgestellt.[230] Am Pfingstsonntag predigte er erneut, und zwar über Joh 4,19-26.

Vielleicht ist die Wahl einer Pfarrstelle in einer weitaus kleineren Gemeinde dem Gefühl einer Überlastung geschuldet oder aber

226 Vgl. Protokoll der 3. Sitzung des Bezirkskirchenrates Y 4.3.1996, TOP 4, in: LKA, BKR-Protokolle Y 1994-2002.

227 Vgl. Kirchengemeinderatssitzung 20.6.1995, TOP 2; in: PfA Bergedorf 10.

228 Vgl. Protokoll über die 7. Sitzung des Bezirkskirchenrates Y am 3.7.1995, TOP 3, in: LKA, BKR-Protokolle Y 1994-2002.

229 Vgl. Interview mit der Gemeindediakonin von Bergedorf.

230 Vgl. Abkündigungen Sonntag, 23.4.1995, in: LKA, Dekanat Z, Riehl, 19.

der Tatsache, dass das Landeskirchenamt Rolf R. keine große Gemeinde mehr anvertrauen will. Nach zweimaliger vergeblicher Ausschreibung war die Stelle in Riehl an das Landeskirchenamt zurückgegangen, das sich nun um eine Besetzung kümmern musste. Verbunden mit der Pfarrstelle ist die Seelsorge im Krankenhaus in Mahldorf, zu der es eine klare Dienstanweisung gibt.[231] Der Pfarrer soll für Gespräche mit Patient*innen, Angehörigen, Ärzt*innen und Mitarbeitenden des Krankenhauses zur Verfügung stehen. Regelmäßig sollen Gottesdienste und Andachten stattfinden. Die Dienstaufsicht liegt beim Dekan des Kirchenbezirks. Die Fachaufsicht liegt beim zuständigen Fachreferenten im Landeskirchenamt. Rolf R. wird Mitglied im Konvent für Evangelische Krankenhausseelsorge.[232] Zusätzlich soll er die evangelischen Personen im Evangelischen Altersheim in Mittelwald betreuen. Auch dass er Religionsunterricht erteilt, ist wieder vorgesehen.

Im Juni wird Rolf R. in sein Amt eingeführt. Die Einführungspredigt klingt verhaltener als die, die er zuvor gehalten hat, wenn er ein neues Amt antrat. Hier predigt jemand, der Grenzen durch Krankheit und Sucht erfahren hat und noch einmal davongekommen ist. Er bringt seine Hoffnung zum Ausdruck, dass er die Gemeinde nicht enttäuscht; denn es komme ein Pfarrer, der nicht mehr ganz »frisch« sei, der nicht ganz neu sei, »sondern recht gebraucht«. Mit Bezug auf Jes 55,1-3b betont der Pfarrer, dass es nicht der Besitz sei, der glücklich mache, sondern das Leben selbst – das jedenfalls sei eine Lehre, die er aus seiner Krankheit gewonnen habe. Offen gesteht er seine Abhängigkeit ein und sagt der Gemeinde auch, dass er nicht alle Erwartungen werde erfüllen kön-

231 Vgl. Dienstanweisung für Pfarrer Rolf R. in der Krankenhausseelsorge, in: LKA, Diener der Kirche Spezialia, Ort: Riehl, Dekanat Z, Bd. 1 Az. 22/22.

232 Vgl. Konventsliste vom August 1996, in: LKA, Diakonische Arbeit Generalia Krankenhausseelsorge, Bd. 8 Az. 83/51.

nen, dass er auch »nein« sagen werde, denn wer es jedem recht machen wolle, der käme sehr schnell auf den Friedhof. Ganz hoffnungsfroh ermuntert er die Gemeinde:

> »Ich habe ganz neu Freude daran gewonnen, diese Botschaft des Lebens weiterzusagen: Kommt und hört ganz neu, jeder für sich selber, was Gott Dir sagen will, womit er Dich trösten will, womit er Dich korrigieren will. Höre ganz neu die Botschaft der Vergebung, trau Dich heraus aus Deinem Schneckenhaus, beklage nicht dauernd nur Deine Situation.«[233]

In Riehl wird Rolf R. bis zu seiner Pensionierung Dienst tun, allerdings bereits mit eingeschränkten Kräften. Er zieht ohne seine Frau und Kinder um und reicht bald danach die Scheidung ein. Der Kirchengemeinderat von Riehl und der zuständige Dekan C. befassen sich im Februar 1996 damit. Da aber schon bei der Einführung ins Amt bekannt ist, dass Pfarrer R. in Trennung lebt, sieht der Kirchengemeinderat keine Notwendigkeit, Konsequenzen zu ziehen.[234] Der Scheidungsprozess zieht sich hin und erst drei Jahre später wird die Ehe rechtskräftig geschieden.

Bevor Rolf R. seinen Dienst antrat, hatte in Riehl eine Visitation stattgefunden. Der Visitationsbericht von 1991 veranschaulicht, wie sich die Gemeindesituation vor dem Kommen des neuen Pfarrers darstellte. Einerseits gibt es noch so etwas wie intaktes Dorfleben der Alteingesessenen mit den entsprechenden Formen von Geselligkeit und großer Anteilnahme bei Beerdigungen, ande-

233 Predigt am 25.7.1995 – Einführung Rolf R. als Pfarrer in Riehl, in: LKA, Personalakte Rolf R., Bd. 1.

234 Vgl. Bf. Dekan C. an das Landeskirchenamt vom 20.3.1996, in: LKA, Personalakte Rolf R., Bd. 2.

rerseits sind die Folgen des allgemeinen gesellschaftlichen Wandels spürbar: Familien aus einem Neubaugebiet finden kaum Anschluss an das Dorf- und Gemeindeleben. Schwer wiegt, dass die agrarische Struktur des Dorfes mehr und mehr verloren geht. Immer mehr landwirtschaftliche Betriebe geben auf, und es gibt im Jahr des Berichts nur noch sieben Vollerwerbslandwirte in der Gemeinde. Ansonsten sind die meisten Gemeindeglieder als Arbeiter und Angestellte in den Unternehmen der Region beschäftigt. Schichtarbeit verunmöglicht die aktive Partizipation am Gemeindeleben. Die Anzahl der Gemeindeglieder beim Gottesdienst liegt zwischen 30 und 35 Personen.[235] Als Problembereiche gelten ein fehlender Besuchsdienst für die Neuzugezogenen und die schwierige Jugendarbeit.

Eine Visitation sieben Jahre nach dem Kommen des neuen Pfarrers, nämlich von 1998, zeichnet ein zwar ambivalentes, aber insgesamt positives Bild. Diese Visitation zog sich insgesamt über neun Monate hin. Ein Protokoll und Zielvereinbarungen mit der Gemeinde stammen vom Oktober 1998. Rolf R. hat seinen Bericht zur Visitation erst im Dezember geschrieben. Aus dem Protokoll, in dem Zielvereinbarungen notiert sind, ist zu entnehmen, dass die Gemeinde zwischen 20.15 Uhr und 21.00 Uhr mit der Visitationskommission allein, d.h. ohne den Pfarrer gesprochen hat. Im Protokoll dieses Gespräches werden mehrere Problemkreise angesprochen, die im Zusammenhang mit der Amtsführung von Rolf R. stehen. So dringt die Kommission darauf, dass Rolf R. ehrenamtliche Hilfe bei der Strukturierung der Verwaltungsarbeit erhält: Eine Person aus dem Kirchengemeinderat soll mit der Führung des Rechnungswesens beauftragt werden. Etwas verklausu-

235 Vgl. Pfarramtlicher Bericht zur Visitation vom 27.-29.9.1991, in: LKA, Organisation der Kirche: Spezialia, Kirchengemeinde Riehl, Kirchenvisitationen, Bd.1, 1984.

liert heißt es: »Es wurde festgestellt, daß das Veränderungspotential bei Pfr. R. aus den bekannten Gründen begrenzt ist.«[236] Es klingt an, dass der Kirchengemeinderat bereits vor der Wahl von Rolf R. zum Pfarrer ihrer Gemeinde von seiner Suchtproblematik wusste, jedenfalls heißt es: »Der Kirchengemeinderat ging nach dem [sic] ihm vorliegenden Informationen von einem gesundheitlich angeschlagenen, aber belastbaren Kandidaten aus.«[237] Rolf R. selbst gibt zu Protokoll, dass er sich vom Kirchengemeinderat stabilisiert fühlt. Dieser hatte ihm zuvor auch volle Akzeptanz zugesprochen. Trotzdem wird deutlich, dass nicht alles reibungslos funktioniert und dass der Pfarrer nicht voll belastbar ist.[238] Das am 28. Juli 1998 geführte Gespräch mit den Erzieherinnen des Kindergartens in Riehl hält zur Zusammenarbeit fest: »Dienstbesprechungen mit Pfr. R. im Kindergarten sind positiv!«[239]

Der eigene Visitationsbericht

Der Bericht, den Rolf R. 1998 zur Visitation verfasst, überschreibt er mit dem Titel »Riehler Impressionen«.[240] Nach wie vor hat die Gemeinde knapp unter 1000 Mitglieder, allerdings gibt es jetzt unter ihnen eine hohe Arbeitslosigkeit und viele Frührentner. Rolf R. schildert das Dorf als weitgehend traditionell orientiert, feste Ge-

236 Visitation der Evangelischen Kirchengemeinde Riehl 1998, Protokoll des Gesprächs mit dem Kirchengemeinderat: Zielvereinbarungen, in: LKA, Organisation der Kirche: Spezialia, Kirchengemeinde Riehl: Kirchenvisitationen, Bd.1, 1984, 1.

237 Visitation 1998.

238 Vgl. Visitation 1998.

239 Gespräch und Begehung Kindergarten Riehl, in: LKA, Organisation der Kirche: Spezialia, Kirchengemeinde Riehl: Kirchenvisitationen, Bd.1, 1984.

240 Rolf R., Visitation 1998 in Riehl, in: LKA, Organisation der Kirche: Spezialia, Kirchengemeinde Riehl: Kirchenvisitationen, Bd.1, 1984, 1.

wohnheiten wollen nicht in Frage gestellt werden. Er weist darauf hin, dass es keine Treffpunkte im Dorf gibt, keine Einkaufsmöglichkeiten, eine zunehmende Anonymisierung um sich greift und zieht den Schluss:

> »Eine sehr hohe Erwartungshaltung dem Pfarrer gegenüber ist daher verständlich. Sie kommt nicht aus einer Amtsehrfurcht wie etwa in pietistisch geprägten Gemeinden, sondern aus den realen Befürchtungen und Ängsten, denen der Pfarrer abhelfen sollte, am besten als Allmächtiger und Allgegenwärtiger, Fehlerloser wie sein Chef im Himmel.«[241]

Vielleicht will R., indem er die Erwartungshaltung der Gemeinde so deutlich hervorhebt, eventueller Kritik, die Gemeindemitglieder formulieren könnten, zuvorkommen und diese relativieren. Explizit thematisiert er, wie hoch die Ansprüche der Gemeinde im Hinblick auf seine Präsenz sind. Er schildert auf den folgenden Seiten seine Prioritäten, wie die Planung von Gottesdiensten, die vom »08/15-Schema« abweichen, wie er betont. Verändert wurde die Abendmahlspraxis, nämlich zu einem Abendmahl mit Traubensaft und *Intinctio*.[242] Am Besuchsdienst beteiligt sich der Pfarrer nicht, stattdessen formuliert er persönlich gehaltene Briefe, von denen er einige dem Bericht beilegt. Es handelt sich um Computerausdrucke, in denen ein persönlicher Anteil wenig erkennbar ist. Deutlich wird ein weiteres Mal, dass Rolf R. das persönliche Gespräch mit Gemeindegliedern nicht von sich aus sucht und in der Alltagskommunikation eher introvertiert ist.

241 Rolf R., Visitation 1998, 1.

242 Vgl. Rolf R., Visitation 1998, 2.

Abermals ist es Rolf R. jedoch gelungen, eine funktionierende Jugendarbeit aufzubauen: Als er nach Riehl kam, gab es keine Gruppen. Durch gezielte Werbung – u. a. für den Kindergottesdienst, auch hier sind Beispiele beigefügt – und eigene Initiative ist es ihm gelungen, zwei Jungschargruppen aufzubauen. An einer Sommerfreizeit nahmen 23 Kinder und 6 Mitarbeitende teil – hier zeigt sich, dass der Pfarrer nach wie vor begeistern kann. Zudem haben zehn Mitarbeitende der Jugendarbeit die Konfirmand*innenfreizeit mitgestaltet. Für Probleme hinsichtlich der Verwaltung der Gemeinde macht er zwei Computerabstürze mit totalem Datenverlust verantwortlich.[243] Erkennbar ist an den Quellen, dass Rolf R. sich eines Computers bedient und dessen Möglichkeiten für die Gestaltung seiner Briefe und Kindergottesdiensteinladungen professionell und kreativ zu benutzen weiß. Gleichzeitig unterstreicht dies erneut die Menschenscheu des Pfarrers.

Auch zur inhaltlichen Gestaltung der Konfirmand*innenfreizeit legt Rolf R. zahlreiche Arbeitsblätter bei: Die Konfirmanden erarbeiten selbstständig die Mitgestaltung eines Gottesdienstes. Resümee der Fahrt:

> »Begeisterung bei vielen Konfirmanden. Zufriedenheit bei den Mitarbeitern, Zufriedenheit im Haus. Absichtserklärung mehrerer Konfirmanden, im nächsten Jahr mitarbeiten zu wollen. Dies entspricht einem Zweitziel des Pfarrers. Die Mitarbeit an einem einzelnen Projekt kann zur häufigeren Mitarbeit führen. Mitarbeiterschulung als Learning by doing.«[244]

243 Vgl. Rolf R., Visitation 1998, 4.

244 Rolf R., Planung und Durchführung einer Gemeindeveranstaltung, in: LKA, Organisation der Kirche: Spezialia, Kirchengemeinde Riehl: Kirchenvisitationen, Bd.1, 1984, 1.

Der Bericht fällt im Ganzen deutlich magerer aus als frühere Visitationsberichte. So ist keine einzige Predigt angehängt. Rolf R.– so scheint es – hat sich auf die kreative Gestaltung von Briefen und Arbeitsblättern verlegt.

Krankenhausseelsorge und weiteres Engagement

Während Rolf R. am Kreiskrankenhaus Riehl als Pfarrer Dienst tut, wird das Krankenhaus renoviert. Die ökumenisch genutzte Krankenhauskapelle wird ebenfalls neu gestaltet und im Jahr 1997 eingeweiht. Damit hat das Krankenhaus erstmals eine Kapelle, in der Gottesdienste gefeiert werden können. Dekan C. und der katholische Kollege hatten sich im Hinblick auf die künstlerische Gestaltung und Ausstattung des Innenraums sehr engagiert. Rolf R. tritt dabei nicht in Erscheinung.

In einem Faltblatt, das die drei neu gestalteten Prinzipalstücke Kreuz, Pult und Altar erläutert, kommt auch Pfarrer R. zu Wort. Dekan C. schreibt über das Pult, der katholische Pfarrer über den Altar, für Rolf R. als Krankenhausseelsorger bleibt das Kreuz. Es wird aus einem Stamm aus Eiche und einem dahinter hängenden Bild aus Nessel, das den Querbalken darstellen soll, gebildet. Der schwere Balken »versperrt uns den Weg und gebietet Einhalt in unserem Vorwärtsdrang« – formuliert R. Der ehemalige Baum wird ihm in seiner Massivität und Mächtigkeit zum Sinnbild auch für die Macht des Kreuzes, an dem Jesus zwar gelitten habe, aber »Einsamkeit und Gottferne überwunden und die Kräfte der Krankheit und des Todes besiegt«.[245] Als Zusage gelte den Menschen, die

245 Rolf R., Kreuz, in: Faltblatt Kreuz – Pult – Altar, in: LKA, Dekanat Z, Riehl-Kirchengemeinde, R. R. 145.

zu Jesus kommen, dass Gottes »vergebende und heilende Liebe« ihnen gelte – auch während einer Zeit der Krankheit und des Leidens. Regelmäßig sollen nun hier Gottesdienste gefeiert werden.[246]

Auch wenn seine Kirchengemeinde organisatorisch nichts mit den vier evangelischen Kirchengemeinden anderer Stadtteile Riehls zu tun hat, engagiert sich Rolf R. in einem ökumenischen Seminar für interessierte Gemeindeglieder zum Thema »Christlicher Glaube. Kritisch befragt und neu verstanden«. An zwölf Abenden stehen Themen wie Gott und das Böse, christliche Hoffnung, Bedeutung Jesu und Angenommen sein von Gott im Zentrum. In der Reihe der Organisator*innen dieser Veranstaltungen unterzeichnet Pfarrer R. als Erster, mitbeteiligt sind das Pfarrerehepaar Peter und Silke K. aus Bibra und der katholische Pfarrer Friedrich N. aus Riehl von St. Nepomuk. Die erste Informationsveranstaltung findet im Gemeindesaal in Bibra statt.[247] Theologisches, respektive missionarisches Engagement ist weiterhin erkennbar.

Affären, Distanzlosigkeiten und sexuelle Nötigung

Während dieser Zeit hat Rolf R. vermutlich auch eine Beziehung mit Janine B. Deren Tochter wird später Klage gegen ihn wegen sexueller Nötigung einreichen. Das Verhältnis mit Maria W., das bereits seit Ende der 1980er-Jahre, d.h. vor der Trennung von seiner Frau, besteht, dauert an. Später wird Maria W. Rolf R. vorwerfen, dass er nach seiner Scheidung insgesamt fünf Beziehungen unterhielt und auch Eheversprechen gab. Darunter fällt auch ein Verhältnis zu seiner ehemaligen Bergedorfer Sekretärin.

246 Vgl. Rolf R., Kreuz.

247 Vgl. Flyer Christlicher Glaube kritisch befragt und neu verstanden, in: LKA, Dekanat Z, Riehl-Kirchengemeinde R. R. 107.

In Riehl feiert Rolf R. sein 25-jähriges Ordinationsjubiläum. Im August findet eine Kinderfreizeit in Neustadt statt, die die damalige Bezirksjugendreferentin initiiert hat und die bereits seit vielen Jahren regelmäßig veranstaltet wird. Auch Rolf R. ist offenbar zusammen mit einigen Mitgliedern aus der Riehler Gemeinde dieses Mal dabei.[248]

Später kommt heraus, dass Rolf R. im Zeitraum dieses Jahres eine Jugendliche mehrfach sexuell genötigt hat. Aus der Strafakte geht hervor, das Rolf R. die junge Frau zwischen Oktober und November unter einem Vorwand zu Hause aufsucht und zu sexuellen Handlunge nötigt. Er penetriert sie nicht, es kommt aber zu einer Ejakulation.[249] Bereits zuvor hatte es zwei Übergriffe gegeben, bei denen nicht mehr genau ermittelt werden konnte, wo diese stattgefunden haben. Daran, dass sie stattgefunden haben, hatte das Gericht aber keinen Zweifel.

Dekan C. erhält einen Brief vom Kirchengemeinderat in Riehl. Dieser teilt dem Dekan mit, dass der Pfarrer Rechnungen an die Gemeinde nicht fristgerecht zahle, die Gemeinde Schulden habe und dass der Pfarrer oft kurzfristig abwesend sei, ohne dass darüber der Kirchengemeinderat oder die Kirchendienerin informiert seien. Zudem komme Herr R. seinen Pflichten nur unzureichend nach. Die Gemeinde bittet, Dekan C. möge seine Dienstaufsichtspflicht wahrnehmen und von den Möglichkeiten, die ihm das Dienstrecht gebe, Gebrauch machen.[250] Der damalige Kirchengemeinderatsvorsitzende Herr B. erinnert sich, dass er ein persönliches Gespräch mit Dekan C. geführt und sich danach selbst um die Verwaltung der Finanzen gekümmert habe.

248 Vgl. Tätigkeitsbericht für 1999, in: LKA, Personalakte Katharina Müller.

249 Vgl. Anklageschrift in der Strafsache Rolf R. vom 14.7.20■■, in: Sonderheft R., Rolf.

250 Vgl. Brief Kirchengemeinderat Riehl an Dekan C. vom 16.2.2001, in: LKA, Personalakte Rolf R., Bd. 2. Verantwortlich zeichnet hier Fritz Bergmann.

Die Nachlässigkeit in der Amtsführung habe sich jedoch nach Auskunft des Kirchengemeinderatsvorsitzenden nicht auf die Predigt bezogen. Herr B. bezeichnet Rolf R. als begnadeten Prediger und wunderbaren Koch, der später sehr krank geworden sei und darum von den Amtsgeschäften habe entlastet werden müssen. Von Verhältnissen zu Frauen weiß Herr B. nichts, erinnert sich aber, dass im Gespräch mit dem Dekan die Rede von »Frauenbesuchen« gewesen sei. Herr B. habe dies angesprochen und der Prälat habe sinngemäß gemeint: »Seien Sie froh, dass Sie davon nichts wissen.«[251] Herr B. erinnert sich auch, dass Herr R. in Riehl eine Zweitwohnung als Rückzugsort gehabt habe.

Am 29. Mai erhält Präses B. eine Mail von Bärbel Schneider, in der sie Rolf R. beschuldigt, ein Verhältnis zu einer verheirateten Frau zu haben. Sie bittet den Präses, dagegen etwas zu unternehmen. Ob ihr geantwortet wurde, geht aus der Personalakte nicht hervor.

Internetauftritt

Im August 2000 plant Rolf R. offenbar, für die Gemeinde Riehl eine Homepage als Internetpräsenz zu gestalten. In der Personalakte finden sich Ausdrucke der geplanten Seiten, die R. Prälat Z. im Juni zugeschickt hatte.

Bemerkenswert sind die Seiten, auf denen der Pfarrer sich vorstellt. Er charakterisiert sich in einem Multiple Choice-Test zur Frage »Wer im Himmel ist rr??« als »alternden Möchtegern-Rocker

251 Gesprächsnotiz Telefonat Herr F. Bergmann – Ute Gause am 30.3.2023 über Rolf R.s Zeit als Pfarrer in Riehl. Die inhaltliche Richtigkeit wurde am 13.4.2023 von Herrn Bergmann schriftlich bestätigt. Protokoll und Brief sind im Archiv der Landeskirche hinterlegt.

der 68er-Generation«. Ein Foto zeigt ihn im Strickpullover und mit Schnurrbart. Auf der ersten Seite des Auftritts beschreibt er sich als »schwer durchschaubar, aber nicht ohne Reiz«. Der Pfarrer »ist zutraulich und hört auf den Namen rr«.

Wirkt schon diese Selbstvorstellung befremdlich, so sind die Formulierungen, die die Aufforderung, sein Foto zu vergrößern, begleiten, vollends geschmacklos: »Schau mir in die Augen. Willst du mich größer sehen? »KLICK, KLICK, KLICK, da bin ich. Schick mir Dein Bild!?« R. fordert weiter dazu auf, sein Foto auszudrucken, und gibt auch gleich Handlungsanweisungen, was mit dem Bild zu tun sei: »Ausgedruckt kannst Du jetzt mit mir machen, was Du willst: Aufhängen, Vierteilen, [...] Falten und Fliegenlassen [...] Küssen [sic]«. Und er fragt: »Haben Sie heute Lust ... auf ein gutes Wort? ... auf eine Bildmeditation ... auf etwas Kirchenmusik? ... unter meinen Talar zu gucken?«. Nach der Frage »Kennen wir uns?« findet sich schließlich sogar der Satz: »Der Pfarrer geht fremd.« Er empfiehlt sich als »Riehler Antifrust«-Tablette. Dazu gibt es eine Fotomontage, wobei die Tabletten mit seinem Monogramm versehen sind. Darunter der Satz: »rr wirkt immer, ... garantiert: Zu Risiken und Nebenwirkungen lesen Sie die Bibel oder fragen Sie Ihren Notar und Ihren Bestatter.«[252]

Prälat Z. urteilt kritisch. Er teilt Rolf R. mit, dass er den Internetauftritt daraufhin befragt habe, ob dieser nach Pfarrerdienstgesetz der »Würde der Amtsausübung« (§ 42, Pfarrerdienstgesetz) entspräche. Zweimal verweist Prälat Z. darauf, dass bestimmte Anspielungen aufgrund der Verhältnisse des Pfarrers zu Frauen gelöscht werden sollten. Er schreibt zur Passage »Vorsicht – nicht jede Gestalt im Nachthemd ist unbedingt ein Engel«: Der Satz sei »angesichts

252 Ausdruck des Internetauftritts, in: LKA, Sonderheft Rolf R.

dessen, was etliche Frauen über sie [sic] wissen, und sicher nicht nur diese Frauen inzwischen wissen, ein Satz, den Sie schnellstens streichen sollten.«[253] Prälat Z. wird noch deutlicher: »Die Aufforderung ›Schau mir in die Augen ... schick mir dein Bild!?‹ Halte ich (nicht zuletzt aufgrund dessen, was ich inzwischen über Sie weiß) für eine schlichte ›Anmache‹.«[254] Und kommentiert den Satz »Sie dürfen mir gerne nachspionieren bei meinen Seitensprüngen«, dass R. anscheinend überhaupt kein Gespür dafür habe, was das bei den Frauen, die über sein Verhalten enttäuscht seien, auslösen könnte und was die Menschen darüber denken würden, die sein Verhalten nicht billigen wollen oder können.[255]

Eine Kopie dieses Briefes schickt der Prälat auf Anfrage später auch an Präses B.

Der Fall Maria W.

Wie offen zutage die toxischen Beziehungen mittlerweile liegen, die R. unterhält, wird besonders am Fall Maria W. deutlich. Am 20. August 2001 schickt Prälat Z. einen handgeschriebenen Brief an Rolf R. Er teilt mit, dass Maria W. ihn aufgesucht habe und ihm einen Brief Rolf R.s zu lesen gab. Danach seien weitere Gespräche mit Maria W. erfolgt. Sie bittet den Prälaten, R. mitzuteilen, dass das Ausmaß der Schäden, die er in ihrem Leben angerichtet habe, immer bedrängender werde. Prälat Z. ermahnt R., das in dem Brief gegebene Versprechen, eine Therapie zu beginnen, einzuhalten, und er erinnert außerdem an ein Gespräch vom 25. Mai desselben

253 Brief Prälat Z. an Rolf R. vom 18.6.2001, in: LKA, Personalakte Rolf R., Bd. 2.

254 Brief Prälat Z.

255 Vgl. Brief Prälat Z.

Jahres. Daran hatten der Prälat, Rolf R. und Maria W. teilgenommen. Maria W. habe betont, ihr Ziel sei es, dass Rolf R. sich helfen lasse »in Bezug auf Ihren Umgang mit Frauen, der sich nicht gehört, weil er Frauen schädigt«.[256] Seit dem Gespräch – so der Prälat – seien zwölf Wochen vergangen, und er frage, ob Rolf R. sich unterdessen therapeutisch helfen lasse.

Am 18. September teilt Rolf R. telefonisch mit, dass er den vom Prälaten handgeschriebenen Brief nicht mehr finden könne, in dem dieser ihn ja bereits unmissverständlich aufgefordert hatte, etwas zu unternehmen. Daraufhin schickt Prälat Z. eine Kopie seines Briefes. Demnach ist Rolf R. nicht bereit, weder aus den Gesprächen noch aus dem Brief des Prälaten Konsequenzen zu ziehen; erneut verweigert er sich dem Versuch des Eingreifens in seine Situation. Anscheinend hat Prälat Z. dann die Sache nicht weiterverfolgt – vielleicht, weil sich nun notgedrungen Präses B. einschaltet.

Im November erhält Präses B. einen Brief von Maria W. Sie gibt an, schon lange im Gespräch mit Herrn Prälat Z. gewesen zu sein, jetzt aber doch die Hilfe des Präses in Anspruch nehmen zu wollen. Sie geht davon aus, dass der Präses bereits durch Prälat Z., den er ja wöchentlich sehe, über den Fall informiert worden sei. Sie schreibe als Geschädigte, die selbst von Herrn Z. seit Wochen nichts mehr gehört habe.

> »Da kann in der Kirche ein Pfarrer im Amt bleiben, der Frauen belügt, mißbraucht und betrügt, gleichzeitig mindestens 5 Frauen die Ehe verspricht und noch mehr nebenbei hat, dazu mit Selbstmord droht,

256 Brief Prälat Z. an Rolf R. vom 20.8.2001, in: LKA, Personalakte Rolf R., Bd. 2.

> und – es wird zugesehen. Außer ein paar Gesprächen geschieht nichts.«[257]

Sie macht deutlich, dass ihrer Meinung nach hier ein Pfarrer Hilfe und Therapie brauche. Gleichzeitig bringt sie ihre Befürchtung zum Ausdruck, dass die Situation eskalieren und sich eine der betroffenen Frauen das Leben nehmen könne. Im Frühjahr habe ihr Prälat Z. gesagt: »Jeder Tag im Amt ist einer zu viel bei Hrn. R.«[258] Diesem wirft sie Missbrauch von Frauen und Missbrauch seines Amtes vor. Sie beschuldigt ihn, dem sie sich anvertraut hat, ganz klar einer Amtspflichtverletzung. Dies hätte – wenn die Kirchenleitung es ernst genommen hätte – direkt die Einleitung eines Verfahrens gerechtfertigt.

> »Als ein Mitglied dieser Landeskirche bitte ich Sie um Hilfestellung und entsprechende Maßnahmen. Hrn. Z. hatte ich auch darum gebeten. Seit Anfang des Jahres warte ich auf ein Ergebnis und habe bis jetzt nichts außer Hinhalten, Beschwichtigungen und Abwälzen.«[259]

Der Präses wird aktiv und lädt Maria W. zu sich ein. In einem Aktenvermerk vom Dezember 2001 wird festgehalten, dass Maria W. seit den 1980er-Jahren eine außereheliche Beziehung zu Rolf R., ihrem Pfarrer und Seelsorger, gehabt habe. Sie sei dann auch in Bergedorf in der Kirchengemeinde aktiv gewesen, nachdem sie selbst im Jahr zuvor aus Bayern übergesiedelt war und in Berge-

257 Brief Maria W. an Präses B. vom 21.11.2001, in: LKA, Personalakte Rolf R., Bd. 2.

258 Brief Maria W.

259 Brief Maria W.

dorf lebte. Beide seien in dieser Zeit alkoholabhängig gewesen. In den 90er-Jahren habe sich Rolf R. dann in Therapie begeben. Sie selbst trat kurz danach ebenfalls eine Therapie an. Dort habe Pfarrer Rolf R. sie besucht, die außereheliche Beziehung wieder aufgenommen und diese erst nach sechs Jahren beendet.

Während dieser Zeit habe Rolf R. zahlreiche außereheliche Verhältnisse gehabt. Er habe ihr die Ehe versprochen. Als sie nach dem Ende der Beziehung mit ihm hörte, dass er einer anderen Frau in Bergedorf, nämlich seiner früheren Sekretärin, ebenfalls die Ehe versprochen habe, habe sie Kontakt zu dieser aufgenommen.[260] Hier handelt es sich eventuell um die Frau, von der Rolf R. später sagte, er habe tatsächlich beabsichtigt, diese zu heiraten, was aufgrund der Intervention von Maria W. aber gescheitert sei. Es habe damals außerdem ein klärendes Gespräch zwischen Rolf R. und Maria W. unter der Leitung vom Prälat Z. stattgefunden. Herr R. habe sich dann in zwei Briefen bei beiden Frauen entschuldigt. Maria W. ist davon überzeugt, dass Pfarrer R. nach wie vor zahlreiche außereheliche Beziehungen unterhält, und bittet die Kirche, etwas zu unternehmen, damit nicht weitere Frauen zu Schaden kämen.

In einem zweiten Brief im Nachgang des Gesprächs äußert Maria W., dass man hier von »männlicher Prostitution« sprechen könne.[261] Auf die Frage von Präses B., ob R. Gewalt ausgeübt habe, antwortet sie, er habe »psychische Gewalt« ausgeübt und »alle zum Schweigen gebracht«. Nochmals äußert sie die Befürchtung, dass es zu einer »Katastrophe« kommen könne, falls R. nicht gestoppt würde.

260 Vgl. Aktenvermerk über ein Gespräch mit Maria W. am 10.12.2001 von Präses B., in: LKA, Personalakte Rolf R. Bd. 2.

261 Bf. Maria W. an Präses B. vom 11.12.2001.

Präses B. schickt diesen Aktenvermerk nun an Oberkirchenrat K. und Prälat Z., mit der Bitte zu klären, wie weiter verfahren werden solle. Darüber, ob über das weitere Verfahren tatsächlich Entscheidungen getroffen wurden, findet sich in den Akten nichts. Rolf R. erhält aber einen Brief vom Landeskirchenamt, in dem er aufgefordert wird, zu den Vorwürfen Stellung zu nehmen.[262] Der Vorgang findet keinen Eingang in eine Disziplinarakte. Er befindet sich in der Personalakte, Bd. 2.[263] Kirchenrechtsrätin O. vom Rechtsreferat des Landeskirchenamts schreibt im Januar einen Brief an Herrn R., in dem sie die Vorwürfe von Maria W. noch einmal aufgreift und R. bittet, dazu Stellung zu nehmen. Der Brief geht zeitgleich an den zuständigen Dekan C., der daraufhin ein Gespräch mit Rolf R. führt. Dekan C. berichtet an das Landeskirchenamt, dass er ein Dienstgespräch mit Pfarrer R. geführt habe, in dem dieser bestritten habe, Maria W. ein Eheversprechen gegeben zu haben. »Niemals habe er auch sein Amt als Pfarrer und Seelsorger für außereheliche Beziehungen missbraucht.«[264] Außerdem gebe R. an, am Ende des Jahres in den Frühruhestand gehen zu wollen. Möglicherweise wurde wegen dieser Ankündigung von einem weiteren disziplinarrechtlichen Vorgehen abgesehen. Jedenfalls wird auch in diesem Jahr keine Disziplinarakte angelegt.

Präses B. war eigentlich gewillt, den Fall weiterzuverfolgen. In einer handschriftlichen Notiz an Kirchenrechtsrätin O. macht er darauf aufmerksam, dass Maria W. zu einer Aussage vor dem Disziplinarausschuss bereit sei und Frau O. es nicht bei einer Ermahnung belassen dürfe: »Entschuldigung, dass ich Ihnen Arbeit mache, aber der Fall belastet mich sehr und ist wohl wesentlich

262 Vgl. dazu im Kapitel 4 zu den Versäumnissen.

263 Vgl. ebd.

264 Bf. Dekan C. an das Landeskirchenamt vom 18.1.2002, in: LKA, Personalakte Rolf R., Bd. 2.

gravierender, als Sie ahnen.«[265] Die Intervention von Maria W. hat dennoch keine weiteren Konsequenzen. Später wird Wiebke S. sich über das empathielose und distanzierte Verhalten des Präses ihr gegenüber wundern.

Ein ärztliches Attest unterstützt den Antrag des Pfarrers auf Vorruhestand und bescheinigt R., u. a. an einer Leberzirrhose und Hyperplasie der Leber zu leiden. Im August stellt der Präses die Entlassungsurkunde aus, schreibt ihm im Januar zu Beginn des Ruhestandes und wünscht ihm Hoffnung und Kraft für die vor ihm liegende Zeit. Er bringt auch die Hoffnung zum Ausdruck, dass »eine konfliktreiche Geschichte, auch mit der Kirchenleitung« nun durch die Zurruhesetzung ein Ende finden wird.[266] Offensichtlich sind zahlreiche kirchenleitende Personen erleichtert, dass der Pfarrer nun im Ruhestand ist. Damit jedoch ist die Geschichte nicht zu Ende.

2.5 Prozess und Entlassung aus dem kirchlichen Amt

Im Jahr 20■■ nimmt die zuständige Staatsanwaltschaft wegen versuchter Vergewaltigung/versuchter Nötigung einer damals 15-Jährigen einige Jahre zuvor Ermittlungen gegen Rolf R. auf. Dieser gibt eine Beziehung zur Mutter der 15-Jährigen zu, streitet Übergriffe auf die Tochter aber ab. Die Übergriffe, die die 15-Jährige schildert, wurden durch das Verhältnis der Mutter des Opfers mit dem Beschuldigten ermöglicht. Die Mutter bestreitet vor Gericht jedoch, eine Beziehung mit Rolf R. gehabt zu haben. Sie

265 Handschriftliche Notiz von Präses B. unter einem Schreiben von Frau O., in dem sie Rolf R. gegenüber nur eine Ermahnung ausspricht und von weiteren Schritten absieht.

266 Bf. Präses B. an R. R. vom 17.1.2003, in: LKA, Personalakte Rolf R., Bd. 2.

habe ihn als Seelsorger angesprochen und in Anspruch genommen, er sei für sie eine Respektsperson gewesen. Der gemeinsame Urlaub – in dem die Übergriffe erfolgten – sei auf seine Initiative zurückgegangen: »Die gemeinsame Fahrt in den Urlaub habe nur stattgefunden, weil er sie bedrängt habe.«[267] Als die Tochter ihrer Mutter von den ersten Annäherungsversuchen berichtet, geht diese nicht darauf ein und gibt in der Zeug*innenvernehmung an, sie sei aufgrund ihrer Scheidung damals nicht in der Lage gewesen zu reagieren.[268]

In welchem Jahr dieser gemeinsame Urlaub stattfand, kann nicht mehr festgestellt werden. Die Zeugin Katharina M., die vor Gericht aussagt, seit mehreren Jahren mit dem Beschuldigten eine Beziehung zu haben, gibt an, dass er auf einer von ihr initiierten Kinderfreizeit in Neustadt gekocht habe. Die Mutter der Anklägerin und die Anklägerin selbst hätten am Ferienlager ebenfalls teilgenommen. Die Mutter half aushilfsweise in der Küche. Mutter und Tochter hätten in Neustadt in einer Ferienwohnung gewohnt; Rolf R. und Katharina M. dagegen in Schlüssing in einer anderen Ferienwohnung.[269] Die Vermieterin, die ebenfalls vorgeladen ist, erinnert sich an Katharina M. Letztlich kann das Jahr und der Ort dieses Übergriffs nicht mehr erhoben werden.

Das Gericht hält die Aussagen der Anklägerin trotzdem in drei Fällen für glaubwürdig und befindet:

> »Der Angeklagte hat somit durch 3 rechtlich selbstständige Handlungen jeweils durch die selbe Handlung eine andere Person mit Gewalt genötigt,

267 Urteil im Strafverfahren gegen Rolf R., 19, in: LKA, Sonderheft Rolf R.

268 Vgl. Urteil, 16.

269 Vgl. Urteil, 21.

> sexuelle Handlungen des Täters an sich zu dulden und zugleich eine Person unter 18 Jahren dadurch missbraucht, dass er unter Ausnutzung einer Zwangslage sexuelle Handlungen an ihr vorgenommen hat oder an sich vornehmen ließ.«[270]

Zugunsten von Rolf R. hält das Gericht fest, dass er bislang nicht strafrechtlich in Erscheinung getreten sei; schulderschwerend wertet es das junge Alter der Geschädigten, die immer noch unter den Tatfolgen leide, und die Tatsache der »Begehung der Taten als Geistlicher«, mit der er das »ihm entgegengebrachte Vertrauen missbrauchte«.[271]

Im Februar fragt Simone W. – die ebenfalls vor dem Disziplinarausschuss ausgesagt hatte[272] – an, wie die kirchliche Disziplinarkammer nach dem Urteil weiter verfahren werde. Hierauf wird ihr mitgeteilt, dass Pfarrer R. aufgrund der Verurteilung aus dem Dienst der Landeskirche entlassen wurde und somit das Disziplinarverfahren beendet sei.[273] Im März wird dann auch Wiebke S. – die das Disziplinarverfahren initiiert hatte – vom Ausgang des Verfahrens informiert.

Rolf R. wird aus dem kirchlichen Dienstverhältnis entlassen, weil gegen ihn eine Freiheitsstrafe von über einem Jahr verhängt wurde, die nach dem Dienstrecht der EKD zwangsweise zur Entlassung führt. Er muss seine Ordinationsurkunde zurückgeben. Alle Rechte und Pflichten des Amtes werden ihm entzogen. Er wird gesetzlich nachversichert und verliert seine Beihilfeberechtigung. Es wird unmöglich für ihn, in eine gesetzliche Krankenkasse

270 Urteil, 22.

271 Urteil, 22.

272 Vgl. Kapitel 4. Die Landeskirche.

273 Vgl. Brief vom 4.3.20██ an Simone W., in: LKA, Sonderheft Rolf R.

einzutreten. Als Krebsbehandlungen bei ihm nötig werden, muss er diese privat bezahlen. Wenige Jahre darauf verstirbt der ehemalige Pfarrer. Nach seinem Tod fragt sein Sohn beim Landeskirchenamt an, warum der Vater nicht krankenversichert war.

3. Erfahrungsberichte

Die folgenden qualitativen Interviewauswertungen folgen der »formulierenden Interpretation« nach Ralf Bohnsacks sog. Dokumentarischer Methode. Diese Weise der Interpretation folgt dem Gesprächsgang des Interviews und leistet eine textnahe, immanente Deutung. Gleichzeitig nimmt sie eine »reflektierende Interpretation« vor, die auf Motive, Sinnstrukturen und Art der Darstellung sowie zugrunde liegende Intentionen der Interviewten eingeht. Auf eine kleinschrittige Sequenzanalyse im Sinne Bohnsacks wird hier verzichtet.[1] Mit einer qualitativen Auswertung ist der Anspruch verbunden, »Lebenswelten ›von innen heraus‹ aus der Sicht der handelnden Menschen zu beschreiben«.[2] Dass diese Beschreibungen subjektiv sind, ist evident.

Bei der Lektüre der Interviewauswertungen ist durchgängig zu berücksichtigen, dass Gewaltgeschehen und Geschlechterrelationen mit Machtdimensionen verbunden sind.[3] Weiblichkeit und Männlichkeit – die gesellschaftlich jeweils zeitbedingt geprägt

1 Vgl. Ralf Bohnsack, Dokumentarische Methode, in: ders. u. a. (Hgg.), Hauptbegriffe qualitativer Sozialforschung. Ein Wörterbuch, Opladen 2003, 40-44.

2 Uwe Flick u. a., Was ist qualitative Forschung? Einleitung und Überblick, in: dies. (Hgg.), Qualitative Forschung. Ein Handbuch, Reinbek [14]2022, 13-29; hier: 14.

3 Vgl. Cornelia Helfferich u. a., Einleitung, in: dies. u. a. (Hgg.), Forschungsmanual Gewalt. Grundlagen der empirischen Erhebung von Gewalt in Paarbeziehungen und sexualisierter Gewalt, Wiesbaden 2016, 1-12; hier: 3.

sind – haben Einfluss auf die Dynamik der Gewalt.[4] Missbrauch geht häufig von älteren und in der Machthierarchie höherstehenden Personen aus.[5]

Von »Opfer« und »Täter« wird im Folgenden nicht gesprochen, weil diese Begriffe eine binäre Zuordnungen von (passivem) Erleiden und (aktivem) Ausüben von Gewalt vornehmen. Diese Polarität nivelliert jedoch die »Heterogenität der Gewaltbetroffenen hinter dem hervorgehobenen Merkmal, Opfer zu sein«.[6] Darüber hinaus neigt die Binarisierung zu einer Totalisierung, weil andere Personen, die als Kompliz*innen, Unterstützende, Bystander*innen für das Gewaltgeschehen ebenfalls relevant waren, aus dem Blick geraten.[7] Wenn die Interviewten diese Begriffe als Selbstbeschreibung verwendeten, wurden sie übernommen.

Die Auswahl der interviewten Personen ist zwangsläufig eklektisch, da manche Personen bereits verstorben oder nicht mehr zu ermitteln waren – so Maria W. – oder andere sich nicht für ein Gespräch zur Verfügung stellen wollten.

4 Vgl. Helfferich u. a., Einleitung, 3.

5 Vgl. Helfferich u. a., Einleitung, 5.

6 Helfferich u. a., Einleitung, 3.

7 Vgl. Helfferich u. a., Einleitung, 4.

3.1 Interviews mit Betroffenen

»Ich habe ca. drei Jahrzehnte gebraucht, um mir selbst zu vergeben« – Die Studentin Yvonne B.[8]

Die damalige Chemiestudentin Yvonne B. ist chronologisch die erste Betroffene. Sie hat sich nicht zu einem Interview bereit erklärt, aber per E-Mail Fragen beantwortet und auch zur Veröffentlichung freigegeben. Sie hatte während der Zeit bei den AC ca. 1 ½ Jahre lang Kontakt zu Rolf R., der darin gipfelte, dass er ihr anbot, sie zu adoptieren.

Yvonne B. schreibt von einer schwierigen Kindheit. Sie ist vaterlos aufgewachsen. Sie vermutet, eventuell Kind einer Vergewaltigung zu sein. Ihre Mutter, die vermutlich im Zweiten Weltkrieg schwer traumatisiert wurde, habe ein extrem schambesetztes Verhältnis zur Sexualität gehabt und gemeint, die Tochter davor schützen zu müssen. Einige Jahre ihrer Kindheit verbringt Yvonne B. im Heim, lebt dann jedoch ab dem Alter von ca. 12 Jahren wieder bei ihrer Mutter, die sie aber nicht wirklich beachtet. Im Alter von ca. 20 Jahren ist Yvonne B. schwer depressiv und kann das Bett ein halbes Jahr lang kaum verlassen.

Sie sucht gelegentlich Zuflucht bei den AC und besucht dort Seminare. Sie erinnert sich an ein Seelsorgegespräch mit Rolf R., dem offiziellen Seelsorger, den sie als Respektsperson wahrnimmt und von dem sie sich verstanden fühlt. Der nähere Kontakt zu ihm kommt durch dieses Seelsorgegespräch zustande; anscheinend gilt das bei den AC formulierte Gebot der geschlechterge-

8 Mails und Fragebogen sind ebenfalls im Archiv der Landeskirche hinterlegt.

trennten Seelsorge für sie als gelegentliche Besucherin nicht. Auf die Frage nach sexuellen Übergriffen antwortet sie:

> »Ja, direkt und indirekt, mehrfach mit seiner Begründung, Gott habe ihm gesagt, er solle mich zur Frau machen ... da fing es bei mir an, mich stutzig zu machen ... das war die einzige Begründung ... Die Übergriffigkeit geschah, wenn seine Frau nicht anwesend war.«

Sie erinnert sich, dass Inge R. sich ihr gegenüber aggressiv verhalten, sich ansonsten aber ihrem Mann angepasst habe. Sie selbst besucht Rolf R. einmal bei ihm zu Hause, der ihr, während er in der Badewanne sitzt, erklärt, dass er sie zur Frau machen will. Danach gibt es einen weiteren Übergriff. Der Kontakt endet, nachdem er sie in ihrem Studentenwohnheim besucht hat und mit ihr schlafen will. Sie lehnt mit der Begründung ab, das nur mit ihrem zukünftigen Ehemann tun zu wollen. Auf ihre Ablehnung hin verlässt er das Wohnheim. Es gelingt ihr mit Hilfe einer Freundin, sich vollständig von Rolf R. zu distanzieren.

Das Verhalten der AC gibt ihr bis heute Rätsel auf, denn niemand schien sich um sie und ihr Befinden zu kümmern. Zwanzig Jahre nach den Vorfällen sucht sie die Leiterin der AC auf, die sich ebenfalls nie bei ihr entschuldigt hat: »Über das Gespräch war ich nicht nur irritiert, sondern die einzige Reaktion von ihr war: ›Da waren Sie nicht die Einzige‹ ... Keine Entschuldigung ... nichts ... bis heute ... von niemand.« Präzisere Auskünfte kann sie aufgrund des Traumas, den der Kontakt bei ihr ausgelöst hat, nicht geben.

Sie sieht sich eindeutig als Opfer von Machtmissbrauch: »Seit dem Ereignis habe ich nie mehr mit einem Mann geschlafen und alle männlichen Eheangebote zurückgewiesen, mehr oder weniger geschickt.« Obwohl Opfer sexualisierter Gewalt, fühlt sie sich selbst fast dreißig Jahre lang schuldig, weil sie zur Zeit des Missbrauchs faktisch erwachsen gewesen sei. Ihre Gottesbeziehung jedoch habe ihr damals die Augen geöffnet und ihr die Kraft gegeben, sich zur Wehr zu setzen. Sie habe ihr – so sagt sie – die Möglichkeit der Distanzierung gegeben und ihr Frieden geschenkt.

»Und verbunden mit diesem tiefen Gefühl: ›Ich brauch' ihn als Seelsorger‹« – Die Betroffene Simone W.

Das Interview mit Simone W. findet bei ihr zu Hause statt. Sie zitiert aus ihren Tagebucheinträgen, die aus der Zeit des Missbrauches stammen. Sie hat als Praktikantin im Hause R. gearbeitet, weil sie eine Ausbildung im sozialen Bereich machen wollte und dafür ein Praktikumsjahr brauchte. Insgesamt bestand der Kontakt jedoch über ihre Praktikumszeit hinaus über einen Zeitraum von insgesamt sechs Jahren, weil sie einen Jugendkreis in Blauberg übernahm und diesen auch während ihres Studiums weiterführte.

Die 19-jährige – und damit volljährige – Simone W. wird nach ihrem Abitur durch eine Anzeige in einer christlichen Zeitschrift auf die Pfarrfamilie R. aufmerksam. Die Pfarrfamilie sucht eine Praktikantin, die im Haushalt, zu dem mittlerweile sechs Kinder zwischen einem und sechs Jahren gehören, hilft. Simone W. hat kaum Erfahrung im Umgang mit kleinen Kindern, zuvor hat sie nur eine Jungschargruppe in ihrer Gemeinde geleitet und als Babysitterin gearbeitet. Die Situation fasst sie so zusammen: »Alle war'n überfordert im Grunde, ne? [...] Die Frau war überfordert – ich auch. [...] Ich war total überfordert mit der Situation.« Dreimal kurz hintereinander betont Simone W. ihre Überforderung und ergänzt, dass ihre eigene Situation labil gewesen sei: »Ja, das hat alles dazu beigetragen, eigentlich, ich war schon verunsichert, war in meiner Persönlichkeit nicht gefestigt, als ich hinkam.« Konflikte mit der ebenfalls überforderten Ehefrau des Pfarrers steigern ihre Unsicherheit zusätzlich und wirken sich negativ auf ihr Selbstwertgefühl aus. Rolf R., so erinnert sie sich, habe sich das Ganze zunächst einen Monat einfach angesehen, überhaupt sei er bei den Mahlzeiten sehr ruhig gewesen. Zwar ist er zuständig für die Lösung von Konflikten und für Gespräche mit den Kindern, überlässt den Frauen im Haushalt jedoch die gesamte praktische Arbeit. Nach einen Monat fragt er sie jedoch, wie es ihr gehe, was sie – bis heute – als gute Seelsorge wahrnimmt: »Konnte mich da abfangen, konnte mir Mut machen, konnte mir Tipps geben, wie ich besser damit umgehe [...], mit der Situation und mit mir selber.«

Gleichzeitig hat sie bereits nach einem Monat in der Familie den Eindruck, dass das Ehepaar miteinander Schwierigkeiten hat. Die beiden »haben es nicht leicht miteinander«: Zwar, »raufen [sie] sich immer wieder zusammen«, gleichzeitig dominiert jedoch der Eindruck, dass der Pfarrer und seine Frau in einer schwierigen Beziehung leben. Auch das ist für Simone W. in ihrer Situation dort nicht einfach: »Ich wollte eigentlich in eine heile, christliche Familie kommen – und merkte sehr schnell, ›Ohh, da knistert's, [...] da knarzt's ganz schön im Getriebe.‹« Die Eheleute – so nimmt sie es wahr – reden zwar miteinander, doch die Stimmung zwischen den beiden ist nicht harmonisch. Sie haben bereits getrennte Schlafzimmer. Rolf R. hat sein Arbeits- und sein Schlafzimmer, in das er sich jederzeit zurückziehen kann, unten im Haus: »Er hatte sein Reich unten. [...] Hinter dem Arbeitszimmer war sein Reich.« Präsent in der Familie ist er fast ausschließlich bei den Mahlzeiten. Er brauche seine Zeit für die Gemeindearbeit, für die Vorbereitung der Predigt, und die Möglichkeit, sich ausruhen zu können. Seine Ehefrau zeigt dafür Verständnis und hält ihm den Rücken frei.

Rolf R. ist für Simone W. selbstverständliche Respektsperson. Die Annäherung geht von ihm aus. Sie beschreibt sich selbst als schüchtern und zurückhaltend, nicht zuletzt, weil sie aus einer frommen Gemeinde komme und so erzogen worden sei. Auf die Frage, ob sie ihn attraktiv gefunden habe, antwortet sie mit einem deutlich betonten Nein: »Ich hab' ihn – in dieser Kategorie hab' ich nicht gedacht. [...] Das war, es war'n Seelsorger. Es war'n Pfarrer.« Ein Pfarrhaus habe etwas Repräsentatives, da man im »Angesicht der Gemeinde« lebe. Das Pfarrhaus sei ein offenes Haus gewesen: Alle waren willkommen und auch die ehemaligen Praktikantinnen kamen regelmäßig, um die Familie zu unterstützen. Simone W. erinnert sich, dass Beate K. regelmäßig da war: »Und da war'n wir alle auch ein Teil der Familie.« Für sie selbst gilt das ebenso. Genau wie Beate K. kommt auch Simone W. nach dem Ende ihres Praktikums regelmäßig in die Familie zurück. Sie übernimmt die Leitung einer Jugendgruppe und kann so die Beziehung zu Rolf R., den sie tatsächlich zu lieben meint, aufrechterhalten.

Die erste Annäherung, daran erinnert sie sich genau, geschieht im seelsorgerlichen Rahmen:

> »Beim nächsten Gespräch hat er halt mir dann den Arm auf die Schulter gelegt, oder später hat er mal meine Hand gehalten – ich hab' im Tagebuch geschrieben: ›Er hält ganz lange meine Hand und schaut mir tief in die Augen.‹ Und irgendwann hab' ich dann – das ist wahrscheinlich nicht in Ordnung, ne? So, also ich hab' dann meine eigenen Skrupel ja auch immer ins Tagebuch geschrieben.«

In einer Situation, in der sie nach eigener Aussage völlig verzweifelt ist, umarmt er sie erneut. Sie sagt ihm, dass sie seine Zärtlichkeiten nicht in Ordnung findet. Die Antwort des Pfarrers hat sie damals in ihrem Tagebuch notiert: »Ich will nichts Unrechtes. Ich will nicht besitzen. Nicht begehren. Ich hab' Sie gern und möchte das zum Ausdruck bringen.« Simone W. ist nun tief verunsichert. Sie hat Skrupel, und sie möchte keine Ehebrecherin sein. Trotzdem kommt es im Gefolge der sich entwickelnden Beziehung zum Geschlechtsverkehr. Die Initiative geht hier selbstverständlich von Rolf R. aus. Simone W. wünscht sich jedoch eine wirkliche, verbindliche Beziehung, einen Partner fürs Leben. Ihre Skrupel kann der Pfarrer nur für kurze Zeit beruhigen. Sie fühlt sich in dieser Zeit nicht unbedingt verliebt, empfindet aber eine »erotische Anziehung«. Gleichzeitig braucht sie ihn als Seelsorger:

> »Ich brauch' ihn, ich bin so unsicher. Ich weiß nicht, wie ich mein Leben bewältigen soll, und er kann immer so gute Ratschläge geben und mir so helfen. [...] Er hat mich, er hat mich aufgebaut. Er hat mein [...] Selbstwertgefühl immer mal wieder ein bisschen [...] Also, er hat mich ermutigt, Aufgaben anzupacken, zu mir selber zu stehen.«

Trotz dieser positiven Wahrnehmung spürt sie, dass ihr neu erworbenes Selbstwertgefühl angesichts der Tatsache, dass sie *ein Verhältnis* mit einem verheirateten Mann hat, zunichte wird. Zweimal kurz danach fällt dann der Satz: »Ich hab' mich nur geschämt.« Sie vertraut sich einem anderen Seelsorger an, der ihr rät, die Beziehung unverzüglich zu beenden und die Familie zu verlassen. Für sie ist diese Beichte wichtig, da sie sich die ganze Zeit als »Sünderin« gefühlt habe – auch dieser Begriff fällt zweimal kurz nacheinander. Sie folgt dem Rat, aber es gelingt ihr nicht, die Trennung von der Familie konsequent durchzuhalten.

Auf die Frage, ob die Ehefrau etwas bemerkt haben könnte, sagt sie, sie selbst wisse es nicht; allerdings habe Rolf R. ihr erzählt, dass ihn seine Frau einmal wegen einer anderen Frau zur Rede gestellt und »sich ganz fürchterlich« aufgeregt habe, »und deshalb darf ich ihr so was nie mehr erzählen.« 25 Jahre später, so erzählt Simone W., habe sie Inge R. wegen des Ehebruchs um Verzeihung gebeten, worauf diese gesagt habe: »Simone, dich trifft keine Schuld, ich weiß. Ich weiß, da war'n mehrere.« Besonders schockierend findet Simone W., dass Rolf R. nie ehrlich war sondern durchgehend lavierte und auch vor seinem Landeskirchenamt nie etwas zugeben hat: »Er hat gelogen, wie's ihm gerade in den Sinn kam.«

Auf die Frage, ob er »charmant« gewesen sei, antwortet sie verneinend. Offensichtlich hat sie seine Manipulationen, um sie für sich zu gewinnen, nicht als eine von ihm ausgehende Handlung wahrgenommen. Sie hat ihn als jemanden gesehen, der Menschen angesprochen hat, der ein verständnisvoller Seelsorger war und Einfühlungsvermögen besaß: »Also er hatte eine Antenne, was jetzt mit dem anderen los sein könnte. Er hat mehr verstanden als [das], was man ausgesprochen hat. Ja, Einfühlungsvermögen, und ich glaub', das haben andere auch so empfunden.« Für sie, die aus einer – wie sie selbst sagt – »sehr pietistischen« Gemeinde kam, wirkten die AC schon »ein Stück offener«, »weltzugewandter«. Sie charakterisiert Rolf R. als jemanden, der in seiner religiösen Haltung zum rechten, konservativen, zum »evangelikal-konservative[n] Spektrum« gehörte, weshalb er sich für die missionarischen Dienste beim Kirchentag engagierte.

Den Prozess gegen Rolf R. verfolgt Simone W. mit und ist bei den öffentlichen Gerichtsterminen dabei. Die Klägerin erscheint ihr glaub- und vertrauenswürdig zu sein. Ihr Eindruck von Rolf R. ist klar: »Er windet sich wie ein aalglatter Fisch. Ja. Er lügt sicher auch oft [...] war mein Gefühl.« Vor Gericht gibt er an, wegen Potenzproblemen gar nicht zu solchen Übergriffen fähig zu sein, erinnert sich Simone W. Sie traut Rolf R. die Nötigung ohne Weiteres zu, sieht ihn aber nicht als Vergewaltiger. Sie vermutet, dass er diese Grenze nicht überschritten habe: »Nein, also, das war für mich nie 'ne Frage, ob die Frau glaubwürdig, [...] ja, das war für mich völlig klar, dass die glaubwürdig ist und dass der Rolf Quatsch erzählt vor Gericht, ja, einfach Quatsch erzählt da.« Diese Aussage klingt in der Diktion eher verharmlosend, da der Begriff »Quatsch« die Geschehnisse relativiert.

Im weiteren Verlauf des Gesprächs versucht sie nochmals, ein paar seiner theologischen Aussagen zu benennen, mit denen er seine Übergriffe legitimiert hat. Sie beschreibt ihn als »Meister im Formulieren« und erinnert sich an folgende Sätze: »Nur nicht mehr wollen als geht und dann dankbar genießen.« Oder:

> »Wenn wir die Liebe nicht verletzten, also wenn wir Inge weiterhin lieben, dann ist das nicht gegen die Ehe, was wir da machen. [...] Man kann jetzt nicht sagen, dass [...] das 'ne theologische Begründung war, aber schon so formuliert, dass es suggerieren sollte: ›Du tust jetzt nichts, was deinem Glauben widerspricht.‹ [...] also von ihm aus gesehen, ja, von ihm aus war es kein Widerspruch zu seinem Glauben.«

Und kurz darauf: »Also es ist schon so mit diesen Begriffen Liebe und Gott ist ja Liebe, ne, und deshalb dürfen wir auch lieben.«

Simone W. beendet die Beziehung, als sie ihren Mann, einen verwitweten Pfarrer, kennenlernt und vollzieht zunächst einen »totalen Kontaktabbruch«. Als sie verheiratet ist, besucht sie jedoch gemeinsam mit ihrem Mann und den zwei Stiefkindern Familie R., weil sie die Familie wiedersehen und ihr Mann unter vier Augen mit seinem Kollegen sprechen will. Die Unterredung kommt aber nicht zustande, weil Rolf R. sich ihr entzieht. Simone W. gibt an, die Angelegenheit anschließend jahrelang verdrängt zu haben, bis sie Anfang der 2000er-Jahre schwer erkrankt sei und sich deshalb mit ihrer Lebensgeschichte aussöhnen und vor allem Inge R. um Entschuldigung bitten möchte. Gemeinsam mit ihrem Mann sucht sie Frau R. auf und entschuldigt sich. Diese verzeiht ihr mit den Worten: »Dich trifft keine Schuld.« Dies lässt darauf schließen, dass sie im Nachhinein realisiert hat, dass die vielen Affären ihres Mannes das Ausnutzen eines Abhängigkeitsverhältnisses waren.

Gemeinsam mit ihrem Mann sucht Simone W. danach auch Rolf R. auf und konfrontiert ihn mit dem Vorwurf, die seelsorgerliche Situation ausgenutzt und ihr Vertrauen missbraucht zu haben: »Da hast du die Verantwortung. Du warst ja der Erwachsene [...], der Alte, der Seelsorger, ja, und der verheiratete Mann noch dazu.« Auf Drängen ihres Mannes entschuldigt R. sich bei ihr, betont aber, sie sei »etwas Besonderes« für ihn gewesen und er sei einfach »zu feige« gewesen, sich scheiden zu lassen.

Simone W. nimmt zu Wiebke S. und Doris S. Kontakt auf, genau wie zur Tochter des Pfarrers, Laura R., die sie ebenfalls trifft. Von ihr erfährt sie: »Sie hat offensichtlich auch so als Kind oder als Jugendliche schon irgendwie immer so ein bisschen gemerkt, irgendwas stimmt doch da nicht, wie der Vater mit Frauen umgeht oder dass er sich dann ins Zimmer zurückzieht mit einer Frau und nicht gestört werden will [...], die hatte die Antenne dafür.«

(Das Interview wurde im März 2023 geführt. Der Ehemann von Simone W. hat danach ebenfalls um ein Gespräch gebeten, in dem er erläuterte, wie sehr ihn diese Vorgeschichte seiner Frau traumatisiert und unter anderem sein Pfarrerbild nachhaltig beschädigt habe.)

»Es ging dann eher so [...] um ihn und nicht um Opferschutz« – Der Fall Wiebke S.

Das Interview mit der Betroffenen findet an einem neutralen Ort und nach einem zuvor geführten längeren Vorgespräch statt. Die Betroffene arbeitete in der Familie als Haushaltshilfe, als Rolf R. seine erste Pfarrstelle innehatte. Nachdem dieser auf seine zweite Pfarrstelle wechselte, hatte sie keinen Kontakt mehr zu ihm.

Familiensituation

Die in den 1960er-Jahren geborene Wiebke S. kommt im Alter von 16 Jahren als Haushaltshilfe zur Pfarrfamilie R. in den kleinen Ort Blauberg mit gut 12.000 Einwohnern. Sie selbst stammt aus einer eher kleinbürgerlichen Familie: Der Vater ist selbstständiger Handwerksmeister, die Mutter arbeitet als Köchin. Beide Eltern gehören nominell zur Landeskirche, haben aber gleichzeitig einen evangelikalen Hintergrund und nehmen z.B. gerne an Evangelisationen teil. Das Elternhaus vermittelt christliche Wertvorstellungen. Wiebke S. möchte, nachdem sie die Schule mit der mittleren Reife abgeschlossen hat, Erzieherin werden. Voraussetzung dafür, die Ausbildung beginnen zu können, ist zur damaligen Zeit ein einjähriges Praktikum in einem Haushalt. Im Evangeliumsrundfunk hört sie von einer charismatischen Gruppierung, den Alternativen Christen (AC), bei der man ein Freiwilliges Soziales Jahr absolvieren könne.

Als sie dort anfragt, sagt man ihr, dass derzeit kein Platz frei sei – allerdings wird ihr Pfarrer Rolf R. in Blauberg empfohlen, der vorher bei der Gemeinschaft gearbeitet habe. Er sei jetzt Gemeindepfarrer und die Familie habe fünf Kinder, weshalb er und seine

Frau Unterstützung brauchen könnten. Wiebke S. fährt gemeinsam mit ihrer Mutter nach Blauberg und spricht mit der Familie. Die Mutter sorgt auch dafür, dass die Tochter sozial- und krankenversichert wird und ein Taschengeld bekommt. Eine andere, etwas ältere Frau arbeitet zu dieser Zeit ebenfalls im Haushalt mit: Sie ist eigentlich Erzieherin, will aber umschulen. Wiebke S. nimmt ihre Arbeit nach dem Ende des Schuljahres auf. Zum Haushaltsjahr gehört auch einmal in der Woche der Besuch der Berufsschule in der nahegelegenen größeren Stadt. Da sie selbst aus einem Dorf mit knapp 250 Einwohnern kommt, erscheint ihr die Kleinstadt groß. Auch das Neubaugebiet, in dem die Kirche steht und das neue Pfarrhaus wirken auf sie sehr modern. Anstelle einer traditionellen Kirche gibt es ein Gemeindezentrum.

Die Wohnsituation erweist sich als ungewöhnlich, weil das Pfarrhaus ursprünglich nicht als solches geplant war. Darum gibt es im unteren Teil des Hauses zwei eigenständige, kleine Wohnungen. Während im oberen Trakt des Hauses die Familie wohnt, liegen im Erdgeschoss auf der rechten Seite das Gemeindebüro, das Arbeitszimmer des Pfarrers und ein weiterer Raum, der eigentlich als Aktenzimmer gedacht ist, vom Pfarrer aber als Schlafzimmer genutzt wird. Der Pfarrer schläft hier von seiner Ehefrau getrennt im unteren Teil des Hauses. Oft ist er abends lange unterwegs. Generell nimmt Wiebke S. wahr, dass sein Leben eher unten stattfindet. Diese räumliche Distanzierung spiegelt die Distanz, die sie zwischen ihm und der ganzen Familie wahrnimmt. Auf der linken Seite des Erdgeschosses befindet sich eine weitere Wohnung mit einem größeren Zimmer, das der Familie als Wohnzimmer dient, jedoch kaum genutzt wird, und einem kleineren Zimmer, das als Gästezimmer genutzt wird. Wiebke S. erinnert sich, dass Rolf R. das Wohnzimmer Samstagabends zur Predigtvorbereitung genutzt habe.

Zunächst wohnt Wiebke S. mit der anderen Haushaltshilfe im oberen Stockwerk. Ihre Hauptaufgabe besteht in der Kinderbetreuung: Nur das älteste Kind geht schon in die Schule, die anderen Kinder sind im Kindergartenalter oder noch jünger. Auch für das Kochen und Tischdecken ist Wiebke S. zuständig. An den Veranstaltungen der Gemeinde kann sie teilnehmen und macht von dieser Möglichkeit auch Gebrauch. Die Familie, so Wiebke S., gibt sich modern: Familien- und Gemeindeleben sind nicht voneinander abgegrenzt.

Frau R. hat künstlerische Ambitionen und bringt sich nicht in traditioneller Weise in die Gemeinde ein, leitet aber den Chor der Gemeinde. Sie interessiert sich für Kunst und Literatur und sieht sich in der Partnerschaft zu ihrem Mann weniger in der Rolle der Pfarrfrau, die sich aktiv in die Gemeindearbeit einbringt, sondern eher in der Rolle einer beratenden Begleiterin. Ihre religiöse Sozialisation ist in einer christlichen Kommunität erfolgt, über die sie wohl auch ihren Mann kennengelernt hat. Inge R. hat sich mit ihrem Mann zuvor ebenfalls bei den AC engagiert und an den dortigen Seminaren zu biblischen und ethischen Themen teilgenommen.

In ihrer Religiosität steht sie ihrem Mann nahe und schätzt sein Engagement und sein Charisma. Ihr Mann hat ihrer Überzeugung nach eine besondere Begabung, das Evangelium weiterzusagen, so Wiebke S. Sie beschreibt Inge R. als attraktive junge Frau, »hatte blonde, lange Haare [...] wirklich 'ne hübsche, 'ne sehr hübsche Frau, die sich auch gerne modisch gekleidet hat. Und Haushalt lag ihr eigentlich überhaupt nicht.«

Wiebke S. konstatiert, dass es im Prinzip kein Familienleben gegeben habe – Frau R. habe sich häufig durch die fünf Kinder überfordert gefühlt und z.B. erwartet, dass die Haushaltshilfe die Kinder ins Bett bringe. Ihr Mann sei als Vater »wenig präsent« gewesen. Zwar sei er bei den Mahlzeiten anwesend, aber nicht wirklich ansprechbar gewesen. Es habe besondere Speisen gegeben, die nur für ihn reserviert waren. Dass er seine Kinder ins Bett gebracht habe, erinnert Wiebke S. nicht. Es habe in dieser Zeit – so ihre Wahrnehmung – kein gemeinsames Familienleben, keine Ausflüge oder gemeinsamen Urlaube gegeben:

> »Eigentlich war alles ausgerichtet auf die Gemeindearbeit, auf diesen Anspruch, dass da etwas Großes und Wichtiges passiert durch die Geistbegabung des Vaters, des Pfarrers, und alle anderen Dinge haben sich dann dem, hatten sich dem eigentlich unterzuordnen.«

Bei Rolf R. machen sich erste Anzeichen einer Überlastung bemerkbar, Erschöpfung und Schwäche sowie Probleme mit dem Magen. Diese könnten auch von einem hohem Alkoholkonsum herrühren, den Wiebke S. bemerkt. Sie selbst fühlt sich in der Pflicht, den Pfarrhaushalt und die Pfarrfamilie zu unterstützen – bereits ihre Mutter und ihre Großmutter hatten als junge Frauen ein Haushaltsjahr in einem Pfarrhaushalt gemacht. Für Wiebke S. erwächst daraus ein hoher Anspruch an sich selbst, der von Inge R. ausgenutzt wird. Ihre Arbeit erfüllt sie auch aus religiöser Überzeugung: »Also, man trägt selber etwas dazu bei, dass das Evangelium verkündet wird.« Im Nachhinein spricht Wiebke S. zweimal von »Ausbeutung«, weil es keine Struktur im Haushalt und keine fest vereinbarten Arbeitszeiten gegeben habe. Die AC, die sie vermittelt hatten, übernahmen keine Aufsichtsfunktion.

Wiebke S. erinnert sich, dass sie regelmäßig an Seminaren der AC teilnehmen durfte und dafür frei bekam. Dies empfand sie als Freiraum. Auf den Seminaren lernt sie andere Jugendliche kennen und beschäftigt sich mit biblischen und ethischen Themen. Es gibt innerhalb der AC den Anspruch, die Gesellschaft verändern und in sie hineinwirken zu wollen, so dass durchaus gesellschaftspolitische Fragestellungen diskutiert werden. Überdies werden Charismen wie Handauflegen und Segnungen, Gebete um Heilungen und Zungenrede praktiziert, die Wiebke S. aus ihrer Heimatgemeinde nicht kennt. Sie ist fasziniert davon, weil sie das Gefühl hat, diese Praxis fördere eine Tiefendimension des Glaubens, eine »Erfahrung im religiösen, im spirituellen Sinn«.

Gemeindearbeit

Wiebke S. erlebt die Gemeinde in Blauberg als eine, die jung und begeistert ist und dabei um ihren Pfarrer als Mittelpunkt kreist. Er sei »das Zentrum oder so etwas wie der Mittelpunkt dieser Gemeinde« gewesen:

> »[...] mit seiner Persönlichkeit. Also es hat sich sehr viel dann immer auf ihn bezogen, also es ging immer um ihn, es ging immer um seine Gottesdienste und Predigten, die besonders inspirierend waren, um seine Art, Jugendliche anzusprechen, um neue Ideen, die er einbrachte, um neue Musik zum Beispiel.«

Der moderne Gottesdienstraum und das Gemeindezentrum korrespondieren mit dem Anspruch, eine moderne Gemeinde zu sein; im Gottesdient gehört nach Aussage von Wiebke S. dazu die Praxis der spontanen Predigt, die auf der Basis von Stichworten gehalten wird und praktisch und lebensnah ist:

> »Zu dieser modernen Gemeinde gehörte, dass Menschen einbezogen worden sind im Gottesdienst, also

dass es dann Musik gab, dass immer mal 'ne Band aufgetreten ist, dass Menschen in der Liturgie mitwirkten, also Schriftlesung gemacht haben, dass sie irgendetwas mal aus der Gemeinde erzählt haben, also es gab diese Gottesdienste [die] wirkten immer etwas frisch, unkonventionell, nicht liturgisch hoch durchgestylt, ja. Sondern mehr auch spontan und diese Predigten von ihm waren auch so angelegt, dass sie meistens irgendwie auch 'n Symbol hatten, dass er dann auch in der Hand hatte.«

Nach den Gottesdiensten gibt es einen entsprechend lebendigen Austausch, vor allem unter den Jugendlichen, die in der Gemeinde einen großen Stellenwert haben. Die Jugendarbeit in der Gemeinde läuft sehr gut, viele Jugendliche fahren mit auf die Kirchentage. Wiebke S. fühlt sich innerhalb dieser Gemeinde wohl, während ihr die Arbeit in der Familie weiterhin suspekt bleibt. Sie nimmt wahr, dass eine Reihe ehemaliger Haushaltshilfen, die z.T. die Patenschaft für eines der Kinder übernommen haben, regelmäßig am Wochenende zu Besuch sind und ebenfalls im Haus übernachten.

Anbahnung

Wiebke S. ist in der ersten Zeit in der Familie von der Situation in ihrer eigenen Familie in Anspruch genommen. Ihr bisher christlich engagierter Vater wendet sich in dieser Zeit vom Christentum, von Religion überhaupt ab und tut dies in einer sehr verletzenden Art. So habe er erklärt, dass nur »dumme« Menschen überhaupt glaubten, und entzieht damit der Beziehung zu seiner

Ehefrau eine wesentliche Grundlage. Seine Haltung stürzt auch Wiebke S. in Zweifel:

> »Wie ist die Bibel zu verstehen, was ist der Hintergrund, wie kann man sie lesen, gibt es Gott überhaupt, was hat er mit mir wirklich zu tun [...] und manchmal war ich, wenn ich von zu Hause kam, dann auch sehr irgendwie befangen oder sehr, sehr geknickt und eine solche Situation, wo sozusagen ich selber sehr in einem inneren Aufruhr war und nicht mehr wusste, was kann ich jetzt eigentlich glauben und denken, da hat Rolf R. mich praktisch angesprochen.«

Zu diesen Gesprächen kommt es, als Wiebke S. ungefähr ein halbes Jahr im Haushalt ist. Rolf R. signalisiert ihr zudem, dass er an ihr als Person interessiert ist, er lobt sie, macht ihr Komplimente. Wiebke S., die festgefügte, klare Moralvorstellungen hat, spürt, dass es für diese Aufmerksamkeit noch eine zusätzliche Motivation gibt, die sie nicht einordnen kann:

> »Und mich hat das zunächst erstmal sehr verwirrt, weil ich da aus der Reaktion irgendwie so spürte, das ist eigentlich keine normale Reaktion, also so, wie jemand mit einer Jugendlichen normal irgendwie umgeht im Alltag, sondern das waren immer so Situationen, wo auch dann niemand anders im Haus dabei war, dass er mich so in 'ner bestimmten Weise anguckte [...]«.

Ein Seelsorgegespräch, um das Wiebke S. gebeten hatte, findet zwar in einem Raum im Gemeindezentrum und somit in professioneller Umgebung statt, am Ende des Gespräches, so erinnert sie sich, wird der Pfarrer jedoch sehr persönlich, sagt ihr, wie besonders sie sei und dass er sie möge:

> »In den nächsten Wochen und Monaten hat er dieses Interesse dann noch einmal stärker signalisiert. Also er hat gezielt Situationen gesucht im Haushalt, wo er dann wusste, aha, jetzt bin ich mit Kochen beschäftigt oder bin irgendwie alleine und hat dann diese Komplimente verstärkt, hat auch mal, ja, auch mich angefasst, hat mich in eine Verwirrung gestürzt, von der ich jetzt nicht wusste, was ist das eigentlich, ja. Ist das jetzt ein normales Interesse, wo man jemand sagt, du bist irgendwie was Besonderes und ich hab Interesse oder was steckt dahinter? Mein Haushaltsjahr ging dann ja im Juni, glaub' ich, Ende Juni zu Ende und bis dahin hat er, kam es sozusagen zu Annäherungen verbaler Art, auch mal, dass er mich in den Arm genommen hat und gedrückt hat, und mir ist in der also Zeit dann irgendwie klargeworden, da, da, er, er möchte irgendwie mehr.«

Tatsächlich kommt es während dieser Zeit zu von Wiebke S. nicht erwünschten körperlichen Übergriffen, die sie aufgrund ihrer Angewiesenheit auf Pfarrer R. als Seelsorger und aufgrund seiner Manipulationen nicht abwehren kann, die sie aber zutiefst verunsichern. Sie ist noch nicht volljährig.

Theologische Anfragen von Wiebke S.

Sie beschäftigt sich in dieser Zeit intensiv mit theologischen Fragen, will mit ihm, dem Pfarrer, in einen Dialog treten und artikuliert ihre Zweifel an der von ihm eingeforderten Freiheit der Liebe, mit der er das Verhältnis zu ihr rechtfertigt.

> »Also für mich war er weiterhin immer diese Pfarrperson, die Respektsperson, die Person, die besonders mit Geist irgendwie begabt ist und was sozusagen aus meinen Tagebuchaufzeichnungen hervorgeht, ist, dass ich mich in dieser Zeit [...] mit Fragen, christlichen Fragen irgendwie auseinandersetze, also vor diesem Tagebucheintrag, den ich jetzt gleich vorlese, hab' ich, schreib' ich zum Beispiel so Fragen auf: Was ist richtig beim Abendmahl? Das ist mein Leib, oder das bedeutet mein Leib? [...] Bekommt man bei der Taufe den Heiligen Geist? Was heißt das, dass ein Christ für seine Familie bürgt, ist die Familie dann gerettet?«

Am 24. Juni 1980 schreibt sie in ihr Tagebuch:

> *»Ich will wissen, aus welchem Geist Sie heraus handeln. Handeln Sie aus sich selber? Oder können Sie, wie Jesus in Johannes 5, Vers 30 sagen: denn ich suche nicht meinen Willen, sondern den Willen des, der mich gesandt hat? Oder Vers 19: Der Sohn kann nichts von sich selber tun, sondern nur, was er sieht den Vater tun, und was dieser tut, das tut gleicherweise auch der Sohn? Welche Freude wollen Sie schenken? Die Freude an sich selbst, am körperlichen Kontakt – auch mit anderen? Was ist*

das für eine Freude und welche Liebe meinen Sie? Lieben Sie mich um meiner selbst willen, wegen meinem Äußeren, meiner Art oder wegen dem, was Christus in mir wirkt, mir ist? Ich weiß nicht, was Sie damit meinen »jemanden lieb haben«. Ich kann mein Innerstes auch nicht in Worte fassen. Ich habe nur das Gefühl, dass etwas nicht stimmt. Kann es aber nicht erklären. Ich weiß nicht, was richtig und falsch ist und wo die Grenzen liegen. Vermutlich gibt es keine einheitlichen Grenzen, sie sind relativ. So können für mich welche bestehen, für Sie aber nicht. Sie können Ihr eigenes Tun verantworten, aber nicht gleichzeitig die Verantwortung für mich übernehmen. Verstehen Sie, was sich meine? Ihr Gewissen, Ihre Freiheit gilt für Sie, aber nicht auch noch für mich. Ich weiß nicht, was in mir die Blockade setzt, ob es meine anerzogene Moralvorstellung nur ist. Dieses Denken sitzt tiefer, als ich dachte. Werde ich schuldig, wenn ich mein in Anführungszeichen ›anerzogenes Gewissen‹ übergehe und – wieder in Anführungszeichen – ›in Freiheit‹ handle? Obwohl die Freiheit noch gar nicht in dem Maße von mir Besitz ergriffen hat. Wenn Sie mir begegnet sind, haben Sie sich doch auch selbst gegeben oder zumindest ein Stück von sich selbst. Wie können Sie das bei mehreren Begegnungen? Wie dürfen Sie das? Gehören Sie nicht allein Ihrer Frau ganz? Und wie können Sie begehren und schenken wollen so leicht voneinander trennen? Geht es nicht manchmal ineinander über? Ich habe Angst, Sie zu sehen, habe Angst vor mir selbst. Bis jetzt habe ich Ihr Tun noch nie so vor Ihnen in Frage gestellt, weil ich Ihnen nicht weh tun und noch mehr Sorgen machen wollte, aber ich kann jetzt nicht mehr anders, um Ihretwillen, um meinetwillen und all der anderen willen.«[9]

9 Hervorhebungen im Text UG.

Damit hat die junge Frau ihre Bedenken in Worte gefasst. Sie spürt, dass etwas nicht stimmt am Verhalten des Pfarrers, dass seine Rede von »Freiheit« eine Freiheit meint, die er selbst für sich in Anspruch nimmt, die aber mit ihren eigenen moralischen Ansichten nicht übereinstimmt. Wie aus den Tagebucheinträgen ersichtlich ist, ist sie theoretisch in der Lage, das Geschehen einzuordnen und zu reflektieren. Sie definiert Grenzen, schafft es aber in der Realität nicht, diese zu verteidigen und sich gegen die Annäherungen des Pfarrers zu wehren. Sie fragt nach anderen Personen, von denen sie wahrgenommen hat, dass er zu ihnen ebenfalls eine enge Beziehung hat und nach der Verantwortung für seine Ehe. Zudem bettet sie ihre Fragen theologisch ein, indem sie mit Joh 5,30 beginnt und danach fragt, ob er aus eigensüchtigen Motiven oder wirklich aus dem Geist heraus handelt. Sie spürt, dass der Pfarrer ihre Grenzen verletzt.

Die Tagebucheintragung ist in direkter Anrede, als Gespräch mit Pfarrer R. formuliert. Wiebke S. macht darauf aufmerksam, dass sie seine Argumentation mit der Freiheit, biblisch untermauert durch 2 Kor 3,17, in einen Zwiespalt bringt, weil der Pfarrer, der für sie Autoritätsperson ist, den Vers so auslegt, als könne man in eine Liebe hineinwachsen, die sich aufteilen kann. Sie selbst kann diese Freiheit nicht spüren und hinterfragt diese Position. Gleichzeitig stürzt die Situation sie in eine tiefe emotionale und religiöse Unsicherheit, wie eine weitere Tagebuchaufzeichnung aus dem Sommer 1980 illustriert: »Freiheit, ein Mühlstein, der an meinem Halse hängt. Die Sache mit RR, ich habe immer noch tausend Fragen, aber es gibt keine tausend Antworten. Es gibt nur eine, die Liebe. Es ist alles erlaubt, aber lasst eure Freiheit nicht zum Deckmantel euer Selbstsucht werden.«

Im Folgenden äußert Wiebke S. mehrfach, dass sie die Argumentationen des Pfarrers als körperlichen und seelischen Missbrauch empfunden hat.

> »Also ich selber war seinen Argumenten eigentlich damals nicht gewachsen, weil er für mich sozusagen als Pfarrer 'ne theologische Autorität darstellte. Ja. Aber was, finde ich, deutlich wird durch diese Aufzeichnung, dass es ein Abhängigkeitsverhältnis war und wirklich ein seelischer und spiritueller, körperlicher und geistlicher Missbrauch.«

Der Kontakt zu ihm bleibt bestehen, nachdem Wiebke S. die Familie verlassen hat. Sie besucht die Gemeinde regelmäßig, weil sie dort in einem Jugendkreis Kontakte geknüpft hat, und übernachtet im Pfarrhaus. Als Wiebke S. 1981 mit zum Kirchentag nach Hamburg fährt, kommt es zu weiteren körperlichen Übergriffen. Sie äußert den Verdacht, dass die Kirchentage für Rolf R. häufiger eine Gelegenheit boten, sexuell zudringlich zu werden, weil er sich nicht im häuslichen Umfeld aufhielt und somit nicht kontrolliert wurde.

Sie erinnert sich allerdings auch daran, dass sie einmal mit einer Freundin bei ihm zu Hause übernachtet, und er nachts das Zimmer betritt und sich zu ihrer Freundin ins Bett legt, die danach völlig verstört war:

> »Er hat sie angefasst, ja, also es ist jetzt irgendwie nicht zum Beischlaf, glaub ich, gekommen, aber er hat sich zu ihr ins Bett gelegt. Er hat sie gestreichelt,

ja, er hat zu ihr irgendwie gesprochen, und sie [...] wusste gar nicht, was sie machen sollte.«

Hier geschieht ein unvermittelter sexueller Übergriff auf eine Person, die vorher keinerlei Kontakt zu dem Pfarrer hat. Eine Anbahnungsphase wie bei den anderen Fällen findet nicht statt – das zeigt ein gesteigertes Maß an Distanzlosigkeit. Dass die beiden Frauen sich niemandem anvertrauen, zwar über den Missbrauch miteinander sprechen, aber niemanden informieren, zeigt deren Verunsicherung. Der in der Gemeinde beliebte Pfarrer ist eine Autorität, sein Image scheint unangreifbar.

Die Pfarramtssekretärin in Blauberg wird für Wiebke S. zu einer Vertrauensperson Die Sekretärin ahnt mindestens etwas, deckt aber den Pfarrer und »himmelt« ihn vor allem unkritisch »an«. Wiebke S. ist sich sicher, dass sie etwas weiß, aber unbedingt loyal bleiben will, da sie in einem Abhängigkeitsverhältnis steht. Als die Sekretärin vom Disziplinarausschuss verhört wird, streitet sie ab, etwas von Beziehungen zwischen Pfarrer R. und jungen Mädchen gewusst zu haben. »Irgendwie hatte man manchmal das Gefühl, ja, sie ist in einer Co-Abhängigkeit auch drin.« Kurz bevor Wiebke S. die Familie verlässt, bringen eine weitere Haushaltshilfe und die Gemeindeschwester sie zu den AC und Heiner Richter, der Wiebke S. ihrer Wahrnehmung nach geradezu inquisitorisch verhört und detailliert nach dem sexuellen Verhältnis fragt. Statt Verständnis für ihre schwierige Situation zu zeigen, entlässt er sie mit den Worten, sie solle sich die Haare abschneiden und Rolf R. gegenüber die Beziehung eindeutig beenden.[10] Er selbst gibt an, die Sache an Oberkirchenrat D. im Landeskirchenamt weitergeben zu wollen.

10 Frauen aufgrund sexueller Verfehlungen die Haare abzuschneiden war lange Zeit eine gängige Praxis.

Ob Rolf R. danach vorgeladen wird, ist unklar. Im Archiv finden sich dazu keine Aufzeichnungen. Die Gemeindesekretärin signalisiert Wiebke S., dass es eine Reaktion vom Oberkirchenrat gegeben habe, Rolf R. sich aber anscheinend als Opfer des Ganzen sehe: »Also andere wollen ihm jetzt Böses, die kennen, verstehen jetzt diese Form von Freiheit irgendwie nicht und er wird ja jetzt dadurch an seinem Dienst und an seinem Charisma gehindert.« Trotzdem bleibt die Beziehung auch bestehen, nachdem Wiebke S. Blauberg verlassen hat. Wiebke S. wird gebeten, die Patenschaft für ein weiteres Kind zu übernehmen, und besucht die Familie auch weiterhin.

Gelegenheiten, sich mit Rolf R. zu treffen, gibt es bei Freizeiten und Seminaren. Dabei bleibt unklar, ob irgendwelche Maßnahmen der Kirchenleitung spürbar wurden – Wiebke S. vermutet, dass es ein Gespräch und eine Verwarnung gegeben habe. Sie berichtet außerdem, dass es einen Fall mit einer Jugendlichen gegeben habe, bei dem sich die Eltern an die Kirche gewandt hätten:

> »Also, da haben nochmal Eltern, ja, etwas erfahren und sind aktiv geworden. Ja, da hätte die Kirche dann. Ja, also ich hab' am Rande immer mitbekommen, aha, da gibt es Menschen, die unternehmen jetzt was, die wenden sich an die Kirche, aber letztendlich folgte daraus jetzt nicht, dass er vom Dienst suspendiert worden wäre oder auch überhaupt nicht, dass wir jetzt eingeladen worden wären, ja, dass irgendjemand mal gesagt hätte: ›Jetzt wollen wir mal gucken, wer ist denn da irgendwie beteiligt, was passiert denn da?‹ Ja. Also, wir als Betroffene,

> als Opfer spielten im Bewusstsein da eigentlich keine Rolle, ne. Also es ging dann eher so darum, aha, um ihn und nicht um Opferschutz, oder so. Ja, leider was ganz Typisches. Also, wie kann man jetzt Schaden abwenden von der Gemeinde, ein so beliebter Pfarrer, ja.«

In den Akten ist jedoch nichts dergleichen auffindbar. Der Ruf der Kirche und der Gemeinde scheinen Priorität vor einer Aufklärung der Vorfälle gehabt zu haben, eventuell wird das Verhalten des Pfarrers auch nicht als gravierendes Fehlverhalten eingestuft. Mit der Zeit wächst bei Wiebke S. das Gefühl, dass es so nicht weitergehen kann und die Beziehung keine Zukunft hat. Auch hat sie gegenüber Frau R. ein schlechtes Gewissen. Sie ergreift die Gelegenheit, nach dem Abitur ein Jahr ins Ausland zu gehen und die Beziehung abzubrechen. Nach dem Auslandsaufenthalt beginnt sie ein Theologiestudium und besucht die Familie, die nach dem Wechsel der Pfarrstelle jetzt an einem anderen Ort lebt, ein letztes Mal. Nach dem Besuch legt sie schriftlich ihr Patenamt nieder. Wiebke S. ist sich sicher, dass Frau R. von den Beziehungen ihres Mannes etwas geahnt hat. Inge R. habe sie nie direkt darauf angesprochen, allerdings brieflich ermahnt, ihrem Mann keine Avancen zu machen.[11]

Eine weitere Person, die etwas bemerkt hat, ist die Mutter von Wiebke S. Sie nimmt Kontakt zu einem befreundeten Pfarrer auf, der ihr verspricht, den Vorfall dem Landeskirchenamt zu melden. Zusätzlich verbietet die Mutter ihrer Tochter, weiter zum Pfarrer zu fahren. Über die Beziehung sind damit zahlreiche Personen

11 Vgl. Kap.3. Der Brief wird dort inhaltlich dargestellt. Er zeigt, dass Frau R. mindestens etwas ahnte.

informiert: Heiner Richter von den AC, Oberkirchenrat D., der mehrfach angerufen worden sein muss – von Herrn Richter, aber auch von den Eltern der betroffenen Jugendlichen oder von dem zuständigen Dekan, sowie von dem mit der Mutter von Wiebke S. befreundeten Pfarrer.

Wiebke S. gibt an, immer versucht zu haben, aus der Beziehung auch theologisch etwas mitzunehmen, d.h. eine inhaltliche Auseinandersetzung zu führen:

> »Also, ich glaube, dass es ganz besonders perfide ist, weil er nicht aufgetreten ist jetzt als nur einer, der ja jetzt seine Bedürfnisse befriedigt, ne, sondern er ist immer aufgetreten als ein Mensch, der geistlich lebt, der biblisch-theologisch was zu sagen hat, und der auch sich als Gesprächspartner anbietet und quasi das genutzt hat, ja, um dann letztendlich auch seine sexuellen Bedürfnisse zu befriedigen, ne.«

(Das Interview wurde im Sommer 2022 geführt.)

»Als würd' ich in einem Nebelsumpf drinstecken« – Die Geliebte Karla F.

Das Interview wurde im Haus von Karla F. geführt. Sie kannte Rolf R. aus ihrer Zeit bei den AC. Während der Blauberger und der Bergedorfer Zeit hatte sie ein Verhältnis mit ihm, das sich auf wenige Treffen im Jahr und gelegentliche Telefonate beschränkte.

Karla F. geht gleich zu Beginn des Gesprächs *in medias res* und nennt Gründe, weshalb sie als verheiratete Frau Geliebte eines verheirateten Mannes wurde. Das Gespräch mit ihr wirkt stark dramaturgisch gestaltet. So spricht sie zunächst von dem »wahnsinnigen Vertrauensvorschuss«, den Rolf R. hatte, weil er zu den AC gehörte und er während ihrer Zeit als Mitglied des »inneren Kerns« phasenweise ihr Seelsorger war. Er war ihr also aus einem Vertrauen begründenden Kontext bekannt. Als zweiten Grund für die Bereitschaft, eine Beziehung zu Rolf R. einzugehen, nennt sie, dass sie selbst »infiltriert [worden sei] mit dieser grenzenlosen sexuellen Freiheit, sexuelle Revolution, '68er«. Jedoch habe sie sich mit dieser sexuellen Freiheit selbst sehr geschadet, woraus ihr Entschluss resultierte, zu den AC zu gehen.

Diese Dramatik findet sich auch in der Darstellung ihrer Gefühle bezüglich ihrer Eheschließung wieder: Nach dem Aufenthalt bei den AC heiratet sie ihren jetzigen Mann, weil er »grundanständig, ehrlich [sei] und unglaublich viel Halt mir gegeben hat«. Ihr ist aber von Anfang an klar, dass ihr in dieser Ehe auch etwas fehlen wird, und schildert einen Traum, den sie vor der Hochzeit gehabt habe: »Ich ziehe ein Hochzeitskleid an, das färbt sich zur Hälfte schwarz, ich steige in einen Sarg und der Deckel wird zugeklappt.« Obwohl sie ihren späteren Mann seit Schulzeiten kennt und ihn als wunderbaren Menschen charakterisiert, trennt sie sich zunächst von ihm, weil er sich nicht zwischen ihr und seinen Eltern entscheiden kann. Seine Eltern lehnen Karla F. ab, weil sie ein Flüchtlingskind ist. Karla F. beginnt ein Studium an einer Kunstakademie.

Dort kommt es zu einer Sinn- und Lebenskrise, die sie zu den AC führt, bei denen eine Freundin von ihr lebt. Sie selbst kommt zwar aus einem frommen katholischen Elternhaus, rebelliert aber gegen diesen Glauben. Während der Schulzeit liest sie Timothy Leary und lässt sich auf das Experiment eines LSD-Trips ein, der zu einer Begegnung mit Satan geführt habe. Sie habe sich mit dem Vaterunser als Gebet zur Wehr gesetzt. Danach ist sie von der Existenz Gottes überzeugt.

Während des Studiums verliebt sie sich in einen zehn Jahre älteren Mann, der sich von ihr trennt und sie selbstmordgefährdet zurücklässt: »Und dann stand ich vor der Wahl – entweder ich bring' mich jetzt selber um, [...] oder ich besuche meine Freundin, die bei den AC gelandet ist.« Als sie ihre Freundin dann tatsächlich besucht, begegnet sie lebendigem Glauben. Sie bewundert die dortige Gebetsgemeinschaft. Bei ihrer Ankunft ist sie nach eigenen Aussagen »wirklich traumatisiert«, »höchstgradig depressiv«. Der Aufenthalt in der Gemeinschaft hilft ihr, obwohl sie die Mitglieder eigentlich als »viel zu bieder« empfindet. Die konkrete Frage nach dem Gebrauch von Alkohol, dem Genuss von Zigaretten und nach Sex unter den jungen Mitgliedern der AC verneint sie. Rauchen, Alkohol und Sex seien verboten gewesen und daran habe man sich strikt gehalten. Außerdem hätten die Mitglieder des »inneren Kerns« keine Beziehungen untereinander eingehen dürfen. Karla F. findet in dieser Gemeinschaft Halt. Zu Rolf R. hat sie in dieser Zeit nicht viel Kontakt und ist überrascht, als er sie nach ihrer Zeit bei den AC bittet, Patin für eines seiner Kinder zu werden. Die Initiative geht von ihm aus:

> »Und – das war mir ganz unangenehm, ich weiß noch, dass ich da ganz ganz schwer mit mir gerungen habe, weil ich dieses Klima – ich bin ja feinfühlig – [...] – also ich hab' einfach gespürt, in dieser Familie stimmt was nicht und des is' unglaublich, mir fehlen einfach die Worte – als würd' ich in einem Nebelsumpf drinstecken. Da war keine Freiheit und keine Fröhlichkeit. [...] Und, das – also wie gesagt – ich hab' mich nicht getraut, Nein zu sagen.«

Sie sagt zu und bekommt kurz danach das Angebot, für das Gemeindezentrum ein Mosaik zu gestalten. Die AC hat sie da schon seit einem halben Jahr verlassen, hat im Ausland studiert und anschließend ein Lehramtsstudium aufgenommen. Das Studium an der Kunstakademie führt sie nicht zu Ende. Während sie an dem Mosaik arbeitet, übernachtet sie im Pfarrhaus. Wie Rolf R. ist auch sie zu dieser Zeit bereits verheiratet, aber, wie sie betont, »wahnsinnig unglücklich«.

Als Rolf R. ihr schließlich seine Liebe gesteht, fällt sie aus allen Wolken. Sie selbst hat ihn, so stellt sich rückblickend fest, während der Zeit bei den AC nicht als attraktiv wahrgenommen, erinnert sich aber an seine Predigten, seine Bibelarbeiten und seine Theologie, von der sie lange gezehrt habe. Die Haltung, dass man die Liebe Gottes täglich weitergeben müsse, habe er auch gelebt, »alttestamentarisch«, »so König-David-mäßig«. Sie erinnert sich auch an eine Bibelarbeit, in der er gesagt habe, niemand solle denken, dass sexuelle Probleme durch die Ehe gelöst würden und eine Ehe alle Bedürfnisse eines Menschen befriedigen könne. Die so formulierte Haltung von Rolf R. wird für Karla F. offenbar zu einer Rechtfertigung für den Ehebruch, den beide begehen:

> »Und ich bin halt davon ausgegangen, er ist unglücklich verheiratet. Das habe ich ja gemerkt, ich bin unglücklich verheiratet, also würden wir beide uns irgendwie stärken, also es kam für mich überhaupt nicht in Frage, mich scheiden zu lassen. Ich hätte damals meine Identität als Christ verloren. Ich hab' ein Eheversprechen – das ist für einen evangelischen Christen [...] schwierig, weil es is' kein Sakrament, für einen katholischen Christen ist es ein Sakrament.«

Nach ihrem Verständnis ist die Ehe ein Sakrament und unauflöslich. Sie kann sich darum nicht von ihrem Mann trennen, lässt sich aber auf die Beziehung zu Rolf R. ein, weil ihr Mann ihrem Empfinden nach »seelisch nicht gewachsen« sei und sie sich ihm »nicht hingeben« könne. Offenbar reicht ihr seine Spiritualität nicht aus, weshalb sie eine tiefere geistliche Erfahrung außerhalb ihrer Ehe sucht. Die Anziehung, die Rolf R. auf sie ausgeübt habe, sei darum auch keine in erster Linie erotische gewesen. Sie treffen sich vier- bis fünfmal im Jahr in einer Wohnung, die ihr eine Freundin aus dem Umkreis der AC zur Verfügung stellt. Diese teilt Karla F. später mit, dass sie ebenfalls zur selben Zeit ein Verhältnis mit Rolf R. gehabt und dieser sie dazu überredet habe, ihre Wohnung zur Verfügung zu stellen.

Als Rolf R. seine zweite Pfarrstelle in Bergedorf innehat, gestaltet Karla F. die Fenster der dortigen Kirche, übernachtet jedoch nie im Pfarrhaus. Als intimer Treffpunkt dient weiter die Wohnung der Freundin.

Interviewerin: »Die hat dann ihre Wohnung für Sie freigemacht?« Karla F.: »Und war vorher dann mit ihm im Bett. [...] Oder hinterher.«

Karla F. bemerkt dazu weiter:

> »Das war hart, und ich hätte es merken müssen. Das mach' ich mir hinterher zum Vorwurf, weil ich einmal einen Blick gesehen hab', und ich hab' nicht nachgefragt. Also ich hab' [...] gesehen, wie sie ihn unglaublich verwundet anblickt. [...] Und hab's verdrängt.«

Ihre Freundin, so Karla F., sei zeit ihres Lebens ledig geblieben und habe eine langjährige Beziehung zu Rolf R. gehabt.[12]

Karla F. beschreibt nun die Ehefrau Inge R. als »permanent überfordert«, »unglaublich kontrollsüchtig«. Sie erinnert sich an eine Szene bei einem Gemeindefest, bei der Inge R. ihrem Mann den Teller gegen seinen Willen wieder gefüllt habe: »Sie hat ihm voller Wut was draufgetan, auf den Teller.« Rolf R. beschreibt sie als »konfliktscheu«. Nachdem sie sich von ihm getrennt hat und ihre Freundin, der sie von der Trennung erzählt, daraufhin ihre eigene Beziehung zu Rolf R. offenbart, trifft sie sich noch einmal mit ihm und fragt nach anderen Beziehungen. Er bestreitet, andere Beziehungen zu haben.

Karla F. erzählt, wie sehr ihr Mann es als Vertrauensbruch aufgefasst habe, als sie ihm Jahre später von ihrer Beziehung zu Rolf R. berichtet habe. Dieser Teil ihrer Schilderung ist begleitet von Selbstvorwürfen. Sie habe das Leben ihres Mannes »sozusagen ruiniert«, »seinen Traum zerstört«. Andererseits ermöglicht sie es ihm, erfolgreich Karriere zu machen.

Nachdem Karla F. ihrem Mann die Affäre gestanden hat, wenden beide sich an die AC. Es gelingt dem Leiter der AC, Heiner Richter, ein seelsorgerliches Gespräch mit ihnen zu führen, das es ihnen ermöglicht, ihre Ehe fortzuführen.

12 Diese Frau ist bereits verstorben, so dass ein Interview mit ihr nicht möglich war.

Rolf R. wird von Karla F. als eher still und zurückhaltend beschrieben. In Gesellschaft habe er nichts zu sagen gehabt und im Gottesdienst »aufgedreht«. Gleichzeitig beschreibt sie ihn jedoch als »dominant«: »Also, ich bin überzeugt, dass er dachte, dass er den Frauen Gutes tut. [...] Da bin ich überzeugt von.«

Ihr ist klar, dass diese Aussage relativ absurd anmutet, betont aber ihre Überzeugung, dass Rolf R. ein eigenes Narrativ für sein Verhalten gehabt habe. Erneut beschreibt Karla F., wie sehr ihr Ehebruch ihren Mann geschädigt habe und sein Leben auch dann noch bestimmte, als sie die Affäre längst hinter sich gelassen habe. So wird sie fortwährend mit ihrem Verhalten konfrontiert. Dieser schwelende Konflikt ist der Grund, warum sich Karla F. überhaupt auf das Interview eingelassen hat.

Im Nachgang des Interviews erreicht mich eine Mail von ihr, die nochmals die Faszination verdeutlicht, die Karla F. für Rolf R. empfunden hat. Zum einen ist es das Geheimnisvolle und Raubtierhafte, zum anderen jedoch die Verehrung einer geistlichen Autorität, eines Charismas:

> »Vielleicht sollte ich noch erwähnen, dass mir R.R. in meinen Träumen als Schwarzer Panther erschienen ist. Schwarz ist wohl der Farbe des Talars geschuldet ... Das lautlose Anpirschen und Anschleichen gehört zum Wesen dieses Tieres. Aber ich muss zugeben, dass ich auch stolz darauf war, mit dieser gefährlichen Raubkatze umgehen zu können.
> In unserem Abschiedsgespräch warf er mir vor, warum ich ihn nicht daran gehindert habe, die Beziehung zu mir einzugehen. Damals erschien es mir wie ein Abschieben der Verantwortung. Heute denke ich, dass ihm nicht klar war, dass er als eine Art ›religiö-

ser Guru‹ verehrt wurde … jedenfalls von mir und den Frauen, die ich kannte …«.

(Das Interview wurde im März 2023 geführt.)

Die langjährige Lebensgefährtin Beate K.: »Wir haben Hand in Hand gearbeitet.«

Das Interview findet im Haus eines mit Beate K. befreundeten Ehepaares statt, weil sie sich dort nach eigener Aussage sicherer fühlt. Beate K. hat Fotos aus ihrer Zeit als Haushaltshilfe in der Pfarrfamilie R. mitgebracht und eine Broschüre über die AC. Sie möchte die Transkription vor der Auswertung lesen und streicht drei kleinere Passagen.
Beate K. hat bereits den Umzug der Familie nach der Zeit bei den AC begleitet. Sie war vor Wiebke S. zwei Jahre lang als Haushaltshilfe in der Familie beschäftigt. Zehn Jahre arbeitete sie ehrenamtlich in der Gemeinde in Blauberg mit. Sie ist ebenfalls Patin eines der Kinder des Pfarrers und seiner Ehefrau. Auch in der Gemeinde, in die Rolf R. nach seiner Zeit in Blauberg wechselt, hilft sie regelmäßig ehrenamtlich mit. Nach der Scheidung war sie Rolf R.s Lebensgefährtin und hat ihn während seiner schweren Krankheit bis zu seinem Tod begleitet.

Beate K. kommt bereits in den 1970er-Jahren und somit vor Wiebke S. als Haushaltspraktikantin in die Familie und unterstützt diese beim Umzug von den AC in die neue Gemeinde in Blauberg. Sie schildert Rolf R. als großzügigen Menschen – im Gegensatz zu seiner Frau, von der sich Beate K. gedemütigt fühlt. Um zu verdeutlichen, was sie meint, zitiert sie die Worte von Frau R.: »Denk dran, dass du das, was du hier machst, nicht für uns machst, sondern für den Herrn.«

Beate K. charakterisiert Frau R. als »super fromm« und gleichzeitig auch als herabsetzend. Sie kann ihr bei der Arbeit vieles nicht recht machen. Beate K. gerät darum am Anfang in Versuchung, ihr Haushaltsjahr früher zu beenden. Es ist Rolf R., der sie dazu bewegt, doch noch zu bleiben. Sie erinnert sich an die Worte: »›Ich bin auch als Mensch und Seelsorger jederzeit zu sprechen‹. Mehr nicht, das war alles und war für mich der Grund, dass ich geblieben bin.« Beate K. bleibt zunächst nur ein dreiviertel Jahr. Da sie in Blauberg während ihres darauffolgenden Studiums in der Gemeindearbeit aktiv ist, hält sie den Kontakt. Sie gestaltet mit Rolf R. gemeinsam Jugendabende, zu denen christliche Bands eingeladen werden, zudem gibt es viele Jugendkreise und gemeinsame Konfirmand*innenfreizeiten. Auch in der zweiten Pfarrstelle besucht sie die Familie und unternimmt viel mit den Kindern.

Sie schildert Rolf R. als hochmusikalischen, hochintelligenten Menschen, der Bibeltexte »sehr eigen und originell« interpretiert und die Gabe der Zungenrede besessen, diese aber nur im Gebet und nicht öffentlich praktiziert habe. Sie erinnert sich auch, dass er ein hervorragender Koch war. Sie habe das Kochen bei ihm gelernt.

Über die Ehe weiß Beate K. nur, dass sie nicht gut war und dass sich viele darüber wunderten, dass ein Kind nach dem anderen kam. »Aber ich vermute, dass das auch so der Versuch war, noch was zu retten. Ja. Was man immer sagt. Ja. Weil jedes Kind auch wirklich gewünscht und gewollt war.« Beate K. ist der Meinung, dass die vielen Kinder des Paares daher rühren, dass sie »irgendwie Geschmack an den vielen Kindern« gefunden haben und zudem dafür bewundert wurden. Sie erinnert sich, wie sehr es sie selbst gefordert habe, als gerade 19-Jährige für die gesamte große Familie zu kochen. An ihrem freien Tag muss sie in einem Kochbuch lesen und beim Abendessen erzählen, was sie gelernt hat. Der Kontakt des Pfarrers zu seinen Kindern ist nicht besonders eng. So erinnert sich Beate K. daran, dass er nicht weiß, was seine Kinder lesen, als sie ihn danach fragt, weil sie einem Sohn ein Buch zum Geburtstag schenken will.

Beate K. weiß sowohl von den Krankheiten des Pfarrers als auch von seinem Alkoholismus und dass es einen Zeitpunkt gab, an dem er fast an Leberversagen gestorben wäre. Nach dem Alkoholentzug trennt sich Rolf R. von seiner Ehefrau. Dies bringt Beate K. mit der Therapie in der entsprechenden Klinik in Zusammenhang. Danach haben Beate K. und er engeren Kontakt, leben aber nicht zusammen. Dies ist den moralischen Verpflichtungen des Pfarramts geschuldet, denn Ende der 1990er-Jahre ist das unverheiratete Zusammenleben im Pfarrhaus noch nicht möglich. Zudem wurde Rolf R. erst 1999 geschieden. Es klingt an, dass Beate K. sich eine verbindlichere Beziehung hätte vorstellen können.

Letztlich ist sie es, die R. in den letzten drei Wochen seines Lebens gemeinsam mit einem seiner Söhne beim Sterben begleitet. Fünfzehn Monate davor gibt es einen gemeinsamen Urlaub auf Kreta, bei dem seine Krankheit sich bereits bemerkbar macht. Sie berichtet von der letzten Zeit: »Vierzehn Tage vor seinem Tod sagt er: ›Ich merk', ich sterbe jetzt, aber es ist gut so.‹« Seinen letzten Geburtstag kann er noch mit ihr feiern, stirbt aber eine gute Woche später. Beate K. ist die ganze Zeit an seiner Seite. Er will auf keinen Fall in ein Krankenhaus, weil er nicht krankenversichert ist. Sie übernimmt Arztrechnungen in Höhe von mehreren tausend Euro für ihn. Die Hausärztin beteiligt sich an der Betreuung. Einer seiner Söhne, der eigentlich nur zu Besuch kommen wollte, bleibt ebenfalls bis zum Tod, weil Beate K. ihn darum bittet:

> »Und ja, das, es war eine sehr innige Zeit. Wir haben auch ganz viel gelacht in dieser Zeit und noch ganz viel Besuch gehabt von den Kindern. Ja. Alle waren da, alle haben ihn nochmal gesehen. Toll. Auch die Enkel. Es war 'ne ganz intensive letzte Zeit, aber auch ein ganz schwieriges halbes Jahr.«

Beate K. fragt noch, wie es sein kann, dass die Kirche jemanden so fallen lassen könne. Dass ihr Lebensgefährte gerichtlich wegen sexueller Übergriffe an einer Minderjährigen verurteilt worden ist, blendet sie anscheinend entweder aus oder hat es für sich relativiert.

Ihr sei bis heute unklar, was wirklich vorgefallen sei. Offensichtlich hat die Tatsache, dass gerichtlich nicht festgestellt werden konnte, bei welchem Urlaubsaufenthalt die ersten Übergriffe stattgefunden hatten, sie von der Unschuld ihres Lebensgefährten überzeugt. Bei seiner Anhörung vor dem Disziplinarausschuss sagt sie für R. aus.

Sie weiß, dass es heute undenkbar wäre, jemanden, der unter einem solchen Verdacht steht, als Betreuer zu einer Jugendfreizeit mitzunehmen. Sie berichtet von Schulungen, die es in ihrem eigenen Berufsfeld gegeben habe, in denen für sexuelle Übergriffe sensibilisiert wurde. Für sie ist auch klar, dass mittlerweile eine Sensibilisierung für sexuelle Gewalt stattfindet, und relativiert damit für sich die Anklagen der anderen Betroffenen:

> »Jetzt ist die Plattform geschaffen und man kann natürlich auch niemand verdenken, der dann plötzlich merkt, ja, ich bin mit dem, was mir widerfahren ist, auch wenn ich damals selbst verliebt war oder selber auch das gut gefunden hab', trotzdem im Nachhinein ist mir da vielleicht etwas genommen worden auch von meiner Möglichkeit der Entfaltung oder selber andere Erfahrungen zu machen, und dann hat man natürlich die Plattform, zu kommen und zu sagen, also ja.«

Eine Erklärung für Rolf R.s Verhältnisse mit Frauen hat sie nicht, meint jedoch, dass er hätte therapiert werden müssen, und deutet sein Verhalten als psychische Erkrankung. Auf keinen Fall sei es »Sexsucht« gewesen: »Er hat nie in erster Linie seine eigene Befriedigung gesucht.« Vielmehr sei es ihm darum gegangen, Frauen glücklich zu machen. Die Therapie während des Alkoholentzugs habe er abgebrochen und sei nicht zu einer weitergehenden Behandlung bereit gewesen. Beate K. deutet dies als »typisch [für] die Generation. Ja. Ja. Männer.« Sie erwähnt das vaterlose Aufwachsen Rolf R.s sowie die Rolle der Mutter, die ihn »vergöttert« und dadurch geprägt habe: »Er musste wirklich der liebe Brave sein, der seine Mutter beglückt, der eigentlich lebt, um seine Mutter zu beglücken.«

Sie beschreibt sein Charisma bei den AC und dass andere sie um ihre Stelle als Haushaltspraktikantin beneideten:

> »Also der große RR wurde er von manchen genannt, 'ne. Und ich hatte auch bei manchen dann auch wirklich das Gefühl, dass ich total beneidet war darum, dass ich in diesen inneren Bereich des großen RRs wirklich jetzt auch richtig Einblick hab' und da sein darf.«

Sie erwähnt, dass Frau R. ursprünglich katholisch war und die Ehe für sie deshalb einen ganz anderen Stellenwert gehabt habe als für ihren Mann. »Sie hätte sich nie getrennt.« Die beiden lernten sich wohl auf einer Tagung der Rothenfelder Schwestern kennen, für Beate K. ist klar, was passiert ist:

> »Die Ehefrau hat erzählt, sie ist auf diese Tagung gegangen und hat vorher gebetet, dass sie, wenn sie auf dieser Tagung keinen Mann findet, dass sie

> dann Schwester wird. Ja. Und dann war Rolf auf der Tagung. Und Rolf sagt im Nachhinein: ›Ich bin geheiratet worden.‹ [...] Er sagte: ›Es ging natürlich sehr von ihr aus, weil sie nicht Schwester werden wollte, natürlich nach 'nem Mann Ausschau gehalten hat.‹«

Die Frau ist, so die Pointe dieser Stellungnahme, selbst schuld an ihrer Situation. Der Mann ist geheiratet worden. Zugleich fällt ihr ein, dass Rolf R. sich bereits während seines Schüleraustauschs in den USA in eine Koreanerin verliebt hat, die er nicht heiraten darf, weil seine Mutter nicht will, dass er nach Korea geht. Zu dieser Frau hat er später jedoch noch Kontakt. Beate K. hat bei der Wohnungsauflösung Briefe gefunden: »Da gab's noch 'nen Kontakt, ja. Der war auch nicht ganz offen.« Als Schwäche benennt sie zudem seine Konfliktscheu. Er darf nicht kritisiert werden.

Dass sie seiner Definition von Liebe und Treue folgt, wird deutlich, wenn sie ihr eigenes Verhältnis zu ihm folgendermaßen charakterisiert:

> »Ja, immerhin zur Liebe gehört jetzt auch die Definition von Treue, ich weiß nicht, wie es definiert war, aber Treue war für ihn eigentlich wie beim Kleinen Prinzen von Exupéry: Was ich mir vertraut gemacht hab', dafür sorg' ich mein Leben lang. Aber – ich kann mehrere haben, ja, die ich mir vertraut gemacht habe. Also ich wusste 200%ig, er wird sich nie von mir trennen, gar nie. War ich mir ganz, ganz sicher. Was Sichereres gab's nicht in meinem Leben. Ich hab' gedacht, wenn ich mich trenne, dann ich mich. Aber das war für mich auch klar, dass ich das nicht mach'. Aber es wär' von ihm nie, gar nie gekommen.«

Für Beate K. ist klar, dass für Rolf R. das Nebeneinander mehrerer Beziehungen kein Problem ist. Treue definiert sie – frei nach dem Kleinen Prinzen – als Vertrautheit, die man auch zu mehreren Menschen gleichzeitig haben kann und die insofern überhöht wird, als sie als unverbrüchlich beschrieben wird: »Er hätte sich nie, gar nie getrennt«. – Das »gar nie« fällt in der kurzen Passage gleich zweifach.

Genauso wie die ehemals katholische Ehefrau, für die die Ehe ein Sakrament war, kann oder will sie Rolf R. ebenfalls nicht verlassen. Stattdessen begleitet sie ihn tatsächlich bis zu seinem Lebensende.

(Das Interview wurde im November 2022 geführt.)

3.2 Interviews mit Bystander*innen

Die sog. »Bystander*innen« stellen neben den Beschuldigten und den Betroffenen die dritte Gruppe in einem Missbrauchsgeschehen dar. Der Anglizismus »Bystander*in« wird zwar gelegentlich mit »Zuschauer*in« übersetzt, jedoch hat sich der Begriff bereits im deutschen Sprachraum als Fachterminus etabliert. Von Bernhard Frings und David Rüschenschmidt übernehme ich folgende Definition: Bystander*innen sind

> »diejenigen Personen und Gruppen, die mindestens eine bestimmte Ahnung (implizites Wissen) oder sogar konkreteres (explizites) Wissen über Missbrauchstaten in ihrem Umfeld hatten und potenzielle oder faktische Ansprechpersonen für die Betroffenen darstellten. Wenn überhaupt, ließe sich der Begriff am besten wörtlich mit ›Umstehende‹ als passive Mitwissende, Mithörende, Mitsehende übersetzen.«[13]

Die von mir interviewten Personen sind insofern Bystander*innen, als sie zwar etwas registriert haben, aber keine konkreten Verdachtsmomente verifizieren konnten bzw. dies auch gar nicht versucht haben. Mehrfach bemerkt man das Bestreben, über eine verstorbene christliche Person nichts allzu Negatives sagen zu wollen.

13 Bernhard Frings, David Rüschenschmidt, Bystander, in: Bernhard Frings u. a. (Hgg.), Macht und sexueller Missbrauch in der katholischen Kirche. Betroffene, Beschuldigte und Vertuscher im Bistum Münster seit 1945, Freiburg i.Br. u. a. 2022, 395-407; hier: 395.

»Damals haben wir nicht gewusst, dass Gnadengaben und Charakter nicht identisch sind.« – Die Zeit bei den Alternativen Christen

Das Gespräch mit Reinhilde M. wurde in einem neutralen Raum der AC geführt. Reinhilde M. gehört der Gemeinschaft seit den 1970er-Jahren bis heute an. Sie hat nach wie vor sporadisch Kontakt zur Ex-Frau Rolf R.s und vermittelte den Kontakt zur ehemaligen Geliebten Karla F., der ohne sie nicht zustande gekommen wäre.

Reinhilde M. erinnert sich an die erste Zeit der AC, denen sie selbst mit ihrem Mann und den Kindern seit 1972 angehört. Während sie und ihr Mann Hauseltern sind für die jungen Menschen, die dort leben wollten, hat Rolf R. mit seiner Familie eine Wohnung außerhalb. Reinhilde M. selbst nennt dafür keine Gründe, konnte aber offensichtlich zu dem Ehepaar keinen wirklichen Kontakt knüpfen:

> »RR war jung, sehr still, eher stumm [...], also sehr kommunikationsschwach. [...] Er saß am Tisch und konnte nicht einmal den Mund aufmachen. Was ja im Gegensatz zu dem war, wie wir lebten. Wir lebten ja Tischgemeinschaft und der Tisch war ein wichtiger Kommunikationsort. [...] Er war immer still. Kann mich – also stumm fast. [...] Und – war aber, konnte 'n paar Dinge – und wenn er öffentlich redete, also wenn er Bibelarbeiten hielt, war er wirklich wie 'n verwandelter Mensch. War er anders. [...] Da leuchtete was, da war er – da war auch was Faszinierendes. Er hatte eine wunderschöne Sprache.«

Durch Rolf R.s Gottesdienste und vor allem seine Predigten – so erinnert sich Reinhilde M. – seien Menschen zum Glauben gekommen, denn er habe das Charisma der Verkündigung besessen, die sie als Gnadengabe bezeichnet. Reinhilde M. erklärt, sich mittlerweile darüber bewusst zu sein, dass Gnadengabe und Charakter nicht identisch sind. Sie resümiert: »Aber er war menschlich sehr arm.« Reinhilde M. beschreibt Frau R. als ebenfalls kommunikationsschwach, als »bildschön und leer«. Sie meint: »Fromm war sie, ich glaub, sie war fromm.« Das Gefühl einer Nicht-Erkennbarkeit erwähnt sie mehrmals im Interview: Mit Inge R. könne man nicht reden, sie sei »einfach nur ›ne Maske‹«, lächelnd, aber »dick verpanzert« und wirke – nach Reinhilde M.s Beobachtung – mit Kind auf dem Arm wie eine »Ikone«, sei dann offenbar »mehr wert«. Sie habe außerdem einen »sauautoritären Vater gehabt«. Zudem habe man die beiden nie als Paar, als Einheit wahrgenommen:

> »Ich denke, sie [die Ehe, UG] war von Anfang an schräg. [...] falsch eingefädelt, irgendwie. Sie war von Anfang an, jemand sagte das mal: ›Er hat die I. aus Trotz gegen seine Mutter genommen.‹ Die Mutter war ganz gegen die I.«

Reinhilde M. erinnert sich, dass Rolf R.s Bibelarbeiten ausgezeichnet waren und sich alle um die Teilnahme daran »gerissen« hätten, weil sie »spannend« gewesen seien und er gut habe reden können, wirklich »charismatisch« gewesen sei. Diese charismatische Ausstrahlung nimmt Reinhilde M. allerdings ausschließlich während der Gottesdienste und Bibelarbeiten wahr, ansonsten sei sie nicht spürbar. Für Reinhilde M. war Rolf R. als Mann nie attraktiv. Auf Nachfrage präzisiert sie: Die jungen Mädchen seien auf ihn geflogen, die Frauen aber nicht. Ihre Schwester, die ebenfalls in dieser

Zeit bei den AC lebte, habe, als sie von dem Interview hörte, gesagt: »›RR? Ich krieg' heut' noch's Kotzen, wenn ich an ihn denke. Der hatte so eine schmierige Ausstrahlung.‹ Die hat es, die hat da was gemerkt vielleicht von diesem Flirtvorgang.« Ihre Schwester habe ihn als »grenzüberschreitend« wahrgenommen, als »übergriffig«, weil sie hochsensibel sei.

Die AC empfinden sich als Gegenbewegung zum 68er-Zeitgeist. Dazu gehört eine allen kommunizierte Sexualmoral – Mitgliedern, die sich für ein Jahr der Gemeinschaft anschließen, sind keine Beziehungen erlaubt – und kein Konsum von Alkohol außer zu besonderen Feiern. Reinhilde M. erinnert sich auch, dass Rolf R. eine junge Frau, eine gerade 19 Jahre alte Chemiestudentin, adoptieren wollte, Heiner Richter hier aber sein Veto einlegte. Reinhilde M. ist der Meinung, dass sei »'ne Form, wie er, ich glaube, wie er dachte, dass sozusagen 'ne Zweitfrau im Haus möglich ist – unter dem Synonym ›Tochter‹.«

Sie beschreibt einen Entfremdungsprozess, der begonnen habe, als Rolf R. sein Vikariat in Blauberg antritt, und die Mitglieder der AC ihn noch regelmäßig besuchen:

> »Aber wir hab'n das immer mit Unbehagen beobachtet, dass er hochattraktive Haustöchter hatte, die immer mitlebten in der Familie. [...] Wir fanden es befremdlich, wir fanden's doch komisch, ja.«

Es scheint kein Zufall zu sein, dass Reinhilde M., nachdem sie von der versuchten Adoption berichtet und ihrer Vermutung, R. habe damit eine vermeintliche Tochter-Beziehung aufbauen wollen, auf die Haustöchter zu sprechen kommt. Dass sie sexuelle Kontakte unter Verwendung einer Rollenbezeichnung aus dem familiären Umfeld (Tochter) umschreibt, ist mindestens sprachlich interessant.

Reinhilde M. erinnert sich auch, dass sowohl Richter als auch sie selbst ihn als »frauenaffin« wahrgenommen haben und dass er, wenn er darauf angesprochen wurde, erklärt habe, dass er genug Liebe in sich habe, seiner Frau nichts wegnehmen würde und dass er diese Liebe eben auch mit anderen teilen wolle. Die bagatellisierende Charakterisierung »frauenaffin« wird dann noch verstärkt, indem Reinhilde M. von einer Sucht nach sexuellen Abenteuern bei ihm spricht, die selbstverständlich den Normen der AC zuwidergelaufen seien. Sie vermutet, dass der Sex etwas zudecken musste, einen Schmerz, dass der Sex ein »Betäubungsmittel« für ihn gewesen sei. Sie gibt auch zu, dass er klug war und Frauen das Gefühl vermitteln konnte, sie seien etwas Besonderes. Bei ihr selbst habe er das nicht versucht, aber sie habe es bei anderen beobachtet.

Sie thematisiert durchaus auch eigenes Versagen, wenn sie beschreibt, dass sie etwas bemerkt habe, aber nicht zu genau wissen wollte und stattdessen die Verantwortlichkeit an die Gemeinde in Blauberg und an Inge R. abgegeben habe.

> »Also ich hab's bei mir gemerkt, so'n bisschen, er war dann kein Mitarbeiter mehr. Er war dann dort, aber also dass ich schon denke, das war sicher auch nich' in Ordnung, dann – zu denken: ›Das müssen die jetzt irgendwie, das müssen Leute dort sehen.‹ Das müssen die Leute dort sehen, 's geht uns nix mehr an.«

Im Nachhinein klingt so ein gewisses Schuldbewusstsein an. Andererseits fällt Rolf R.s Weggang Ende der 1970er-Jahre in eine Zeit, in der auch gesamtgesellschaftlich die Sensibilisierung für sexuelle Übergriffigkeit nicht sonderlich ausgeprägt ist. Immerhin hat Reinhilde M. ein Bewusstsein dafür, dass genaueres Hinsehen und eine Intervention vielleicht weitere Übergriffe verhindert hätten, womit sie ein ausgeprägteres Schuldbewusstsein als viele der kirchenleitenden Personen besitzt. Ihr schlechtes Gewissen rührt eventuell auch daher, dass sie annäherungsweise mitbekommen hat, wie Rolf R. bei den AC junge Frauen in seinen Bann gezogen hat, mit denen er später Beziehungen begann.

Die AC und Rolf R. distanzieren sich schließlich voneinander. Ein deutliches Unbehagen ist Reinhilde M. geblieben. Ihr selbst erschien er anscheinend von Beginn seiner Zeit bei den AC an als suspekt; sie wurde nicht mit ihm warm, obwohl sie seine theologische Arbeit schätzte. Ähnlich erging es ihr mit seiner Frau. Im Gespräch ist große Distanz ihm gegenüber – auch noch im Nachhinein – spürbar.

(Das Interview wurde im Januar 2023 geführt.)

»Und ich denke [...], dass jetzt seine Bedürfnisse und das, was er gespürt hat, stärker waren als jetzt die Moralvorstellungen, auch für sich selber.« – Eine langjährige Freundin der Familie erinnert sich

Das Interview mit Marianne K. findet bei ihr zu Hause statt. Nach dem Interview zeigt sie mir Fotos, die auf der Feier eines runden Geburtstags aufgenommen wurden und auf denen auch Rolf R. zu sehen ist. Marianne K. war mit ihrem Mann seit 1972 bei den AC, hat die Gemeinschaft aber nach fünf Jahren wieder verlassen. Sie hat zum Ehepaar R. danach noch regelmäßig Kontakt gehabt. Einer der Söhne des Ehepaars R. war ihr Patenkind. An jenem Geburtstag, von dem sie die Fotos zeigte, war Rolf R. eingeladen und begann ein Verhältnis mit ihrer besten Freundin, das aber nicht zu einer offiziellen Beziehung wurde. Generell fällt während des Interviews auf, dass ihre Darstellung bisweilen selektiv wirkt. Ob sie tatsächlich auswählt, was sie erzählt und was nicht, oder ob schon ihre Wahrnehmung des Berichteten selektiv war, lässt sich nicht erschließen.

Marianne K. beginnt das Interview mit dem Vorwurf, die Kirche habe den Pfarrer nicht genügend unterstützt. Sie erinnert sich an Rolf R.s erste Zeit in Blauberg und seine Reise mit Heiner Richter nach Nairobi, von der er krank zurückkehrte, was schließlich zu einer chronischen Erkrankung der Leber und der Nieren geführt habe. Ihrer Wahrnehmung nach war er da »wirklich am Ende«. Geradezu konterkarierend wirkt es allerdings, dass sie unmittelbar danach erzählt, dass Rolf R. in Blauberg eine Affäre mit einer Künstlerin, gemeint ist Karla F., gehabt habe. Sie erinnert sich daran, weil sie Inge R. bei einem der Jahrestreffen der AC begegnet sei, auf dem auch Karla F.[14] zugegen gewesen sei. Inge R. habe ihr gegenüber geäußert: »Ich kann sie nicht mehr sehen!« Marianne K. beschreibt Frau R. als sehr verbittert: »Auf jeden Fall muss da enorm was gelaufen sein, weil die war so verletzt.«

Sie erinnert sich an die erste Begegnung mit den beiden Anfang der 1970er-Jahre auf einer Tagung, auf der Rolf R. »Zeugnis gegeben [hat], wie sie sich kennen gelernt haben« – demnach habe er anfangs seine Ehe durchaus als etwas von Gott Gefügtes gesehen. Auf Nachfrage erinnert sich Marianne K. jedoch nicht an den Inhalt seiner Schilderungen. Trotzdem ist für Marianne K. dieses Zeugnis der Beweis, dass sich das Paar einmal geliebt hat. Das Ehepaar hat bereits einen Sohn und Marianne K., die zu der Zeit ebenfalls schwanger ist, bietet an, den Sohn zu betreuen, während Inge R. arbeitet und ihr Mann sich auf das Examen vorbereitet. Sie erinnert sich an eine bedrückende Enge in der Wohnung und die Wahrnehmung, dass die Beziehung des Paares schwierig war, »sehr schwierig«.

Marianne K. betreut zudem die junge Studentin, die Rolf R. adoptieren will. Sie besucht sie mehrfach und sorgt dafür, dass sie in »psychische Betreuung kommt«. In der Blauberger Zeit – so hat sie es wahrgenommen – ist Rolf R. eigentlich schon krank. Er zieht sich stets zurück, wenn sie mit ihrer Familie zu Besuch kommt, und geht ins Bett, während sie selbst sich um Inge R. und die Kinder kümmert. Sie charakterisiert Rolf R. dann als jemanden, der »bildhaft und praktisch erfahrbar predigen konnte«. Sie möchte seine Begabungen hervorheben und »das Gute aus ihm 'rausholen«. Er sei einerseits zupackend gewesen, konnte andererseits aber

14 Dass es sich um Karla F. handelt, ist eindeutig, da sich Marianne K. an ihre Mitarbeit bei der Gestaltung der Kirche in Blauberg erinnert.

auch sehr abweisend sein. Im Nachhinein sieht sie ihn als jemanden, der »'ne große Sehnsucht nach Freundschaft oder nach Frieden hatte, innerlich«. Freundschaft und Frieden habe er in seiner Ehe nicht gefunden.

Marianne K. besucht die Familie regelmäßig und hilft im Haushalt mit. Trotzdem nimmt sie die jungen Haushaltshilfen in Blauberg nicht wirklich zur Kenntnis. Sie sei jetzt seit über fünfzig Jahren mit Inge R. befreundet. Ihre Familie besucht das Ehepaar auch in Bergedorf, wo Rolf R. seine zweite Pfarrstelle antritt. Die Kinder sind von dem großen Pfarrgarten dort begeistert. Sie schildert Inge R. als sehr »empfindsame« Frau und hebt deren große Frömmigkeit hervor, die sich darin gezeigt habe, dass sie sogar in der Straßenbahn Gespräche über christliche Themen geführt habe. Marianne K. ist bei allen Taufen und Konfirmationen der Kinder in der Familie R. dabei. Sie besorgt Inge R. eine Wohnung, nachdem die Eheleute sich getrennt haben.

Marianne K. erinnert sich, dass die Situation zwischenmenschlich eskaliert sei, als Rolf R. eine Psychotherapie begonnen habe. So habe Rolf R. nach dem Tod seiner Tochter mit ihr sprechen wollen, allerdings sei Inge R. dazwischengegangen: »Mit ihr redest du und mit mir nicht.« Marianne K. weiß auch von der Beziehung zu Beate K., was darauf schließen lässt, dass sie eine wirkliche enge Freundin der Familie gewesen ist.

Die Interviewerin erwähnt nun den Gerichtsprozess und die Verurteilung wegen sexueller Nötigung einer 15-Jährigen und dass sich durch R.s Lebensgeschichte immer wieder außereheliche Beziehungen und Vorwürfe von sexuellen Übergriffen ziehen. Marianne K. erklärt, davon bis dahin nichts gewusst zu haben und relativiert: »Ja! Also, ich hab' mir so auch äh bei meinen Überlegungen so gedacht, ähm, er war halt auch (klopft auf den Tisch) Mensch (lacht leicht auf).« Sie schließt an dieses Statement nochmals die

Meinung an, dass Rolf R. einerseits »riesige Begabungen« hatte, ihm aber andererseits jemand fehlte, der ihm den Rücken stärkte und auch einmal Kritik übte. Den Kindern habe insgesamt Geborgenheit gefehlt. Indirekt klagt sie hier auch Inge R. an, die mit den Kindern weder gekocht, noch Feste vorbereitet habe. Auch habe Inge R. jedes reflektierende Gespräch mit ihrem Mann vermieden und ihren Mann nie in den Arm genommen.

Marianne K. erinnert sich an ein befreundetes Ehepaar aus Bergedorf, dass ihr erzählt habe, dass Inge R. ihren Mann vor versammelter Gemeinde beschimpft habe. Dabei sei es um ein Verhältnis mit seiner Sekretärin gegangen. Inge R. habe das bemerkt und es sei eben auch durch die gesamte Gemeinde gegangen, so dass er eigentlich für diese untragbar wurde. Nach der Trennung der Eheleute hält Marianne K. zu beiden Kontakt und lädt Rolf R. zu ihrem 60. Geburtstag ein. Auf der Geburtstagsfeier beginnt er eine Bekanntschaft mit ihrer chronisch kranken besten Freundin, die so eng wird, dass die beiden überlegen zusammenzuziehen. Die Freundin kommt jedoch zu dem Schluss: »Er sieht eigentlich nur sich.« Marianne K. sieht zwar ein, dass Rolf R. anscheinend gleichzeitig mit mehreren Frauen zusammen war, hat jedoch eine Erklärung dafür: »Wenn die Seele oder sagen wir mal, wenn man einen Vergleich macht jetzt mit 'ner Wiese, wenn die verdorrt ist, dann braucht sie Wasser.« Auch an dieser Stelle relativiert sie das Geschehene und verbindet die beiden Problemfelder der Ehe und der beruflichen Überforderung. Noch stärker kommt dies zum Ausdruck, als sie im Hinblick auf die gerade volljährigen Haushaltshilfen behauptet, damals sei man erst mit 21 volljährig gewesen. Dadurch impliziert sie, dass die jungen Frauen älter als heutige Volljährige gewesen seien und somit eine gewisse Eigenverantwortung und Mündigkeit gehabt hätten.

Auf die Frage, wie Rolf R. als Pfarrer sein sonst sehr moralisches Auftreten mit dem sechsten Gebot der ehelichen Treue vereinbart habe, meint sie, dass er dafür selbst blind gewesen sei und dass »seine Bedürfnisse und das, was er gespürt hat, stärker waren als jetzt die [...] Moralvorstellungen auch für sich selber«. Marianne K. erzählt im Folgenden ausführlich von den Kindern der Familie, die selbst ebenfalls schwierige Beziehungen hatten und haben. Sie kommt zurück auf die Ehe der R.s, die sie zum Schluss als »kaputt« bezeichnet, auch wenn das »biblisch nicht in Ordnung ist« – Scheidung lehnt Marianne K. also ab. Allerdings hätte sich das Ehepaar ihrer Meinung nach viel eher Hilfe suchen müssen. Erneut wirft sie der Landeskirche vor, keine Gespräche mit Rolf R. geführt zu haben. Er selbst habe – so erinnert sie sich – jedenfalls seiner Kirche signalisiert, dass er überfordert sei und Unterstützung benötige.

Auf die Frage, von wem die Trennung von den AC ausging, ist sie sich sicher, dass diese durch Rolf R. initiiert wurde. Heiner Richter, so ist ihre Meinung, habe Rolf R. korrigieren wollen, was dieser als Angriff verstanden habe:

> »So wie bei Kindern, die sich sofort wehren, wenn man irgendetwas (tippt auf den Tisch) sagt: ›Nein! Es war nich' so!‹ Oder, ja? Und ich denke (tippt auf den Tisch), das war auch schon da, ja? Wenn ihr nicht wollt, oder wenn ihr mich nicht (klopft mehrfach auf den Tisch) so wollt, wie ich bin, dann (tippt auf den Tisch) geh' ich.«

Mangelnde Kritikfähigkeit ist in ihren Augen eine der Ursachen, warum Rolf R. die AC verließ. In diesem Zusammenhang berichtet sie von ihrer Anfangszeit bei den AC, die für sie sehr schwierig gewesen sei, weil sie erst Durchsetzungskraft gegenüber der Gemeinschaft entwickeln musste, die zudem damals noch ein erweiterter Familienverband war, der vornehmlich aus Verwandtschaft von Heiner und Jutta Richter bestanden habe. Da sie selbst zu der Zeit »sehr schüchtern, sehr zurückhaltend« gewesen sei, sei ihr die Integration nicht leichtgefallen. Nach fünf Jahren verlässt die Familie die Gemeinschaft wieder. Marianne K. resümiert: »Aber ich muss sagen (klopft auf den Tisch), als wir weggegangen sind (klopft auf den Tisch) – es war dann gut, dass wir (klopft auf den Tisch) weggegangen sind.«

Abschließend äußert sie, dass sie dem Ehepaar R. gewünscht hätte, miteinander sprechen zu können. Auf die Frage nach der hohen Kinderzahl antwortet sie kryptisch: Rolf R. habe ihr einmal gesagt, die vielen Kinder seien wichtig, damit seine Frau »beschäftigt« sei. Dies wird nicht näher erläutert. Letztlich ist für Marianne K. klar, dass die scheiternde und gescheiterte Ehe für die Probleme beider Ehepartner verantwortlich war. Die außerehelichen Beziehungen und sexuellen Übergriffe Rolf R.s blendet sie fast vollständig aus. Sogar im Hinblick auf die Beziehung zu ihrer besten Freundin bleibt ihr Vertrauensvorschuss für Rolf R. bestehen, obwohl es eine »sehr traurige Zeit« für ihre Freundin war, weil er in dieser Zeit mutmaßlich mehrere Beziehungen gleichzeitig hatte. Es entsteht der Eindruck, als wolle sie das Bild von Rolf R. nachträglich aufhellen, seine Handlungsweisen rechtfertigen bzw. seine Gaben als Pfarrer in den Vordergrund stellen.

(Das Interview wurde im März 2023 geführt.)

»Also grundsätzlich – er war ein begnadeter, toller, begabter, kreativer, phantasievoller Pfarrer« – Doris S. berichtet über ihre Zeit in Blauberg

Das Gespräch mit Doris S. findet an einem neutralen Ort in ihrem Wohnort statt. Doris S. war ebenfalls eine Zeit lang Haushaltspraktikantin und hat danach in der Gemeinde in Blauberg mitgearbeitet.

»Also grundsätzlich – er war ein begnadeter, toller, begabter, kreativer, phantasievoller Pfarrer. Hat super gepredigt, praktisch, treffend, anschaulich, nicht intellektuell abgehoben, er war überhaupt nicht banal, richtig so, wie man sich's wünscht.« – Mit diesen Sätzen leitet Doris S. das Interview ein. Aufgrund dieses Auftretens hat er bei ihr einen Vertrauensvorschuss, nicht zuletzt, weil er Pfarrer ist.

Sie berichtet von sich zunächst, dass sie das Praktikum im Haushalt R. brauchte, weil sie eine Umschulung machen wollte. Nach Studium und beruflicher Tätigkeit habe sie mehrere Jahre lang in einer christlichen Institution gearbeitet und strebte nun eine andere Berufsausbildung an. Sie arbeitet dort zeitgleich mit Wiebke S., beide schlafen zusammen im Obergeschoss in einem Zimmer mit Doppelstockbett. Eines Morgens hält Wiebke S. dort ihre Stille Stunde, als Doris S. aufwacht und ihr kurz zusieht. Daraufhin bekommt Wiebke S. das Gästezimmer auf der unteren Etage, auf der sich auch Arbeits- und Schlafzimmer des Pfarrers befinden. Dort fällt etwas vor:

> »Und dann kam sie eines Morgens irgendwann, später hoch, total aus'm Häuschen. Total verwirrt, total beglückt, total durcheinander. Sie hätt' was erlebt,

des könnt sie niemand erzählen. Dann hab' ich versucht, das irgendwie 'rauszufinden, war sie auch knapp dran, das zu sagen, aber dann hat sie beschlossen zu schweigen.«

Doris S. denkt, dass es etwas mit Rolf R. zu tun hat, verdrängt diesen Gedanken jedoch wieder: »Man kann sich natürlich, wenn man weiterdenkt, schon 'nen Reim draus machen, aber damals, es war so indiskutabel?« Dieser Vorfall ereignet sich, kurz bevor Wiebke S. die Familie verlässt. Auch Doris S. geht wenige Wochen später. Sie erlebt ebenfalls einen anscheinend geplanten Übergriff: Kurz vor ihrem Weggang muss sie im Gästezimmer schlafen, weil zwei ältere Damen zu Besuch sind, die merkwürdigerweise genötigt werden, im Doppelstockbett im Obergeschoss zu übernachten. Doris S. erinnert sich, dass Inge R. vergeblich versucht, ihren Mann davon zu überzeugen, die beiden älteren Damen anstelle von Doris S. unten schlafen zu lassen. Er besteht jedoch darauf, dass Doris S. unten schläft, weil er sich sonst gestört fühle.

Sie schildert ein nächtliches Erlebnis:

»Äh, da war zwar'n Schlüssel, aber wer denkt schon, dass er den braucht. Und er hat schon der Wiebke beigebracht, wie man ganz leise Türen auf- und zumacht, das hat sie mir auch beigebracht. Jedenfalls als es dunkel und ruhig war, kam er plötzlich ganz leise 'reingeschlichen, hat sich vor mein Bett gekniet, mich fixiert und, wie als ob er mich hypnotisieren wollte – [...] und da sind bei mir die Scheuklappen 'runter, und ich hab gemerkt: Oh! Hab' ich nur gesagt: ›Geh!‹ Und da ging er auch, und ich lag im Bett und wusst' net, wie mir geschah und was los ist

> und so. [...] Später hab' ich gedacht, ich hätt's ganze Haus zusammenschreien können, aber das wollt ich der Inge nicht antun, seiner Frau.«

Auch Doris S., obwohl bereits Mitte dreißig, weiß nicht, wie sie mit dem, was passiert ist, umgehen soll. Sie schließt die letzten Tage, die sie im Gästezimmer übernachtet, die Zimmertür ab, geht dem Pfarrer aus dem Weg und konsultiert sogar einen Rechtsanwalt. Da es sich aber nur um Verdachtsfälle bzw. Mutmaßungen handelt, und sie auch keine Aussage von Wiebke S. hat, verfolgt sie die Angelegenheit nicht weiter. Sich an das Landeskirchenamt zu wenden kommt ihr gar nicht in den Sinn, denn das »war für uns immer weit weg und hatte uns gar nichts zu sagen«. Sie stellt Rolf R. zu Rede, der ihr entgegnet: »Auch Salomo oder David hätten sich in seinem Alter junge Mädchen ins Bett geholt, um sich daran zu wärmen. [...] Also, ich dachte, ich krieg' mich nicht mehr. So hanebüchen.« Danach unternimmt sie nichts mehr in dieser Angelegenheit.

Doris S. hat das Ehepaar über die AC kennengelernt. Der nähere Kontakt kommt jedoch über Inge R. zustande. Sie erinnert sich, dass Inge R. bei den AC eher herablassend behandelt wurde und man Rolf R. wegen seiner Frau, die Doris S. als »spröde« charakterisiert, bedauerte. Er selbst gilt als der »große Rolf, der war der große Star bei allen«. Doris S. nimmt Inge R. als ihrem Mann sehr ergeben wahr, »sie hat halt sehr biblisch getan, was ihr Mann wollte.« Ob sie von den zahlreichen Übergriffen und Affären etwas mitbekommen hat, vermag Doris S. nicht zu beurteilen, weiß aber, dass Inge R. heftig reagierte, wenn sie den Eindruck hatte, dass Frauen zu vertraulich mit ihrem Mann umgingen. Doris S. arbeitet nach dem Ende ihres Haushaltsjahres noch eine Weile ehrenamtlich in der Gemeinde und fährt auch mit zu Kirchentagen. Sie bleibt dabei, dass er ein »toller Pfarrer« war. Zudem habe er Menschen für sich einnehmen können: »und so gut, dass man wirklich des geglaubt hat, was er da erzählt.«

Doris S. erinnert sich auch an zwei verheiratete Frauen in der Gemeinde, um die es Gerüchte gegeben habe, dass Rolf R. hier Seelsorge auch als »körperliche Nähe« verstanden habe. Sie sagt: »Ja, er wollte die Frauen nur beglücken, hat er, glaub' ich, mal gesagt.« Insofern kann Doris S. vor sich auch relativieren, wie Rolf R. mit den kaum volljährigen Frauen umgegangen ist. Sie meint auf die Frage, ob er die jungen Frauen nicht sehr verletzt habe: »Ähh, im Nachhinein betrachtet, oder? Also da, solange es zugange ist, hab' ich gehört, dass die da das halt gar nicht gemerkt haben, oder gar nicht furchtbar fanden oder so, war's halt ganz schön.« Es wird nicht deutlich, woher diese Bewertung stammt – sicherlich weder von Wiebke S. noch von Simone W. Diese Relativierung widerspricht auch ihrer eigenen Beschreibung, wie unangenehm sie den nächtlichen Besuch Rolf R. s an ihrem Bett fand. Einige Zeit später fällt ein weiteres Mal der Satz: »Der wollt' ja die Frauen nur beglücken.« Ob sie diese Interpretation wirklich teilt oder diesen Satz ironisch wiederholt, bleibt unklar.

(Das Interview wurde im März 2023 geführt.)

»Im Grunde genommen war für uns damals der Alkohol ein größeres Thema.« – Gemeindemitarbeitende Frau J.

> *Das Interview mit Frau J. findet bei ihr zu Hause statt. Sie hat mehrere Jahre mit Rolf R. in der Gemeinde in Bergedorf zusammengearbeitet. Im Gespräch merkt man ihr Bemühen, über den Toten nichts Schlechtes verlauten zu lassen. Sie hat sich vorher mit ehemaligen Mitgliedern des Ältestenrates besprochen.*

Frau J. hat mehrere Jahre mit Rolf R. in einer Gemeinde zusammengearbeitet. Ihrer Wahrnehmung nach stand in der Gemeinde das Alkoholproblem des Pfarrers im Vordergrund, jedoch gab es auch Gerüchte über außereheliche Beziehungen. Die Eheprobleme waren ebenfalls ein Thema innerhalb der Gemeinde:

> »Es waren natürlich auch die Eheprobleme, die waren ja, die waren auch greifbar, die merkte man auch. Ach ja, natürlich, er schlief unten im Büro, ja okay, ja, das sagt schon, das war und die Wohnung war oben, ja, im Haus.«

Der für Frau J. zuständige Dekan weiß zumindest von den Alkoholproblemen, gibt dies aber nicht von sich aus zu, sondern erst auf Nachfrage von Frau J. Sie hört über den Kirchengemeinderat, dass dieser ebenfalls von dem Problem weiß, sich jedoch eher schützend vor den Pfarrer stellt, von dem sie ebenfalls wahrnimmt, dass er viele Gaben hat, auch wenn sie ihn als »introvertiert« beschreibt. »Er konnte an einem vorbeigehen, wie wenn er einen nicht kannte, auch als Mitarbeiter.« Andererseits beschreibt sie ihn als offen, als jemanden, der andere motiviert habe mitzuarbeiten, selbst aber außer der Konfirmand*innenarbeit keine Jugendarbeit gemacht habe.

Frau J. hat Rücksprache mit zwei Mitarbeitenden aus der Zeit gehalten, die beide sicher sind, dass es bei den Konfirmand*innen keine Übergriffe gegeben habe. Gerede habe es dagegen wegen einer Kantorin in der Gemeinde und einer jungen Frau, die sehr oft abends bei ihm Schreibarbeiten gemacht habe, gegeben:

> »Wo ich oftmals gedacht habe, was ist das, was läuft da. Aber [...] ich habe auch nie gefragt, was läuft da. Sondern man hat es einfach zuge- oder stehengelassen. Ja, und hat gedacht, okay, sind eigene Gedanken, ja. Man ist da nie nachgegangen. Bei der Kantorin wurde es im Ältestenkreis mal angeschnitten, ja.«

Das Verhältnis mit der Kantorin, das auch von einem Kirchenvorstandsmitglied bemerkt worden ist, wird vom Ältestenkreis dem Pfarrer gegenüber angesprochen, andere Konsequenzen gibt es offensichtlich nicht. Frau J. bagatellisiert den Ehebruch des Pfarrers und reproduziert das Klischee der bereitwilligen ledigen Frau. Auffällig ist, dass sie durchgehend mit einem abstrakt wirkenden »man« formuliert:

> »Die Kantorin war ledig, ja, und ist natürlich eine Gefahr, ja. Man kann seelsorgerlich und dann, ja, hm, schwimmt es, ja, ja, ja, und weil die Ehe einfach auch schwierig war, ja, mit dem, hat man vielleicht auch dann irgendwo 'nen Helfersyndrom gehabt und wandert so auch in die engere Phase, denk' ich.«

Gerüchte gibt es auch im Hinblick auf die aus Bayern zugezogene Maria W., die kurze Zeit in der Gemeinde mitarbeitet.[15] Der Alkoholismus des Pfarrers steht jedoch im Vordergrund, obwohl sich Frau J. erinnert, dass Rolf R.s Frau ihn wegen eines mutmaßlichen Verhältnisses einmal in einem Gottesdienst zur Rede gestellt habe. Sie erwähnt zudem eine Wohnung im Schwarzwald, die er gehabt habe und zu der er allein gefahren sei. Ein Zwischenresümee ihrerseits lautet:

> »Es ist ja in der Gemeinde immer 'ne Spannung, ja, wie weit dass man was wahrnimmt und was man wahrnimmt. Ja, auf was man achtet. [...] Er kam auch mit Sandalen zum Gottesdienst oder so, dann sieht man das mehr. Ja, klar. Das ist oder manche sind einfach fasziniert, weil er wirklich eigentlich auch 'ne Gabe hatte zum Predigen. Ja. Er hatte die einfach gehabt. Hm. Und ich fand das immer so schade, dass jemand, ja, 'ne Gabe, so 'ne Gnade hat und dann so neben hinausgeht.«

Frau J. relativiert damit das Verhalten des Pfarrers, indem sie indirekt das Tragen von Sandalen mit der Wahrnehmung von Ehebruch und Alkoholismus parallelisiert. Zum Ausdruck kommt zudem der Respekt vor dem Pfarrer in Bezug auf seine Gabe bzw. sogar Gnade zu predigen. Wie der Halbsatz »und dann so neben hinausgeht« zu verstehen ist, erschließt sich nicht. Eventuell ist der Seitensprung gemeint, als ein Ausweichen woandershin.

15 Vgl. Kap. 2. Der Pfarrer und Kap. 3. Maria W. gibt an, seit den 1980er-Jahren eine Affäre mit Rolf R. gehabt zu haben.

Während der ersten Zeit – so erinnert sie sich – ruft Rolf R. sie öfter abends spät an; das habe sie sich aber verbeten. In einem dieser Telefonate erzählt er ihr, alle seine Kinder seien »Versöhnungskinder«. Frau J. berichtet auch von Supervisionssitzungen des Pfarrgemeinderates mit dem Pfarrer und mit Dr. H., die aber nicht zielführend gewesen seien – erst eine Therapie bei der Biblisch-Therapeutischen Seelsorge habe bei Rolf R. zu der Entscheidung geführt, einen Entzug zu machen. Der Ältestenkreis ist damals tief gespalten; einige verteidigen ihn, andere wollen ihn als Pfarrer loswerden. Frau J. ist der Meinung, dass die Gemeinde eine Scheidung der Eheleute verkraftet hätte.

Als neue Kraft in der Gemeinde insistiert Frau J. ihrer eigenen Aussage nach immer wieder darauf, dass etwas gegen den Alkoholismus unternommen werden müsse. Rolf R. hält sich zunächst zurück und versucht, die Problematik auszusitzen. Er sei auf jeden Fall sehr introvertiert gewesen, in ihren Augen auch nicht charmant, sondern jemand, der geschickt darin gewesen sei, andere in seine Arbeit miteinzubinden. Einen gewissen Charme will sie ihm dann doch nicht absprechen: »Er war halt immer der Mann, ja, das auch noch, das ist ja auch noch, ne, ja, hm, das ist halt der Pfarrer, ne, und der Pfarrer, ja, ja.« Für sie ist er demnach als Mann und Pfarrer Respektsperson, wenn auch nicht ihr Dienstvorgesetzter, schließlich muss sie mit ihm zusammenarbeiten. Die Zusammenarbeit gestaltet sich teils gut, teils schwierig. Es gibt keine offenen Auseinandersetzungen, aber eine gewisse Verschlossenheit seinerseits, durch die sie sich vor den Kopf gestoßen fühlt.

Zudem beschreibt sie Rolf R. als »weich«, in dem Sinne, dass er »nichts Männliches, sondern [...] mehr eigentlich so etwas Weiches an sich, ja, an der ganzen Figur« hatte. Sie versteht darunter zwar auch Sensibilität, aber im Grunde ist »Weichheit« für Frau J. eine negative Eigenschaft. Er erscheint ihr unmännlich, wohl auch in dem Sinne, dass er Dinge aussitzen und nicht ansprechen will. Sie beharrt nochmals darauf, dass die außerehelichen Verhältnisse, die er mutmaßlich gehabt habe, auf Gegenseitigkeit beruhten. Übergriffe schließt sie aus.

Schließlich beschreibt sie den Charakterzug des »Weichen« nochmals anders: Er sei nie draufgängerisch gewesen, sondern hätte eher eine Mitleidstour gefahren: »Der arme Pfarrer, der, der nit gut mit seiner Frau kann. [...] Der es ja nicht gut hat bei seiner Frau und darunter leidet.« Einige Minuten später setzt sie erneut zu einer Charakterisierung der Weichheit an, nämlich, dass sie ihn dadurch nicht als Mann wahrgenommen habe. Vor allem ist ihr jedoch daran gelegen, nicht den Stab über ihn zu brechen. Es folgt eine weitere Charakterisierung:

> »Ich fand es einfach schade, dass jemand ja so neben ihm hinausgeht, wenn er eigentlich andere Fähigkeiten gehabt hätte. Ja, ja. Wobei dann ja auch denken muss, dass ein fataler Fehler wahrscheinlich diese Ehe war, oder? Die das ganze Leben beeinträchtigt hat. Finden Sie das zu scharf? Okay, die Ehe, aber ich denke auch seine Kindheit und Jugendzeit. Ich denke, dort ist die Weichheit reingekommen [...] dass die Mutter ihn nicht als Mann erzogen hat [...] ich hab' das als Nachteil angesehen. Ja, und weil das ist für mich das Schwimmen, ja, und nicht das Hinstellen, ja, also Lavieren und nicht ganz genau Positionieren.«

Sie bedauert erneut, dass der Pfarrer, obwohl er gute Fähigkeiten gehabt habe, hinter diesen zurückblieb, und macht dafür die Ehe und die Erziehung durch die Mutter als schuldige Faktoren aus.

Indirekt sind demnach Frauen an der Fehlentwicklung des Pfarrers schuld. Erneut moniert sie sein Lavieren und fehlendes Positionieren: »Wie er sich immer wieder mal, dann, wo's hart wurd', zurückgezogen hat.« Frau J. zeichnet das Bild eines schwachen Menschen, der andere manipulierte, gut predigen konnte, aber ansonsten introvertiert war und Konflikten auswich. Die Gemeinde registriert zwar die Ehe- und Alkoholprobleme, ignoriert jedoch andere Problemlagen.

(Das Interview wurde im Februar 2023 geführt.)

»Muss er da noch von der Kanzel 'runterfallen? Oder sich an einer Konfirmandin vergreifen?« – Gemeindemitglied Ricarda E.

Das Gespräch mit Ricarda E. findet bei ihr zu Hause statt. Sie hat als junge Frau mit zwei anderen Ehepaaren einen Beschwerdebrief über Rolf R.s Gottesdienste in den 1990er-Jahren an den Präses geschickt. Darin monierten sie, dass der Pfarrer ein düsteres Menschenbild vertrete, einen unvorbereiteten oder psychisch angeschlagenen Eindruck mache und als Pfarrer eine mangelnde Glaubwürdigkeit habe, der insgesamt Gemeindeglieder bewegen würde, die Gemeinde zu verlassen. Außer, dass OKR D. zu einem Gespräch mit den drei Ehepaaren nach Bergedorf kam, passierte nichts.
Bevor das Interview geführt wird, zeigt sie mir noch das durchaus repräsentative Pfarrhaus mit dem großen Pfarrgarten, in dem christliche Musikfestivals stattfanden, das neue Gemeindehaus und die Kirche in Bergedorf.

Ricarda E. beschreibt Rolf R.s Ankunft in ihrer Gemeinde als zunächst positiv, weil sie einen Generationenwechsel darstellte. Auffällig ist für sie jedoch von Anfang an, dass Rolf R. und seine Familie nicht wirklich gemeinsam leben. Ihrer Wahrnehmung nach wirken sie wie eine getrennt lebende Familie. Sie charakterisiert Rolf R. als einerseits »hochsensibel oder schwer begabt« und vermutet, dass sein Alkoholismus eine Möglichkeit gewesen sei, zu entspannen und abzuschalten, »Überforderung nicht wahrzunehmen oder einfach 'runterzukommen«. Angesprochen auf seine Affären und Übergriffe fällt ihr der Begriff »Schwerenöter« für ihn ein. Sie porträtiert ihn als narzisstische Persönlichkeit, wenig selbstreflexiv und wenig selbstkritisch:

> »Es steht mir zu, ich hab's gern groß. Alle machen, wie ich denke. Ich bin der Visionär. Ich brauche mehr Indianer, Häuptling bin ich selber. Ich brauche Leute, die ausführen, nicht Leute, die dagegen sind.«

In ihren Augen sei er anfangs durchaus als spiritueller Mensch gestartet, der seine Bibel und Jesus liebte und einen ursprünglichen Glauben gehabt habe. Allerdings habe Rolf R. spirituelle und reale Welt nicht zusammenbekommen: Sie seien zunehmend auseinandergeklafft. Sie konstatiert, dass zunächst so etwas wie ein Aufbruch, sogar eine Erneuerungsbewegung in der Gemeinde spürbar gewesen sei, dass diese dann aber immer mehr zur Fassade wurde. Aus diesem Grund ergreift sie mit zwei anderen Ehepaaren die Initiative und schreibt den Brief an den Präses. Oberkirchenrat D. reist an und spricht mit den drei Ehepaaren. Ihren Eindruck von ihm schildert sie wie folgt:

> »Naja, das war halt so'n richtig altes Kirchenoberhaupt, also reaktionär, patriarchalisch, hierarchisch, nicht offen und auch autoritär. Das war niemand, der der Sache dienen wollte, sondern jemand, der die Sache im Griff haben wollte.«

Entsprechend verläuft das Gespräch: Ricarda E. versucht, den Oberkirchenrat mit provokanten Aussagen zu einer Stellungnahme zu bewegen. So fragt sie, was denn noch passieren müsse, ob der Pfarrer erst von der Kanzel stürzen oder sich an einer Konfirmandin vergreifen müsse. OKR D. wehrt jedoch eine inhaltliche Diskussion ab. Als die Abendglocke läutet, schlägt er ein gemeinsames Gebet vor und bringt damit die Diskussion zum Ende:

> »Also, das ist auch 'ne, heute würde ich sagen, 'ne starke manipulative Waffe. Ja. Wenn ich eigentlich auf Sachebene bin und dann in die spirituelle oder geistliche gehe. Nach dem Motto: Wir haben kein Recht, jemanden anzuklagen. Das ist immer so: Wer ohne Sünde ist, werfe den ersten Stein [...] Ich denke, er [...] musste diesen Termin wahrnehmen, aber es ging um Beschwichtigung, eindeutig, und auch um unsere Christenpflicht zu lieben.«

Der Oberkirchenrat versucht zu beschwichtigen. Das Gespräch hat keinerlei Konsequenzen. Dass der Kirchengemeinderat im Hinblick auf den Alkoholismus und den Versuch, dem Pfarrer eine Therapie vorzuschlagen, aktiv ist, wird auf der Gemeindeebene damals nicht kommuniziert. Für Ricarda E. stellt es sich im Rückblick so dar, als ob die sexuelle Enthemmung eine Folge des Alkohols gewesen sei. Sie erinnert sich in diesem Zusammenhang an die Schilderung einer Bekannten etliche Jahre zuvor, die sich an eine Konfirmand*innenfreizeit mit Rolf R. erinnerte, während der dieser nachts an ihre Zimmertür geklopft habe:

> »War natürlich auch im Schlafanzug oder im Nachthemd und hat ihn dann nach dem Motto: Wenn der Pfarrer vor der Tür steht, was will der, also irgendwie 'reingelassen [...] sie wär' da auf dem Stuhl gesessen, und er wäre dann vor ihr gekniet und hat den Kopf in den Schoß gelegt: Und das hat sie aber erst alles später erzählt. Sie war höchst irritiert und hat halt gedacht, er hat jetzt 'ne psychische Not, er hätte geweint und so. Aber, aber ob das jetzt auch so'n Versuch war. Bestimmt war es das, übergriffig zu wer-

> den, kann ich jetzt nicht sagen. [...] Ich würd' mal sagen, dass das Opferbild waren immer eher zierliche Frauen, schlanke Frauen, ja, verbal nicht starke Frauen, ja, immer sehr liebe Typen, die halt alles recht machen wollten und auch einfach toll mitarbeiten, 'ne. Also ich wär' jetzt nicht im Portfolio gewesen, so dieses Direkte, Offene und so.«

Diese eingewobene Erzählung bleibt auf der Ebene der »anecdotal evidence«, fügt sich aber durchaus in das Gesamtmuster der vielen Erzählungen: Ein nächtlicher Besuch bei einer mutmaßlich sehr jungen Frau, die sich aufgrund seiner Stellung als Respektsperson und Autorität nicht von ihm abgrenzen kann und die er versucht emotional zu manipulieren.

Ricarda E. erinnert sich an die Beerdigung der Tochter, die er sich »heroisch« abverlangt habe, meint aber, dass das Sterben der Tochter sowohl ihn als auch seine Ehe überfordert hätten. In diesem Zusammenhang erwähnt sie, dass Inge R. ihr einmal erzählt habe, jedes Kind sei ein Versöhnungskind. Ansonsten hätten die Ehepartner im Pfarrhaus nebeneinander hergelebt: »Sie auf der einen Seite mit den Kindern und er auf der anderen.« Sie beschreibt Rolf R. als »wertkonservativ-christlich«, d.h. einerseits durchaus pietistisch und konservativ in seinen Positionierungen, aber modern im Auftreten und in der Sprache. Er sei in der Gemeinde sehr gut angekommen. Konkret charakterisiert sie ihn als manipulierenden Machtmenschen. Da sie Rolf R. nicht mehr glaubwürdig findet, verabschiedet sie sich schließlich mit ihrem Mann aus der Gemeinde.

Sie würdigt die Arbeit des Kirchengemeinderates, der sich immer hinter den Pfarrer gestellt habe und der auch von den Problemen nichts nach außen dringen ließ. Andererseits stellt sich für sie trotzdem die Frage nach der Schuld durch Unterlassung: »Ob man sich durch die sogenannte Schweigepflicht und Loyalität auch schuldig macht.« Ricarda E.s Anliegen ist es, dass kirchliche Strukturen verändert würden und nicht zu lange geschwiegen werde. Zu diesen Veränderungen gehöre es, eine Struktur zu schaffen, die ein früheres Eingreifen ermögliche. In diesem Zusammenhang kommt das Gespräch nochmals zurück auf die Begegnung der drei Ehepaare mit OKR D.. Ricarda E. ist sich sicher, dass der Oberkirchenrat das Gespräch sehr ernst genommen habe, obwohl es letztlich keinerlei Folgen hatte. Weder existiert ein Protokoll, noch eine wie auch immer geartete schriftliche Resonanz. Ricarda E. verlässt die Gemeinde schließlich, auch wenn sich der Kirchengemeinderat des Problems angenommen hat. Den Grund für ihren Abschied artikuliert sie ein weiteres Mal, was zeigt, dass es ihr daran gelegen ist, nochmals verständlich zu machen, wie es zu diesem Schritt kam:

> »Also ich – die Glaubwürdigkeit war für mich dann schon auch weg. Ich kann ihn dann weder als Respektsperson, noch als Amtsperson, noch als geistlichen Bruder oder Leiter sehen, wenn ich dann das alles weiß und sehe.«

Ricarda E. erinnert sich noch an eine weitere Frau, die intensiv in der Gemeinde mitgearbeitet habe, von der sie vermutet, dass sie eventuell auch einen engeren Kontakt zu Rolf R. hatte. Diese wird von ihr als »nicht sehr gesunde Person« beschrieben, die psychisch instabil gewirkt habe und eine schwere Neurodermitis hatte. So nimmt sie die Personen, die im Pfarrhaus mithelfen, allgemein als eher labil wahr. Es seien Menschen gewesen, die im Pfarrhaus Anerkennung bekommen hätten und dort wichtig waren. Für sie bildet sich ein Muster, das sie folgendermaßen beschreibt:

> »Ich sehe diese Frauen [...] in meinen Augen sind sie hübsch, ich wertschätze sie, ich [...] wir haben ja über Manipulation gesprochen, das könnt' ich mir jetzt vorstellen, dass diese Frauen einfach geehrt waren, dass der Pfarrer für sie Interesse hatte.«

Ein weiteres Thema ist Rolf R.s Wechsel der Pfarrstelle nach seiner erfolgreichen Therapie gegen die Alkoholsucht: Dieser ermöglicht ihm einen Neuanfang in einer anderen Gemeinde. Andere Menschen können solche beruflichen Wechsel nicht vornehmen. Er »kriegte ja wieder 'nen Platz bereitet. Das kann man ja als Privatperson nicht so einfach.« Das führt sie zu deutlicher Kritik, denn in ihren Augen hat die Kirchenaufsicht an dieser Stelle versagt: Rolf R. hätte, wenn es vorher bereits Probleme gegeben habe, nicht einfach nach Bergedorf kommen dürfen. Dass der Dienstherr die Problematik einfach verschiebe und sich ihr nicht stelle, findet sie nicht in Ordnung und zieht eine Parallele zur katholischen Kirche: »Das ist vielleicht auch, find' ich, eine Arroganz der Kirche auch immer wieder neue Opfer in Kauf zu nehmen, neue Verletzungen, neue Schädigungen, Traumata, um eben ihr eigenes Personalproblem [zu lösen] oder ihre Selbstsicht [...] [aufrechtzuerhalten].« Sie befindet den Dienstherrn hier als »sehr schuldig«.

Auch Aussagen, wie »alle jungen Mädchen flogen auf ihn« relativiert sie kritisch, denn das sei eine »kranke männliche Argumentationsgeschichte« – mit ihr werde der Missbrauch relativiert, da die Mädchen den Pfarrer ja attraktiv gefunden hätten. Sie befindet hier die Kirche als »naiv in vielen Bereichen«, weil es in ihren Augen psychische Störungen gebe, die von Spezialist*innen behandelt werden müssten. An dieser Stelle habe die Kirche zu sehr auf ihr eigenes Seelsorgehandeln vertraut. Der Dienstherr müsste hier ein fachliches Urteil einholen können.

Das Interview endet mit einem vehementen Plädoyer dafür, solche Vorfälle nicht zu relativieren und zu bagatellisieren, nur weil die jungen Frauen volljährig gewesen seien. Man könne »biologisch achtzehn sein und reifemäßig zwölf«, und wenn man dann endlich einmal gesehen und ernst genommen würde, gerate man sehr schnell in emotionale Abhängigkeit: »Und trotzdem ist es ein Täter-Opfer-Verhältnis. Es ist ein Mensch, der ein Anliegen hat, Macht, sexuell, sonst was, und ein anderer Mensch, der dem nicht gewachsen ist, Nein zu sagen.«

(Das Interview wurde im Februar 2023 geführt.)

Präses F.: »Ich bin mit einem seltsamen Gefühl nach Hause gefahren.«

Der Präses im Ruhestand wurde interviewt, weil Gemeindeglieder aus Bergedorf sich in einem Brief bei ihm über den Pfarrer beschwert hatten. Dabei ging es um Streitigkeiten in der Gemeinde, die der Pfarrer nicht zu beenden in der Lage war, um schlechte Predigten, deprimierende Gottesdienste, vermutete Alkoholprobleme und insgesamt eine mangelnde Glaubwürdigkeit des Pfarrers.[16] *Der Präses kann sich an diesen Sachverhalt nicht mehr erinnern, rekapituliert aber seine Wahrnehmung des Pfarrers.*

Präses F. erinnert sich anlässlich dieser Beschwerde aus der Gemeinde an ein Seelsorgegespräch mit Rolf R., in dem dieser geäußert habe: »Ja, ich hab' meiner Frau auch alle Freiheit genommen. Ich hab' so erwartet, dass sie natürlich für mich da ist, und hab' gemacht, was ich für richtig hielt.« Er kann sich nicht erinnern, dass es um Missbrauch, Affären oder Verhältnisse zu anderen Frauen ging. Ihm ist zusätzlich eingefallen, dass sein Schwiegervater, der mit Rolf R. während der Studentenbewegung an der Fakultät eine »scharfe Auseinandersetzung« hatte, für die sich Rolf R. später bei ihm entschuldigte, sich nach diesem erkundigt habe.

Auf die Frage nach dem Eindruck, den Rolf R. auf ihn gemacht und ob er ihn als authentisch empfunden habe, kommt fast sofort die Verneinung: »Es war trotz des Gesprächs, und das war ein intensives Gespräch, hatte ich so das Gefühl einer, ja, wie einer Sperre, einer Unzugänglichkeit. Ist das jetzt wirklich authentisch. [...] da hatte ich meine Fragen, meine Zweifel auch.« Er erinnert sich

16 Vgl. die Darstellung im Kap. 2. Der Pfarrer.

auch, dass Rolf R. viele Gespräche mit seinem zuständigen Prälaten geführt habe, die aber unter die Schweigepflicht fallen. Präses F. weiß jedoch, dass es dabei um die Eheprobleme ging. Zusätzlich erinnert er sich an einen gemeinsamen Gottesdienst, den er mit Rolf R. in Bergedorf in den 1980er-Jahren als Abschluss einer Jugendevangelisation gehalten habe:

> »Er hatte gesagt: ›Kommen Sie ruhig vorher in das Pfarrhaus‹, und das war für mich dann 'ne ganz seltsame Atmosphäre. Er hatte unten sein Arbeitszimmer und oben lebte die Familie, war'n ja viele Kinder. Seine Frau, die lernte ich da dann auch kennen, aber es gab nur kurz eigentlich, eben im Pfarrhaus dann eine Begegnung, sondern wir gingen dann 'runter, haben den Gottesdienst noch etwas besprochen und dann sagte er: ›Sie können sich jetzt hier aufhalten und nochmal meditieren und so weiter. Ich lass' Sie da allein.‹ Das war 'ne seltsame Atmosphäre für mich. Er ging dann in einen Nebenraum, 'ne ganze Zeit lang und ließ mich allein, und ich vermute, ich vermute, dass da einige von seinen Alkoholflaschen standen, dass er sich da nochmal gestärkt hat. Ich wusste das nicht, aber das kam mir dann später, als ich von seinen Alkoholproblemen erfahren habe, is' mir dann auf einmal diese Situation, diese Szene in Erinnerung gekommen. Das und ja, das war seltsam dann. Wir haben den Gottesdienst gemacht, und ich bin mit einem seltsamen Gefühl nach Hause gefahren, und was, was ist da los? Und mir war dann gar nicht, eigentlich war ich nicht überrascht, als ich dann nach einiger Zeit von Problemen in der Gemeinde hörte.«

Hier kommt deutlich zum Ausdruck, wie irritiert der Präses von der Begegnung war. Das die Passage durchziehende Wort »seltsam« bestimmt sein Erlebnis und charakterisiert sowohl die Stimmung im Pfarrhaus als auch die Atmosphäre vor dem Gottesdienst. Der Präses merkt, dass etwas nicht stimmt, kann es aber nicht spezifizieren und bleibt mit einem unguten Gefühl zurück. Sein Eindruck von Frau R. bei dieser Begegnung ist, dass sie in der Familie »restlos überfordert« gewesen sei.

Der Präses gibt zudem zu bedenken, dass die Gemeindesituation in Bergedorf durch die dortigen pietistischen Gemeinschaften geprägt gewesen sei, die in gewisser Weise eine Konkurrenz für den Pfarrer darstellten. Treue Gemeindeglieder gingen zwar in den Gemeindegottesdienst, aber auch zu den Veranstaltungen der pietistischen Bewegung, die eine evangelikale Frömmigkeit pflegte. Er kann sich auch noch an die Trennung des Ehepaares erinnern und dass Frau R. an der Ehe unbedingt festhalten wollte, dass sie sagte: »Ich kann auf dich warten, [...] wenn du zurückkommst.« Er erklärt, sie habe sich durch eine »fromme Naivität« ausgezeichnet.

Der Präses hat nur wenige Eindrücke, spürt jedoch, dass etwas an der Person des Pfarrers nicht stimmt bzw. nicht authentisch ist. Deutlich wird, dass er Mitleid mit der Ehefrau empfunden hat, die offensichtlich auf die kinderreiche Familie zurückgeworfen war.

(Das Interview wurde im Dezember 2022 geführt.)

»Mir täte es im Innersten weh, wenn behauptet würde, die evangelische Kirche wäre ein Machtapparat, der dem Missbrauch systematisch Vorschub leistet.« – Der Nachfolger im Amt

Das Interview findet im Garten des Privathauses des Pfarrers im Ruhestand statt. Der Nachfolger, der 1983 auf die Pfarrstelle kam, war bis zu seiner Pensionierung Pfarrer in Blauberg.

Rolf R.s Nachfolger in Blauberg hat seinen Vorgänger persönlich gekannt: So besuchte er mit ihm mehrere Kirchentage und nahm an seiner Beerdigung teil. Pfarrer B. beginnt seine Darstellung zunächst damit, dass er von Frau R. berichtet, die sich nicht habe scheiden lassen wollen:

> »Nein, nein, nein, nein, nein, nicht ich habe mich wegen der Eskapaden von Rolf von ihm scheiden lassen, sondern er war in einer Therapie, und die hat ihm geraten, er soll sich von mir scheiden lassen, wenn er nicht anders kann. So lief die Sache.«

Seine Frau und er halten nach wie vor zu ihr Kontakt. Dass er zunächst klarstellt, dass die eigene Ehefrau damals die Scheidung nicht wollte, soll eventuell deutlich machen, dass Rolf R. kein so übler Kerl gewesen sein könne. Pfarrer B. räumt ein, dass er ansonsten nur einige Sachen von Hörensagen berichten könne.

Zunächst geht er jedoch auf den Klappentext der Publikation Rolf R.s zu einem Kirchentag in den 1970er-Jahren ein, der biographisch den Bruch mit der Studentenbewegung und der politischen Revolution hin zu den AC beschreibt. Pfarrer B. ist sich sicher, dass diese Darstellung erfunden ist. Er selbst hat 1969 in Heidelberg Examen gemacht und war politisch beim links gerichteten HoPoKo (Hochschulpolitisches Kollektiv) engagiert. Somit kannte er »sich in der Szene aus«. Aufgrund seiner eigenen Erfahrung ist er sich sicher, dass sich Rolf R. in der Publikation zwar als ehemals linksstehend und revolutionär ausgebe, dass diese Darstellung aber nicht der Wahrheit entspreche, sondern nur das Bekehrungserlebnis aufwerten wolle: »Ich war mal ganz links, ja, und Kommunist und terrorverdächtig und jetzt bin ich geheilt.« Dezidiert lehnt der Amtskollege die Vorstellung ab, Pfarrer R. habe jemals politisch links gestanden. Direkt danach hebt er die außerordentliche Leistung des Pfarrers beim Aufbau der Gemeinde in Blauberg hervor. »Aber der R. und das muss man sagen [...] hat eine fantastische Aufbauarbeit in der Gemeinde, auch mit der Gemeindejugend gearbeitet, und da gibt es viel.«

Es folgt eine weitere Beschreibung, die wie eine Apologie wirkt. Das Credo der Zeit sei gewesen: »Wer zweimal mit derselben pennt, gehört schon zum Establishment.« Er selbst habe eine Frau gekannt, die ihn in ihre vegan lebende AA-Kommune[17] eingeladen und mit der Aussage habe anlocken wollen, es gäbe dort nicht nur Sex »quer durch«, sondern

17 Die AA-Kommune oder Aktionsanalytische Organisation (AAO) war eine vom Aktionskünstler Otto Muehl gegründete Wohngemeinschaft, die sich als Gesellschaftsexperiment verstand. Sie bestand zeitweise aus bis zu 600 Mitgliedern. Muehl wurde 1991 in Österreich u. a. wegen »Unzucht und Beischlaf mit Unmündigen« verurteilt. Vgl. https://de.wikipedia.org/wiki/Aktionsanalytische_Organisation, eingesehen am 20.07.2023.

»die meinte als besonderes Schmankerl, dass man dort auch Sex mit Kindern haben könnte. [...] Ich habe also von diesen ganzen Dingen die Finger gelassen, aber es charakterisierte ein bisschen die Zeit [...] die Breite des Experimentierens.«

Dieses drastische Beispiel soll die zahlreichen »Eskapaden« – so wörtlich – Rolf R. s in den Zeitkontext einordnen. Pfarrer B.s Ansicht nach sind die Vorfälle nicht justiziabel gewesen und Rolf R. habe auch die am Rande Stehenden glücklich machen wollen. Er illustriert diese Behauptung mit der Geschichte einer leicht behinderten und korpulenten Frau, die regelmäßig auch beim Nachfolger erschienen sei und schließlich auf Nachfrage erklärte, sie habe »mehr als Freundschaft« mit dem Pfarrer gehabt. Zudem werde fast jeder Pfarrer zur Projektionsfläche, gäbe es Stalking oder Unterstellungen. Er erwähnt in diesem Zusammenhang den Selbstverbrennungsversuch einer jungen Frau vor dem Pfarrhaus, vermag allerdings über die Hintergründe nichts zu sagen.

Auf der anderen Seite habe Rolf R. diese sehr gute Jugendarbeit gemacht, sei ein Charismatiker gewesen und habe sozusagen eine helle und eine dunkle Seite gehabt. Die bedauerlicherweise bereits verstorbene Gemeindediakonin aus Blauberg habe wegen seiner Moralvorstellungen mit ihm im Clinch gelegen; allerdings hätten die Jugendlichen, die Rolf R. für die Jugendarbeit geworben und begeistert hätte, – B.s Meinung nach – davon nichts mitbekommen. In einer weiteren Anekdote beschreibt er, ein Kirchenältester habe Rolf R. gehasst, weil dieser seiner attraktiven Tochter gesagt habe: »Wenn du mich heiratest, lass ich mich von der Inge scheiden.« – Erneut erklärt er, alle diese Geschichten nur vom Hörensagen zu kennen, Rolf R. selbst habe aber nie mit ihm über sie gesprochen. Alles sei jedoch nicht justiziabel gewesen.

> »Der R. hat mit mir über diese Dinge absolut nicht geredet. Ja. Ich fand ihn, dass er ein guter anschaulicher Prediger war. Ja, keine Frage. Und es ist deshalb doppelt schade, dass er dieses Charisma dann so verspielt hat. Und auf der anderen Seite sich eben auch Feinde geschaffen hat.«

Zwischen ihm und Rolf R. habe es keine Rivalität gegeben. Allerdings seien die Jugendmitarbeiter sehr auf Rolf R. fixiert gewesen und hätten öfter versucht, den neuen Pfarrer auflaufen zu lassen. Die Zusammenarbeit wertet er letztlich aber als gut. Als nächste Anekdote wird das Stalking eines anderen Pfarrers durch eine Frau beschrieben, die offensichtlich psychiatrische Hilfe gebraucht hätte. Dies dient als Beispiel, dass öffentliche Personen eben auch Projektionsflächen werden können.

Im Zusammenhang mit den Haushaltshilfen ergibt sich eine weitere Geschichte – so berichtet Pfarrer B. von der Gemeindediakonisse des Ortes, die durch ihr Mutterhaus wohl von den Übergriffen auf Simone W. erfahren hatte. Diese habe sich dort einem Seelsorger, vielleicht auch einer Diakonisse, anvertraut. Die Gemeindediakonisse jedenfalls gibt der neuen Haushaltshilfe der Familie B. daraufhin folgenden Hinweis:

> »Du gehst nie irgendwie, du hast den letzten Knopf deiner Bluse bis oben geschlossen. Du gehst nie in kurzen Hosen in diesen Haushalt. Du gehst immer ganz ordentlich gekleidet, in unseren Haushalt. Ja, weil davor die Haushaltshilfe, da ist eben, da muss die Schwester [etwas] mitbekommen, mitgekriegt haben.«

Das Gespräch wendet sich kurz der Thematik der Vaterlosigkeit des Pfarrers zu. Hier kann Pfarrer B. Parallelen zu seiner eigenen Biographie ziehen, weil er selbst vaterlos aufgewachsen ist. Sowohl er als auch Rolf R. seien sehr autoritätskritisch gewesen: Er selbst habe öfter Probleme mit Vorgesetzten gehabt und wisse, dass das auch auf Pfarrer R. zutreffe: »Der Rolf war sehr autoritätsabweisend, der hat auch mal was geschrieben, da hat er vorne dran geschrieben: ›Nicht für Kinder und nicht für den evangelischen Oberkirchenrat zu lesen.‹« Er sieht somit in gewisser Weise biographische Parallelen in einer Generation, aus der viele vaterlos aufgewachsen sind, will dies aber eigentlich nicht weiter analysieren. Trotzdem hat diese Beobachtung angesichts der Tatsache, dass sich Rolf R. dem Leiter der AC anfangs sehr verbunden fühlte, eine gewisse Tragweite. Zwar führe Vaterlosigkeit nicht zwangsläufig dazu, dass man ein »Womanizer« werde – so der eher verharmlosend klingende O-Ton des Pfarrers –, aber »Chercher la femme« sei durchaus eine mögliche Folge. Insgesamt gäbe es in vielen gesellschaftlichen Bereichen Systeme, die Missbrauch unterstützen könnten, aber nicht zwangsläufig müssten: So zählt er neben der katholischen und evangelischen Kirche Internate, die eigene Familie und Sportvereine auf. Trotzdem ist Pfarrer B. der Meinung, die Kirche sei nicht an erster Stelle ein Machtapparat, der systematisch dem Missbrauch Vorschub leiste.

Auf die Frage, ob es eine Theologie gab, mit der der Pfarrer sein Vorgehen vor sich legitimieren konnte, antwortet Pfarrer B., dass es Rolf R. um das Glücklichmachen gegangen sei. Er verweist auf den Film Theorema von Pierre Paolo Pasolini aus dem Jahr 1968, in dem eine Lichtgestalt, in der Person eines jungen Mannes, in einer bürgerlichen Familie erscheint und nacheinander alle Familienmitglieder (Männer wie Frauen) und auch das Hausmädchen verführt: »Der Film war damals von Pasolini nicht so 'ne Randerscheinung, gell. Da kann man schon was für draus legitimieren für sich. Will dich glücklich machen.«

Selbstverständlich ist Pfarrer B. der Meinung, dass die Abhängigkeitsverhältnisse bei den betroffenen Haushaltshilfen ausgenutzt worden seien, und erklärt dies für inakzeptabel. Wiederum stellt er einen Kontext zu eigenen Erlebnissen aus den 1970er-Jahren her, die illustrieren sollen, wie relativ normal es beispielsweise war, dass ein Lehrer Verhältnisse mit seinen Schülerinnen hatte, was er folgendermaßen kommentiert:

> »Die Mädels waren gerne bei dem, keine Frage, aber er hat ihre Abhängigkeit ausgenützt, und das heißt auch, das ist nicht nur eine Frage der Gewalt, sondern das ist eine Frage, wie man jemanden einwickelt mit der Autorität, die man hat, und mit der Lockerheit, die man sich gibt, und mit dem Avantgardegefühl.«

Damit charakterisiert er den Machtmissbrauch deutlich, wenn auch auf indirekte Weise. Er geht von der 68er-Generation aus, für die es keine Tabus gab, die sich als Avantgarde sah und meinte, sich von daher fast alles erlauben bzw. alles zum Experimentierfeld erklären zu können.

Zuletzt beschreibt Pfarrer B. knapp die Wohnsituation im alten Pfarrhaus, mit den getrennten Ebenen, der Wohnebene im ersten Stock und der Arbeitsebene im Erdgeschoss. Er kennt diese Situation selbst sehr gut, weil er auch zeitweise dort gelebt hat. Unten waren eigentlich zwei kleine Apartments, zwei kleine Wohnungen mit einem Bad und zwei kleinen Räumen:

> »und das heißt, das war so beengt auf der einen Seite, aber es war eben auch abgeschlossen. Man konnte unten im Büro fröhlich Urständ' feiern, sag' ich jetzt mal, ohne dass man jetzt da auf der Ebene der Familie war.«

Damit wird nochmals kurz der Ermöglichungsraum skizziert, den es für Rolf R. gab.

(Das Interview wurde im Sommer 2022 geführt.)

4. Die Landeskirche

Das Pfarrerdienstgesetz

Die Amtsrechte und Amtspflichten der Pfarrer*innen, die in einer Landeskirche ein Pfarramt innehaben, regelt das Pfarrer*innendienstgesetz. In ihm gibt es auch Bestimmungen zur Lebensführung, die die gesamte Pfarrfamilie in den Blick nahmen. So heißt es im Pfarrdienstgesetz vom 2. Mai 1962: »Von dem Pfarrer wird eine rechte Führung seiner Ehe nach christlicher Zucht und Ordnung erwartet. Er hat nach seinen Kräften dafür zu sorgen, daß kein Glied seines Hausstandes durch unsittliches, unehrenhaftes oder kirchenfeindliches Verhalten Ärgernis gibt.«[1] In den Novellierungen der 1970er-Jahre wurde dieser § 39 des Gesetzes von 1962 ersatzlos gestrichen.

Auch im Hinblick auf die Ehe und Ehescheidung formulierte das Gesetz in der Fassung von 1962, in einer Zeit, in der Ehescheidung gesamtgesellschaftlich in hohem Maße stigmatisiert war, deutliche und strikte Vorgaben. Diese werden auch bei Novellierungen des Gesetzes in den 1970er-Jahren kaum gemildert. So können Pfarrer*innen nach einer Ehescheidung vorläufig ihres*seines Amtes enthoben werden, falls die »Glaubwürdigkeit der Verkün-

1 § 39, in: Pfarrerdienstgesetz vom 2. Mai 1962. Durch die Novellierungen der 1970er-Jahre ersatzlos gestrichen.

digung« beeinträchtigt ist.[2] Zusätzlich kann eine Versetzung verfügt oder die*der Pfarrer*in den Ruhestand (so die Fassung von 1962) oder in den Wartestand (so die Novellierung) versetzt werden. »Unberührt bleibt die Einleitung eines Disziplinarverfahrens, soweit die Voraussetzungen hierfür vorliegen.«[3] Das Pfarrdienstgesetz spiegelt erkennbar die besondere Wertschätzung der Ehe im Protestantismus. Da der*die Pfarrer*in als Vorbild für seine*ihre Gemeinde auch in der Lebensführung vorbildlich zu sein hat, sanktioniert das Gesetz die Ehescheidung. Dass außereheliche Beziehungen – nicht zuletzt wegen des sechsten Gebots – ausgeschlossen sind, wird nicht eigens thematisiert, weil dies sich nach damaligem Amtsverständnis von selbst versteht.

Was die Dienstaufsicht der einem Pfarramt übergeordneten Kirchenbehörden angeht, bleiben die Paragraphen sehr viel unkonkreter. Sie erfolgt als Beratung und Anleitung, Ermahnung und nötigenfalls Zurechtweisung. Darüber hinaus kann ein disziplinarrechtliches Verfahren eingeleitet werden. Eine Amtspflichtsverletzung nachzuweisen ist nach den Vorgaben des Gesetzes aber insofern schwierig, als nur sehr abstrakte Formulierungen verwendet werden, wann eine solche vorliegt, nämlich dann, wenn der*die Pfarrer*in »das ihm anvertraute Amt schlecht ausübt, mißbraucht [sic] oder entwürdigt, ferner, wenn er der Gemeinde oder der Landeskirche Ärgernis gibt oder Schaden zufügt.«[4] Wenn nach kirchlichem Disziplinarrecht die Entfernung aus dem Dienst entschieden worden ist, verliert die*der Pfarrer*in den Beamt*innenstatus und wird nachträglich gesetzlich rentenversichert.

2 Vgl. § 42, in: Pfarrerdienstgesetz vom 2. Mai 1962, auch im novellierten Text.

3 § 42, Abs. 2, in: Pfarrerdienstgesetz vom 2. Mai 1962, auch im novellierten Text.

4 § 3, Abs. 1, in: Pfarrerdienstgesetz vom 2. Mai 1962, auch im novellierten Text.

Aktuelles Pfarrer*innendienstgesetz und Gesetzgebung heute

Das Pfarrer*innendienstgesetz der EKD in seiner Fassung vom Februar 2021[5] enthält mittlerweile einen eigenen mit »Abstinenz- und Abstandsgebot« überschriebenen Paragraphen (§ 31b), der einer Pfarrperson sexuelle Annäherung in jedem Fall – ganz unabhängig vom Alter der jeweiligen Person – untersagt:

> »Sexuelle Kontakte zu Personen, die zu ihnen in einem Obhutsverhältnis, in einer Seelsorgebeziehung oder in einer vergleichbaren Vertrauensbeziehung stehen, sind ihnen untersagt. Macht- und Abhängigkeitsverhältnisse dürfen Pfarrerinnen und Pfarrer nicht zur Befriedigung eigener Interessen und Bedürfnisse, für sexuelle Kontakte oder andere grenzüberschreitende Verhaltensweisen missbrauchen (Abstinenzgebot).«[6]

Schon bevor der neue Paragraph 31b in Kraft trat, gab es eindeutige disziplinarrechtliche Urteile in einzelnen Landeskirchen. Als Leitsatz hält beispielsweise ein Urteil des Disziplinarhofs der EKD von 2021 fest:

> »Das Eingehen – auch einer einvernehmlichen – sexuellen Beziehung neben einer bestehenden seelsorgerlichen Beziehung stellt einen eindeutigen

5 Vgl. https://www.kirchenrecht-ekd.de/document/14992#s47000178 (Zugriff: 8.2.2023).

6 Ebd.

> Verstoß gegen die Amtspflichten von Pfarrerinnen und Pfarrern dar. Dies gilt auch für Zeiträume vor dem Inkrafttreten des § 31b PfDG.EKD.«[7]

Der dieser Entscheidung zugrunde liegende Fall hat einige Parallelen zum hier beschriebenen Fallbeispiel: Es ging um einen verheirateten Pfarrer, der aus einem Dienst- und Seelsorgeverhältnis heraus eine Beziehung begann und seine Geliebte dann als Pfarramtssekretärin anstellte. Als diese die Beziehung 2016 beendete, wurde er danach ihr gegenüber übergriffig. Die Kirche moniert die Verletzung des 6. Gebots und stellt ein disziplinarrechtliches Vergehen fest, dass aber nur zu einer Kürzung der Bezüge führt. Der Pfarrer, mittlerweile im Ruhestand, wird nicht entlassen. Die Betroffene tritt nur als Zeugin auf. D.h. die Kirche befindet zwar über das Verhältnis zwischen ihr und dem Pfarrer, bezieht aber aktiv die Betroffene nicht als Klägerin ein.

4.1 Das Disziplinarverfahren: Der Fall kommt zur Sprache

Eckpunkte des Disziplinarverfahrens der Landeskirche

Anfang der 2000er-Jahre wendet sich Wiebke S. an den Personalreferenten der Landeskirche, Oberkirchenrat K., und zeigt Rolf R. wegen sexuellen Missbrauchs an. Sie schildert in ihrem erläuternden Schreiben ausführlich, wie sie als 16-Jährige ein Haushaltsjahr in der Pfarrfamilie absolvierte, und es zu sexuellen Übergriffen

7 https://www.kirchenrecht-ekd.de/document/48626 (Zugriff: 8.2.2023).

von Rolf R. kam. Bereits im Vorjahr hatte Wiebke S. Präses B. den Fall angezeigt, aber noch nicht öffentlich Anzeige erstattet.

Die Landeskirche leitet durch eine Vorlage bei der Kollegiumssitzung ein Disziplinarverfahren wegen einer Dienstpflichtverletzung (Verletzung der Lebensführungspflichten) nach § 24 Abs. 1 des Disziplinargesetzes der EKD vom 28.10.2009 ein.[8] Vermutet wird zugleich, dass ein sexueller Missbrauch von Schutzbefohlenen nach § 174 StGB vorliegen könnte, der zwar strafrechtlich verjährt sei, dienstrechtlich im äußersten Fall aber dennoch mit einer Entfernung aus dem Dienst sanktioniert werden könnte.

Aufgrund einer Anklage der zuständigen Staatsanwaltschaft wegen sexueller Nötigung vom Juli des Jahres, in dem Wiebke S. Anzeige erstattete, erweitert die Landeskirche das Disziplinarverfahren nun um den Vorwurf des »Verstoßes gegen die Lebensführungspflichten« (§ 25 Abs. 1 Dienstgesetz der EKD). Sie erweitert den Vorwurf im September nochmals, als der Fall Simone W. aktenkundig wird. Aufgrund ihrer Aussage sieht es die Landeskirche als erwiesen an, dass Rolf R. nicht nur »Einzelfalltäter« im Hinblick auf Wiebke S. gewesen sei, und erhebt nun auch den Vorwurf des Missbrauchs einer Jugendlichen, zu der ein seelsorgerliches Verhältnis bestand.

Daraufhin wird das Ruhegehalt von Rolf R. ab Oktober um 30 % gekürzt, und ihm werden die öffentliche Wortverkündigung und Sakramentsverwaltung sowie Amtshandlungen untersagt. Im November wird das Disziplinarverfahren gem. § 29 Abs. 1 Satz 1 DG-EKD ausgesetzt.

Beendet wird das Verfahren der Landeskirche dann im Dezember desselben Jahres. Weil Rolf R. im Mai des Vorjahres rechtskräftig vom zuständigen Amtsgericht zu einer Freiheitsstrafe von

8 Disziplinarverfahren, in: LKA, Sonderheft Rolf R.

20 Monaten auf Bewährung verurteilt worden war, kommt § 98 Abs. 1 Pfarrerdienstgesetz der EKD zur Anwendung, wonach ein Pfarrer, der zu einer Freiheitsstrafe von mindestens einem Jahr verurteilt wird, aus dem Dienst entlassen werden kann. Die Entlassung erfolgt ein Jahr nach der Verurteilung.

Der Bericht für die Landeskirche

Wiebke S. schildert im Bericht zu ihrem Antrag, mit dem sie Anzeige erstattet, die Atmosphäre innerhalb der Gemeinde als positiv:

> »Vieles an meiner neuen Umgebung faszinierte und begeisterte mich: das offene Pfarrhaus, lebendige Gottesdienste, Predigten, die mich berührten, die Jugendarbeit mit Fahrten zum Kirchentag und anderen Veranstaltungen. Meine Fragen zu Glauben, Kirche und Theologie fanden Gehör und wurden ernst genommen. Ich schnupperte ein Stück Freiheit und Weite.«[9]

Im Pfarrhaus jedoch sah sie sich Schmeicheleien, sexuellen Annäherungen und unangemessenen Berührungen ausgesetzt, die sie mit ihrem Pfarrerbild nicht überein bringen konnte. Rolf R. suggerierte ihr, dass seine Ehe durchaus mit einem Verhältnis zu ihr vereinbar sei. Auch nach ihrem Weggang aus der Familie blieb das Verhältnis noch eine Weile bestehen.

9 Disziplinarverfahren, in: LKA, Sonderheft Rolf R.

»Allmählich verstärkte sich mein Eindruck, dass es außer mir noch eine Reihe von anderen Liebschaften und Abhängigkeitsverhältnissen gab. Rolf R. verstand es jedoch, mit seiner charismatischen Ausstrahlung eine psychische Bindung zu erzeugen, so dass meine Bedenken und kritischen Äußerungen in der direkten Konfrontation meistens überspült wurden.«[10]

Nach einem Auslandsjahr kam sie zu der Entscheidung, den Kontakt vollständig abzubrechen. Auch die Patenschaft, die sie für ein Kind der Familie übernommen hatte, gab sie auf.

Der weitere Fortgang des Verfahrens

Oberkirchenrätin U. wird beauftragt, die Ermittlungen durchzuführen. Am 20. Juni wird Wiebke S. in das Landeskirchenamt geladen und als Zeugin befragt. Als zusätzliche Belege bringt Wiebke S. einen Brief von Inge R. vom August der 1980er-Jahre mit und einen Auszug aus einem Brief an eine Freundin. Der Brief von Frau R. an Wiebke S. zeigt, dass Frau R. von dem Verhältnis etwas bemerkt hat. Sie schreibt:

»Ich habe Mühe, eine Beziehung aufrecht zu erhalten, die belastet ist durch Verliebtheit oder Schwärmerei zu meinem Mann. [...] Ich mag Dich gern, Wiebke. Rolf ist kein Neutrum. Dir und anderen Mädchen möchte ich sagen: Seid klar verheirateten

10 Disziplinarverfahren, in: LKA, Sonderheft Rolf R.

> Männern gegenüber! Ihr nützt ihnen nicht mit Eurer Schwärmerei und Euren Liebeserklärungen. Wenn Ihr nur einen Teil seht und nicht das Paar als Ganzes, zertrennt Ihr!«

Auch wenn Inge R. zugibt, dass ihr Mann einen Anteil hat, ist doch deutlich, dass sie den Mädchen einen größeren Anteil Schuld an den Beziehungen gibt. Die Rolle, die ihr Mann spielt, kann sie oder will sie nicht sachgerecht einschätzen.[11]

Der Brief von Wiebke S. an eine Freundin zeigt, wie sie Rolf R. einerseits als Respektsperson sieht und andererseits versucht, sich selbst davon zu überzeugen, dass es theologisch und moralisch in Ordnung ist, wie er sich verhält:

> »Endlich ist meine Beziehung zu Herr [so im Text, UG] R. nicht mehr von falscher Angst getragen. Seine Wärme und liebevolles Verhalten haben mich schließlich gewonnen. Es hat mich einen sehr harten Kampf gekostet, ich konnte sein Verhalten mir gegenüber absolut nicht einordnen, bis ich endlich begriff, aus welch einer großen Freiheit und aus welch einem übervollen Herzen voll Liebe er handelt.«[12]

Offensichtlich sieht die junge Frau sich nicht als Freundin oder gar Geliebte des Pfarrers, den sie weiterhin respektvoll mit Anrede und Nachnamen erwähnt. Sie versucht, das für sie eigentlich Unbegreifliche zu begreifen, indem sie seine Sicht übernimmt: Er handelt aus der großen Freiheit seines Glaubens heraus, insofern

11 Brief Inge R. an Wiebke S. vom 5.8.1983, in: LKA, Sonderheft Rolf R.

12 Bf. vom 28.6.1980, in: LKA, Sonderheft Rolf R.

muss sein Verhalten in Ordnung sein – er handelt aus Liebe, nicht aus niederen Beweggründen.

Das Protokoll der Vernehmung von Wiebke S. präzisiert den Missbrauch. Von August Ende der 1970er-Jahre bis zum Juli des folgenden Jahres – während ihrer Tätigkeit als Haushaltshilfe im Pfarrhaus – kam es ab dem Frühjahr zu Beginn der 1980er-Jahre zu Annäherungen, indem der Pfarrer Komplimente machte und ihr in einem Seelsorgegespräch seine Zuneigung offenbarte. Zu Umarmungen kam es dabei auch. Intimere Kontakte begannen erst nach dem Haushaltsjahr u. a. bei Kirchentagen oder wenn Wiebke S., die Patin eines Kindes der Familie war, zu Besuch ins Pfarrhaus kam.

Wiebke S. nennt drei Strategien, mit denen der Pfarrer sie von der Rechtmäßigkeit seines Handelns zu überzeugen suchte: Erstens argumentierte er biblisch, mit der Freiheit, die die Liebe schaffe. Er könne seine Liebe verschenken, ohne dass seine Frau etwas vermisse. Auch ein kirchengeschichtliches Argument musste herhalten: Luther habe die Doppelehe Philipps von Hessen ja auch gutgeheißen.[13] Zweitens baute der Pfarrer psychischen Druck auf: Er brauche sie, ohne sie habe das Leben keinen Sinn mehr. Sie erlebt ihn häufig alkoholisiert. Theologisch führte der Pfarrer außerdem ins Feld, dass das griechische Denken nur das Entweder-Oder kenne, das hebräische Denken dagegen inklusiv sei.

Wiebke S. gibt zu Protokoll: »Es war meine erste Liebesbeziehung mit einem Mann. Zugleich war das für mich nach meiner Erziehung, meinem Herkommen für mich verwerflich. D.h. es hat mich in einen großen inneren Konflikt geführt.«[14]

13 Das stimmt nicht. Es handelte sich um einen geheimen Beichtrat. Die Doppelehe wurde als seelsorgerliche Notlösung vorgeschlagen, und dieser Beichtrat war zutiefst umstritten.

14 Protokoll vom 21.6.20██, in: LKA, Sonderheft Rolf R.

Eine Bekannte vermittelt während der Blauberger Zeit ein Gespräch mit dem Leiter der AC, Heiner Richter. Dieser fragt genau nach, wohl weil es einen ähnlichen Vorfall auch schon bei den AC gegeben hat. Wiebke S. gibt an, dass Herr Richter telefonisch Herrn Oberkirchenrat D. von dem Vorfall informiert habe, der dann ein Gespräch mit Pfarrer R. geführt habe. – So jedenfalls habe sie es von der Pfarramtssekretärin in Blauberg, Frau Linde, gehört. Immerhin hat Heiner Richter etwas unternommen. Der jungen Frau empfiehlt er, sich die Haare abzuschneiden. Wie Inge R. scheint auch er eine Mitschuld der Praktikantin an den Übergriffen des Pfarrers zu sehen. Mit ihren langen Haaren scheint sie in seinen Augen zu verführerisch gewirkt zu haben. Zudem gilt das Abschneiden der Haare bei Frauen als Bestrafung bei (sexuellen) Sünden.

Wiebke S. ist nicht die einzige Frau, bei der der Pfarrer übergriffig wurde und mit der er eine außereheliche Beziehung führte. Eine weitere Haushaltshilfe, die vor ihr da war, habe ihr später offenbart, dass sie ebenfalls ein Verhältnis zu ihm gehabt habe.

Rolf R. wird im Juni in das Landeskirchenamt gebeten und befragt. Er gibt an, vor Jahren bereits bei Wiebke S. um Vergebung gebeten zu haben. Als die Oberkirchenrätin daraufhin telefonisch bei Wiebke S. nachfragt, ob es diesen Anruf gegeben habe, erinnert diese sich an ein Telefonat, in dem er ihr mitteilte, dass er »gebüßt« habe, aber es sei nicht um Vergebung gegangen.[15]

Er gibt an, dass die Ehe schon zerrüttet gewesen sei, als er die Beziehung zu Wiebke S. begonnen habe. Seine Frau habe ihn 1970 bereits wegen eines anderen Mannes für drei Monate verlassen, aus der nachfolgenden Versöhnung sei dann wohl das erste Kind entstanden. Aber bereits nach wenigen Jahren Ehe hätten sie ge-

15 Protokoll Telefonat Frau Wiebke S. 8.7.20■■, in: LKA, Sonderheft Rolf R.

trennte Schlafzimmer gehabt. Aufgrund seiner vielen Kinder hätte er sich nicht getraut, die Scheidung einzureichen. »Mein Lebensschwerpunkt war dann das Pfarramt.«[16] Rolf R. bestreitet, eine sexuelle Beziehung zu Wiebke S. gehabt zu haben. Er bestreitet auch Affären mit anderen Frauen. Über Wiebke S. sagt er:

> »Aus gegenseitiger Wertschätzung und Sympathie, sie hat meine Arbeit als Pfarrer sehr geschätzt, ist dann Liebe entstanden. In meiner Vorstellung war sie die Mutter meiner Kinder. [...] Im Laufe der Zeit hat sich daraus eine tiefe Freundschaft entwickelt, aber ohne außerehelichen Geschlechtsverkehr.«[17]

Er gibt zu Protokoll, dass er sie eigentlich hätte heiraten sollen, dass er aber wegen der beruflichen Konsequenzen eines solchen Schrittes den Mut dafür nicht gefunden habe. Auf Nachfrage verneint er nochmals, dass es Geschlechtsverkehr gegeben habe. Der Abgleich mit seinem weiteren Lebensweg[18] zeigt jedoch, dass nicht nur nach den erwähnten getrennten Schlafzimmern weitere Kinder geboren wurden, sondern er in Bergedorf vor dem Kirchengemeinderat äußert, er habe sich mit seiner Frau versöhnt. Insofern mutet das Geständnis der Liebe zu Wiebke S. wie eine Schutzbehauptung an. Es kann auch einfach eine strategische Aussage gewesen sein. Sie erscheint insofern absurd, als er eine 16-Jährige als »Mutter seiner Kinder« gesehen hat.

16 Protokoll vom 30.6.20■■, in: LKA, Sonderheft Rolf R.

17 Protokoll vom 30.6.20■■, in: LKA, Sonderheft Rolf R.

18 Vgl. Kap. 2, Der Pfarrer.

Auf Nachfrage spezifiziert Wiebke S. ihre Vorwürfe erneut. Selbstverständlich gab es eine außereheliche Beziehung mit ihr. So sei es in einem Hotel zu Geschlechtsverkehr gekommen:

> »Das ist mir deswegen auch in besonderer Erinnerung, weil da so etwas wie eine Bedrängung dazu gab in diesem Zusammenhang. Da war er einerseits sehr erregt und forderte mich zu sexuellen Handlungen auf, die eigentlich da nicht meinem Empfinden oder meinem Wunsch entsprachen.«[19]

Zu dem Verhältnis urteilt die zuständige Staatsanwaltschaft, dass es sich um »kein strafrechtlich relevantes Verhalten des Herrn R.« gehandelt habe. Es lägen nicht genug Anhaltspunkte für die »Straftat sexuellen Missbrauchs von Schutzbefohlenen« vor. Zwar hätte ein Abhängigkeitsverhältnis während des Haushaltsjahres bestanden, es sei aber erst nach dem Haushaltsjahr zu sexuellen Kontakten gekommen.[20]

Die Fast-Betroffene und Bystanderin: Doris S.

Doris S. wird ebenfalls befragt. Sie vermutet, dass es einmal einen Übergriff von Rolf R. gegeben haben müsse, der Wiebke S. völlig verstört habe. Sie selber berichtet, ebenfalls einmal in dem Besucherzimmer unten geschlafen zu haben:

19 Protokoll Telefonat Wiebke S. 8.7.20■■, in: LKA, Sonderheft Rolf R.

20 Brief zuständige Staatsanwaltschaft an Frau OKR U., LKA, in: Pfarrer Rolf R., Nr. 5 (20■■.20■■).

»Gleich in der ersten Nacht, als ich unten schlief, ging leise die Tür auf und Herr R. kam herein. Er kniete vor meinem Bett und schaute mich an. Das war so ein Blick, mit dem er die Leute auch leicht rumkriegt. In einem ersten Reflex habe ich noch die Hand ausgestreckt. Mir ging dann aber schlagartig auf, was für eine Situation das war, wie unmöglich das war und habe dann gesagt: Geh. Da ist er dann auch sofort gegangen.«[21]

Frau S. äußert auch, dass sie niemals in die Richtung sexueller Übergriffigkeit gedacht hätte, schließlich handelte es sich ja um einen verheirateten Pfarrer »aus frommem Lager«. Sie habe sich trotzdem von einem Rechtsanwalt beraten lassen, was sie unternehmen könne, hatte aber keine konkreten Anhaltspunkte. Sie stellte Rolf R. zur Rede, der geantwortet habe: »Salomo hätte in seinem Alter junge Mädchen in sein Bett geholt, um sich daran zu wärmen.«[22]

Sie selbst gibt an, dass sie sich nicht habe einschüchtern lassen, weil sie selbst schon über 30 gewesen sei. Und sie habe dann später in der Gemeinde gut mit ihm zusammenarbeiten können, er sei ein guter Prediger gewesen und ein Charismatiker. Innerhalb der Gemeinde habe es zudem Gerüchte gegeben, dass er bei Eheschwierigkeiten gerne Seelsorge geleistet hätte und dass eine Frau erzählte, ihre Tochter habe gesagt, er habe etwas von ihr gewollt.[23] Auf Nachfragen gibt sie an:

21 Protokoll vom 26.7.20■■, in: LKA, Sonderheft Rolf R.

22 Protokoll vom 26.7.20■■, in: LKA, Sonderheft Rolf R.

23 Vgl. Protokoll vom 26.7.20■■, in: LKA, Sonderheft Rolf R.

> »Die Sekretärin hat wahrscheinlich alles gewusst. Das ist ein heikles Kapitel. Sie hat ihn mit dem Alkohol gedeckt, alle Flaschen weggeräumt. Ich hatte den Eindruck, sie hat an seinem Verhalten Frauen gegenüber nichts gefunden. Sie fand nichts dabei, denke ich.«[24]

Die Zeugin beschreibt den Pfarrer als einen Charakter, dem es gar nicht so sehr um Sex, sondern vor allem um Macht über Menschen gegangen sei, der Menschen für sich einnehmen wollte.

Lebenslange Buße – Simone W.

Im selben Jahr, in dem Wiebke S. Anzeige erstattet hat, erhält die ermittelnde Oberkirchenrätin eine Mail von Simone W., die in den 1970er-Jahren Haushaltspraktikantin bei dem Pfarrerehepaar R. war und ebenfalls von dem Pfarrer so manipuliert wurde, dass es zu sexuellen Handlungen kam. »Daraus ist für mich eine emotionale Bindung und Abhängigkeit entstanden, aus der ich erst entfliehen konnte, als ich meinen Mann kennenlernte. ›Ich fühle mich von Rolf R. missbraucht.‹«[25]

Im September schildert zusätzlich der Ehemann von Simone W., der selbst Pfarrer ist, in einem Schreiben »Meine Aussöhnungsbemühungen mit Rolf R.«, wie ihm das Verhalten seines Amtsbruders zugesetzt habe. Er habe Rolf R. wenige Wochen vor der Hochzeit mit Simone gebeten, von seinem ehebrecherischen Verhalten abzulassen und seine Sünde zu bekennen sowie sich wie-

24 Protokoll vom 26.7.20■■, in: LKA, Sonderheft Rolf R.

25 Mail vom 30.8.20■■, in: LKA, Sonderheft Rolf R.

der der eigenen Ehe zuzuwenden. Er habe an seinen Amtsbruder appelliert:

> »Mach Schluss mit diesem ehebrecherischen Verhalten! Betrüge nicht länger deine Frau. Binde nicht weiter unverheiratete Mädchen an dich. Du versündigst dich an ihnen. Du machst es ihnen dadurch sehr schwer, eine eigene glückliche Ehe aufzubauen. Begreife doch, dass du dir selbst etwas vormachst. Die Sünde wird nicht dadurch geringer, dass man sich einredet, es ist gar keine. Bitte Gott um die rechte Sündenerkenntnis, bereue aufrichtig vor Gott deine Schuld. […] Lass nicht länger Satan über deinem Leben triumphieren.«[26]

Selbst der Kollege im Amt kommt jedoch nicht auf die Idee, jenseits der moralischen Verfehlung in diesem Verhalten eine Verletzung von Amtspflichten zu sehen. Auch er meldet den Vorfall nicht der Kirchenleitung der Landeskirche.

Simone W. leidet auch während der Zeit danach unter dem außerehelichen Verhältnis, das sie eingegangen war. Nach vielen Jahren sucht sie schließlich Inge R. auf und entschuldigt sich bei ihr. Diese verzeiht ihr. Simone W. fährt mit ihrem Mann dann auch noch zu Rolf R. und klagt ihn an – so jedenfalls beschreibt es der Ehemann in seinem Text für die Landeskirche:

> »Wir waren bei deiner Frau und ich habe mich bei ihr entschuldigt. Ich bin mit schuld, dass ich es nicht geschafft habe, die Beziehung zu dir zu beenden.

26 Brief Klaus W. vom 15.9.20■■, in: LKA, Sonderheft Rolf R.

Doch dass du deine seelsorgerliche Rolle und meine jugendliche Unerfahrenheit missbraucht hast, um mich in eine emotionale und sexuelle Abhängigkeit zu verwickeln, das ist deinen [sic] Schuld und die lassen [sic] ich bei dir. Du hast mich missbraucht!«[27] [Hervorhebung UG]

Auch Simone W. wird ins Landeskirchenamt geladen und macht dort ihre Aussage. Ihr Fall ähnelt dem von Wiebke S. in der Tat frappierend: Auch sie ist eine junge Frau, 19 Jahre alt, die im September – direkt vor Wiebke S. – nach dem Abitur als Haushaltspraktikantin in die Pfarrfamilie kommt. Sie fühlt sich mit der Situation manchmal überfordert. Rolf R. spricht sie an und gibt sich verständnisvoll. Er sucht auch den Körperkontakt, jedoch noch nicht mit sexuellen Konnotationen. Im Juli des Jahres befindet sich Frau R. dann für eine Woche in einer Kur. Für die Kinder und den Haushalt waren insgesamt drei junge Frauen verantwortlich. Hier ist auch Beate K. dabei. Eines nachts kommt er dann in das Schlafzimmer von Simone W., zieht sie aus und bewundert ihren Körper. Zu weiteren sexuellen Übergriffen bzw. zum Geschlechtsverkehr kommt es nicht. Kurz darauf verlässt Simone W. die Familie, um zu studieren. Vor dem Studium arbeitet sie noch einige Zeit in einem Kinderheim in Langenfeld und ist oft bei R.s zu Besuch. Hier schläft Simone W. im Gästezimmer, d.h. im Untergeschoss und somit auf der Ebene, auf der Pfarrer ebenfalls sein Schlafzimmer hat:

> »Noch während des Jahres, in dem ich in Langenfeld war, ist es dann auch zu Geschlechtsverkehr gekommen, wobei er da auch seine eigenen Methoden hatte.

27 Brief Klaus W. vom 15.9.20■■, in: LKA, Sonderheft Rolf R.

> Er hat immer gesagt, das Letzte sollte deinem späteren Mann vorbehalten bleiben. Das hieß, dass er mit seinem Glied nicht ganz eingedrungen ist, sondern nur ein bisschen und dass er zum Samenerguss dann immer raus gegangen ist, auf die Toilette.«[28]

Simone W. hatte auch bemerkt, dass Rolf R. insgesamt mit Frauen sehr vertraulich umging, war aber nie davon ausgegangen, dass sie nicht das einzige Verhältnis war, das er hatte. Gleichzeitig bleibt auch sie in der Ambivalenz, was das Verhältnis insgesamt angeht. Auch sie fühlte sich – wie Frau Wiebke S. – durch ihn gefördert:

> »Wichtig ist mir noch zu erwähnen: Es war eine sexuelle Beziehung, aber gleichzeitig war er auch die ganze Zeit mein Seelsorger, mein Berater in allen Lebensfragen. Alle Fragen, die man als junger Mensch so hat, was Studium und Beruf angeht, auch die Frage, wie finde ich einen Lebenspartner, der das ganze Leben mit mir teilt, habe ich mit ihm besprochen.«[29]

Simone W. gelingt es, die Beziehung zu beenden, als sie ihren späteren Mann kennenlernt. Sie gibt im Protokoll an, dass eine Sensibilisierung für ihren eigenen Missbrauch erst durch Fälle in ihrer näheren Umgebung erfolgt sei, als sie nämlich klar äußerte, dass bei einem Verhältnis zwischen einer 17-Jährigen und einem 40-Jährigen der Mann die Verantwortung trüge. Daraufhin sei ihr klargeworden, dass es in ihrem Fall genauso war, dass nämlich der

28 Protokoll vom 28.9.20■■, in: LKA, Sonderheft Rolf R.

29 Protokoll vom 28.9.20■■, in: LKA, Sonderheft Rolf R.

Pfarrer eine seelsorgerliche Situation ausgenutzt hatte, um sich ihr körperlich zu nähern. Im Kontakt mit Inge R. hatte sie zudem erfahren, dass die Tochter Laura sich ebenfalls überlegen würde, ob sie ihren Vater anzeigt. Zudem hätten die Söhne und Töchter Rolf R.s ihm einen Brief geschrieben, dass er nicht mehr auf Jugendfreizeiten mitfahren solle.[30] Am 8. November 20■■ schreibt der Vorgesetzte Pfarrer L. eine Dienstanweisung an Beate K., die ihr ausdrücklich untersagt, Rolf R. an einer Maßnahme zur Kinder- und Jugendarbeit zu beteiligen, solange ein Disziplinarverfahren anhängig sei.[31]

Simone W. hat ihrem Protokoll einige Abschriften aus ihrem Tagebuch beigefügt, die deutlich den Zwiespalt illustrieren, in dem sie sich befand: Sie sah sich gegenüber Frau R. verpflichtet, versuchte aber andererseits, den Versicherungen Rolf R.s zu glauben, dass sie nichts Unrechtes täten. Sie nimmt die sexuellen Spannungen wahr, die entstehen, auch wenn er nur ihre Hand nimmt und ihr in die Augen sieht. Sie sieht das Gott gegenüber als Schuld an, kann sich aber nicht wehren. Der Pfarrer beschwichtigt ihre Skrupel, er wolle nichts Unrechtes, er wolle nicht besitzen und begehren, sondern er habe sie gern und wolle das zeigen. Sie interpretiert das als »Weite«.[32]

Dennoch bleiben die Unsicherheiten, die der Pfarrer mit Sätzen wie den folgenden beschwichtigt:

> »Er meint, es sei kein Unrecht, wenn wir es nicht mit dem Gedanken, dass es gegen seine Frau ist, machen. Oft spielt das Besitzenwollen in unseren Beziehun-

30 Vgl. Protokoll vom 28.9.20■■, in: LKA, Sonderheft Rolf R.

31 Vgl. Dienstanweisung für Beate K. vom 8.11.20■■, in: LKA, Personalakte Beate K.

32 Vgl. Tagebucheintrag vom 12.1.1977, in: LKA, Sonderheft Rolf R.

> gen eine Rolle. Das ist nicht richtig. Aber wenn man von der Vergebung lebt, kann man es wagen und immer wieder Vertrauen gewinnen.«[33]

Er ist sich sicher, dass er mit vielen Menschen verbunden sein kann, ohne seine Ehe zu gefährden. Ehebruch begänne erst, wenn man mehr wolle.[34] Mit der Rede von der Vergebung versucht er, ihr zu zeigen, dass er verantwortlich und theologisch legitimiert mit der Situation umgeht. Trotz dieser Relativierungen bleibt Simone W. unsicher. Er versichert ihr: »Es ist richtig, solange wir dankbar sind, nicht haben wollen und eine bestimmte Grenze nicht überschreiten.«[35]

Das junge eingeschüchterte Mädchen tut alles für ihn und die Familie, ohne daraus Ansprüche abzuleiten. Mehrfach wird Beate K. erwähnt, die von Simone W. vermisst wird, da sie häufiger auch gleichzeitig im Haushalt waren. Zugleich ist sie gelegentlich eifersüchtig auf diese.[36] Viele Wochenenden fährt Simone W. nach Blauberg und setzt die Beziehung fort. Sie freut sich, als ein weiteres Kind der Familie geboren wird.[37] Zwischendurch plagen sie Depressionen. Als verliebte junge Frau wünscht sie sich eine Beziehung, zu der sie sich bekennen kann. Ansprüche weist Rolf R. immer wieder entschieden zurück: »Es wird falsch, wenn Begehrlichkeit im Spiel ist. Begehrlichkeit heißt festhalten wollen, eifersüchtig zu sein. Liebe heißt, sich freuen am andern. Wenn falsche Gedanken kommen, zu Jesus gehen und um Vergebung bitten.«[38]

33 Tagebucheintrag vom 25.1.1978, in: LKA, Sonderheft Rolf R.

34 Vgl. Tagebucheintrag vom 31.7.1978, in: LKA, Sonderheft Rolf R.

35 Tagebucheintrag vom 25.8.1978, in: LKA, Sonderheft Rolf R.

36 Vgl. Tagebucheintrag vom 26.12.1978 in: LKA, Sonderheft Rolf R.

37 Vgl. Tagebucheintrag vom 26.12.1978.

38 Tagebucheintrag vom 22.10.1978, in: LKA, Sonderheft Rolf R.

Der Pfarrer instrumentalisiert so den Glauben und die Gottesbeziehung, um seiner jungen Geliebten weiterhin das Gefühl zu geben, sie tue das Richtige. Aber ihre Skrupel lassen sich auf Dauer nicht verdrängen:

> »Ist es falsch, dass ich eine so enge Beziehung zu Rolf habe? Praktizieren wir etwas, was in die Ehe gehört? Warum kann er es aber immer noch so positiv sehen? Er hat sich doch schon so viele Gedanken über die Ehe gemacht. Seine Ehe mit Inge ist doch glücklich. Soll ich mich von ihm distanzieren?«[39]

Im Gegensatz zu Rolf R. selbst, der dem Landeskirchenamt gegenüber immer wieder versichert, seine Ehe sei zerrüttet gewesen, nimmt die junge Frau das anders wahr. Sie glaubt, dass die Ehe der beiden intakt ist. An keiner Stelle gibt sie sich der Illusion hin, dass aus dem Verhältnis eine Ehe werden könnte. Sie sehnt sich aber nach einer verbindlichen Beziehung, nach jemandem, mit dem sie ihr Leben teilen kann.[40] Diese Zerrissenheit begleitet sie die nächsten Monate. Simone W. realisiert, dass sie im Leben des Pfarrers keine hohe Priorität hat. Sie weiß, dass der Wunsch nach einem Zusammenleben niemals erfüllt werden wird und dass er es ist, der die Grenzen dieser Beziehung zieht.[41] Erst viele Jahre später gelingt es ihr, sich aus dieser toxischen Beziehung zu lösen.

Genauso wie bei Wiebke S. wird Rolf R. einige Jahre später nochmals Kontakt zu Simone W. aufnehmen und ihr sagen, sie

39 Tagebucheintrag vom 2.1.1979, in: LKA, Sonderheft Rolf R.

40 Vgl. Tagebucheintrag vom 7.2.1979, in: LKA, Sonderheft Rolf R.

41 Tagebucheintrag vom 3.7.1979, in: LKA, Sonderheft Rolf R.

sei für ihn »etwas ganz Besonderes« gewesen.[42] Damals – so gibt sie zu Protokoll – sei sie noch davon überzeugt gewesen, dass sie die »einzige Geliebte« war, teilte ihm jedoch auch mit, dass es nicht richtig war, was damals geschah.

Auf Nachfrage beschreibt Simone W., dass es zweimal zu einer Aussprache mit Frau R. gekommen sei, bei der sie sich entschuldigt habe. In dem Gespräch bestätigte Frau R., dass sie öfter den Verdacht gehabt hätte, dass es Affären gab. Ihr Mann habe sie jedoch der krankhaften Eifersucht bezichtigt, wenn sie ihn darauf angesprochen habe. Frau R. berichtet ihr auch, dass es bereits bei den AC Vorfälle gegeben habe. Im Nachgang des Gesprächs beim Landeskirchenamt bedankt sich Simone W. für die offene und vertrauensvolle Atmosphäre und fragt: »Natürlich wühlt uns immer wieder die Frage auf: Wie konnte das geschehen, dass dieser fromme Mann so gewissenlos junge Frauen verführte und in seinen Bann zog?«[43]

Da auch Rolf R. das Protokoll zugesandt bekommt, sieht er sich bemüßigt, auf die Anschuldigungen zu antworten. Im Oktober schreibt er an die zuständige Oberkirchenrätin, dass Frau W. ja bereits volljährig gewesen sei, als sie in die Familie kam und dass alle Zärtlichkeiten einvernehmlich gewesen seien. Auch sei die Beziehung nicht aus der Seelsorge, sondern aus dem familiären Kontakt erwachsen und sei seine Ehe bereits zerrüttet gewesen.[44] Die zuständige Staatsanwaltschaft bestätigt genau diese Haltung, als sie nach Übersendung der Anhörung beim Landeskirchenamt von der Einleitung eines Verfahrens absieht: Simone W. sei volljährig gewesen.

42 Protokoll vom 28.9.20■■, in: LKA, Sonderheft Rolf R.

43 Brief bzw. Mail Simone W. vom 20.09.20■■, in: LKA, Akte Simone W., Nr. 3, 20■■/20■■.

44 Vgl. Brief vom 6.10.20■■, in: LKA, Sonderheft Rolf R.

> »Aus den weiteren Angaben von Frau W. ergibt sich lediglich, dass sie und Herr R. eine außereheliche Liebesbeziehung hatten, in deren Rahmen Frau W. freiwillig sexuell mit Herrn R. verkehrte. Ein strafrechtlich relevanter Sachverhalt liegt nicht vor.«[45]

Im Januar bittet Simone W. schließlich das Landeskirchenamt bzw. Frau OKR U. um eine Kostenübernahme für ihre Therapie, da diese ihre gesetzliche Krankenkasse nicht übernimmt. Als Kosten pro Stunde gibt sie 50,- Euro an.[46] Sie bekommt die Antwort, dass Kosten bis zur Höhe von 1.000 Euro für eine therapeutische Behandlung übernommen würden, wenn ein Therapieplan vorläge.[47] Die Therapeutin veranschlagt Kosten von mindestens 5.200 Euro, da eine posttraumatische Belastungsstörung mit einer rezidivierenden depressiven Störung vorläge.[48] Das Sekretariat der OKR U. schreibt daraufhin an den Beauftragten der Entschädigungs-AG, dass sie 1.000 Euro als Entschädigung für ausreichend halte: »Meiner Ansicht nach bieten weder das Schreiben von Frau W., noch das ihrer Therapeutin Anlass, die Höhe der Entschädigung nochmals zu überdenken oder erneut zum Beratungsthema zu machen.«[49] Es bleibt so bei der Zahlung von 1.000 Euro.

45 Brief zuständige Staatsanwaltschaft an OKR U., in: Pfarrer Rolf R., Nr. 5 (20██.20██).

46 Vgl. Mail Simone W. vom 18.1.20██, in: LKA, Sonderheft Simone W., Nr.3, 20██/20██.

47 Vgl. Schreiben an Simone W. vom 8.3.20██, in: LKA, Sonderheft Simone W., Nr. 3, 20██/20██.

48 Vgl. Schreiben der Therapeutin an das Landeskirchenamt, in: LKA, Sonderheft Simone W., Nr. 3, 20██/20██.

49 Mail vom 8.3.20██, in: LKA, Sonderheft Simone W., Nr. 3, 20██/20██.

4.2 Strategien des Pfarrers und fruchtlose Interventionen

Sichtbar wird an den protokollarischen Aussagen, dass Rolf R. eine erkennbare Strategie verfolgte, mit der er sich den jungen Haushaltshelferinnen näherte. Sie wurden theologisch manipuliert, indem ihnen eine Theologie der Freiheit von Besitzanspruchsdenken suggeriert wurde, die es ihnen unmöglich machte, Ansprüche zu stellen. Gleichzeitig befanden sich die jungen Frauen in der für sie schwer erträglichen Situation, dass der Pfarrer die ganze Zeit verheiratet war und blieb und die Familie sich stetig vergrößerte. Er baute bewusst ein seelsorgerliches Abhängigkeitsverhältnis auf, das er spirituell auflud, um sich seinen jungen Schutzbefohlenen sexuell zu nähern.

Keine der jungen Frauen fand eine*n adäquate*n Ansprechpartner*in. Die Übergriffe wurden bagatellisiert und stigmatisiert – so u. a. von Heiner Richter bei Wiebke S. Deren Mutter hatte sich um Hilfe bittend an den Pfarrer von Kleintal, Herrn G., gewandt, der versprochen hatte, beim Landeskirchenamt anzurufen. Ob das geschehen ist, ist unsicher. Aktennotizen dazu gibt es nicht. Vielleicht hat jemand beim zuständigen Landeskirchenamt interveniert, eventuell auch Herr Richter. Aber aus diesen Kommunikationen, falls sie denn stattgefunden haben, resultierte nichts. Bei Simone W. wurden die Übergriffe durch ihren späteren Ehemann dramatisiert und theologisch und moralisch dämonisiert. Aber auch Klaus W., der selbst Pfarrer ist, meldete den Übergriff bzw. das uneheliche Verhältnis nicht dem Landeskirchenamt.

Betrachtet man die Fälle im Ganzen, ist ein Muster zu erkennen: Hier der charismatische, ausgesprochen wortgewandt predigende Pfarrer, der zugewandt ist und die jungen Frauen ermutigt, ihren eigenen Weg zu gehen, sie beruflich bestärkt. Dort der übergriffige sexuell »libertinäre« Mann, der die Unerfahrenheit seiner Haushaltshilfen ausnutzt und Beziehungen aufbaut, die mit seinem Status als verheirateter Pfarrer, seiner theologischen Position und dem Pfarrer*innendienstgesetz nicht in Übereinstimmung zu bringen sind. Seine Promiskuität ist unbestritten. Sein Verhalten gegenüber den beiden Haushaltshilfen ist zwar nicht justiziabel, jedoch ist unverkennbar, dass er seinen Status, seine Position als Pfarrer und Ehemann einer vielköpfigen Familie, der sich für seine Gemeinde aufopfert, manipulativ ausnutzt. Im Hintergrund steht dabei seine theologische Prägung, die durch die evangelikale Stoßrichtung mit einem besonderen Sendungsbewusstsein und auch mit einer besonderen Selbstgewissheit ausgestattet ist.

4.3 Das Ermittlungsverfahren

Im Juli 20■■ wird die Landeskirche informiert, dass ein Ermittlungsverfahren gegen Rolf R. wegen Vergewaltigung/sexueller Nötigung eingeleitet wurde. Es kommt zu einer Verurteilung. Das Gericht sieht es als erwiesen an, dass er die damals 15-jährige Susanne B. in drei Fällen sexuell genötigt hatte. Daraufhin untersagt ihm die Landeskirche die öffentliche Wortverkündigung, Sakramentsverwaltung und weitere Amtshandlungen und kürzt sein Ruhegehalt ab dem 1.10. um 30 %. Grundlage ist eine Mail von Simone W., die nach Meinung der Kirchenrätin beweist, dass die Aussage Rolf R.s, er sei in Wiebke S. verliebt gewesen, eine Schutzbehauptung war, und er vorsätzlich zu den jungen Mädchen in seinem Haus eine sexuelle Beziehung aufgenommen habe. Dies spricht dafür, »dass Herr R. zielgerichtet junge Mädchen verführte«.[50]

50 Erläuterungen zum Sonderprotokoll, in: LKA, Sonderheft Rolf R.

Das Landeskirchenamt zieht somit Konsequenzen aus den zwei dort bereits bekannten Fällen und dem dritten Fall, der strafrechtliche Relevanz hat. Während das Ermittlungsverfahren läuft, geht parallel das Disziplinarverfahren der Landeskirche weiter. Es werden Zeugen und Zeuginnen vernommen.

Zeuge Heiner R. von den AC – laissez-faire, evangelikal

Auch Heiner Richter wird nun vom Landeskirchenamt zu einer Befragung geladen. Er berichtet, dass Rolf R. sich »erotisch« an junge Mädchen herangemacht habe, aber nicht sexuell. Zudem erwähnt er ein über zehn Jahre dauerndes Verhältnis, das Rolf R. mit einer verheirateten Frau gehabt habe. Wann er dies erfahren hat, wird nicht deutlich, ansonsten widerspräche es der späteren Aussage, dass er von sexuellen Beziehungen nichts gewusst habe.[51] An keiner Stelle wird erwähnt, dass Rolf R. damit aktiv Ehebruch beging, und zwar in einer Gemeinschaft, die sich im Hinblick auf ihre Sexualethik zu strikten Normen des Zusammenlebens verpflichtete, die Liebesbeziehungen untereinander ausschloss. Richter ist der Meinung:

> »Er hat sie bezirzt, alle miteinander. R. hatte eine sehr starke Ausstrahlung. Sein Abendmahl war überfüllt. Ich kenne heute noch Frauen, die in der kirchlichen Öffentlichkeit stehen und die durch ihn den Anschluss bekamen, das Christsein zu praktizieren.«[52]

51 Vgl. Protokoll vom 6.9.20■■, in: LKA, Sonderheft Rolf R.

52 Vgl. Protokoll vom 6.9.20■■, in: LKA, Sonderheft Rolf R.

Mit dem Begriff »Bezirzen« ist erneut eine Relativierung impliziert. Er erwähnt zudem eine Frau, die Rolf R. habe adoptieren wollen, um sie näher an sich zu binden und mit der er ein Verhältnis gehabt habe. D.h. auch für Richter ist klar, dass das Mitglied seiner AC, das einige Jahre ihr Aushängeschild war, sexuell übergriffig geworden ist und Abhängigkeiten schuf. Da es innerhalb der AC ein Reinheitsversprechen gab – es durften keine Liebesbeziehungen eingegangen werden, während man zur Gemeinschaft gehörte –, gab es zwar das Verbot der Beichtabnahme durch Rolf R. bei Frauen, aber ansonsten wurden keine weiteren Schritte unternommen. Dies ist insofern merkwürdig, als die AC für ein konservatives Bild von Ehe und Familie standen und Rolf R. verheiratet war. Die Gefühle der Ehefrau spielten offensichtlich für Heiner Richter überhaupt keine Rolle.

Heiner Richter sieht die jungen Frauen in der völligen Eigenverantwortung und offensichtlich eigenen Schuld, wenn er aussagt:

> »Die Mädchen haben um ihn gebuhlt, sie waren glücklich, wenn er sie angeschaut hat. Er hatte eine ganz besondere Ausstrahlung. Sie fühlten sich von ihm nicht missbraucht. Nur dann, wenn eine Beziehung auseinanderging oder eine davon Wind bekam, dass es noch eine andere Frau gab, fühlten sich manche im Nachhinein missbraucht oder gekränkt.«[53]

Er kann sich nicht erinnern, mit Wiebke S. gesprochen zu haben. Auch die Empfehlung, die Haare abzuschneiden, hätte durchaus von ihm kommen können; er gibt an, er sei damals der Meinung

53 Vgl. Protokoll vom 6.9.20■■, in: LKA, Sonderheft Rolf R.

gewesen, wenn jemand die eigene Haltung und den Stil verändere, könne er bzw. sie ein solches Verhalten abwehren.[54] Wiederum wird die Eigenverantwortung der jungen Frauen in den Vordergrund gestellt. Richter erwähnt auch, dass innerhalb der eigenen Kommunität die sog. Geschwisterregel galt, d.h. sexuelle Beziehungen untersagt waren. Offiziell habe er von den Beziehungen Rolf R.s nichts erfahren. Er habe jedoch untersagt, dass die jungen Frauen bei Rolf R. beichteten. Er resümiert:

> »Hinzufügen muss man auch noch, dass er unser einziger Theologe in der Leitungsmannschaft war. Er hat großen Anteil an der Verkündigung und an den missionarischen Flugschriften gehabt, die wir verbreitet haben. Er war auch ein Zauberer mit Worten.«[55] [Hervorhebung UG]

Die Tochter

In einem Brief schildert schließlich noch Rolf R.s Tochter Laura einen Missbrauch durch ihren Vater, der stattgefunden habe, als sie 12 Jahre alt war.[56] Der Vorgang ereignete sich während eines Urlaubs im Allgäu. Nachdem ihre Mutter in dem gemeinsamen Ehebett eine Geschichte vorgelesen hatte, berührte ihr Vater – der offensichtlich mit im Bett lag – sie an den Brüsten und im Genitalbereich.[57] Es scheint sich um einen einmaligen

54 Vgl. Vgl. Protokoll vom 6.9.20■■, in: LKA, Sonderheft Rolf R.

55 Vgl. Protokoll vom 6.9.20■■, in: LKA, Sonderheft Rolf R.

56 Vgl. Brief von Laura R. an Frau OKR U. vom 9.9.20■■, in: LKA, Sonderheft Rolf R.

57 Vgl. Brief von Laura R.

Vorfall gehandelt zu haben. Jedenfalls wird kein weiterer Übergriff mehr erwähnt. In dem Brief erwähnt sie jedoch auch noch den Missbrauch einer ihrer Cousinen durch Rolf R. Sie und ihre Geschwister hätten dem Vater einen Brief geschrieben, um ihm die Teilnahme an Kinderfreizeiten zu untersagen. Beate K. habe sich ebenfalls eingeschaltet und an Laura appelliert, ihren Vater nicht in seiner Existenz zu gefährden. Sie habe ihr Verleumdung unterstellt.[58]

Aussagen von Beate K. und Konstanze L.

Ende September wird nun Beate K. angehört. Sie gibt an, sich an das Verhältnis zwischen Rolf R. und Wiebke S. nicht mehr genau erinnern zu können, allerdings sei Wiebke auf ihn wütend gewesen und sie hätten öfter über ihn gesprochen.[59] Sie sei seit dessen Scheidung mit Rolf R. zusammen, weil sie während seiner lebensbedrohlichen Alkoholkrankheit realisiert habe, wie viel er ihr bedeute. Sie wusste weder von der Beziehung zu Wiebke S., noch von der zu Simone W. Ihres Wissens habe Rolf R. die Situation innerhalb der Familie nicht ausgenutzt, sondern habe die im Haushalt arbeitenden Frauen mit seiner Wertschätzung unterstützt, während sie ansonsten »eine Chefin hatten, die sehr kritisch war und die schnell auch gedemütigt hat. Da war er der Gegenpol, der uns Wertschätzung hat zukommen lassen.«[60]

Auch die ehemalige Gemeindesekretärin Konstanze L. gibt zu Protokoll, dass sie keine verdächtigen Annäherungen Rolf R.s be-

58 Vgl. Brief von Laura R.

59 Vgl. Protokoll vom 6.10.20■■, in: LKA, Sonderheft Rolf R.

60 Protokoll vom 6.10.20■■, in LKA, Sonderheft Rolf R.

merkt hat. Es habe sie sehr gekränkt, dass Wiebke S. ihr geschrieben habe, sie bräuchte ihr nicht mehr zum Geburtstag zu gratulieren, nachdem sie mit dieser noch jahrelang brieflich Kontakt gehalten hatte und sogar bei ihrer Hochzeit eingeladen war. Sie kann sich nur erinnern, dass Wiebke S. einmal krank gewesen sei und sie sie in ihrem Zimmer aufgesucht und gedrückt und gestreichelt habe. Da habe Wiebke S. sie gefragt, ob es in Ordnung sei, wenn Herr R. das auch mache. Das habe sie damals bejaht. Aber sie gibt zu:

> »Es kann sein, dass ich damals naiv war, es waren aber immer viele Menschen da von der AC und von den Kirchentagen z.B., Männer und Frauen. Mir ist nicht aufgefallen, dass er mit Frauen irgendwie besonders umgegangen wäre.«[61]

Sie streitet ab, Flaschen von ihm weggeräumt zu haben, räumt allerdings ein, dass er nach Alkohol gerochen habe.[62]

Die juristische Beurteilung

Die Zeugenaussagen von Wiebke S. und Simone W. werden der zuständigen Staatsanwaltschaft zugeleitet; von einem Ermittlungsverfahren wird aber abgesehen, weil Simone W. damals bereits volljährig war und die sexuelle Beziehung freiwillig aufnahm. Damit handelte es sich um keinen strafrechtlich relevanten Sachverhalt. Genauso wird die Beziehung zu Wiebke S. eingeschätzt, nicht

61 Protokoll vom 10.10.20■■, in: LKA, Sonderheft Rolf R.

62 Vgl. Vgl. Protokoll vom 10.10.20■■, in: LKA, Sonderheft Rolf R.

zuletzt, weil eine sexuelle Beziehung erst eingegangen wurde, als diese schon volljährig war. Es handelte sich um kein »strafrechtlich relevante Gewaltausübung beziehungsweise Drohung mit Gefahr für Leib und Leben«.[63]

Aufgrund dieser Auskünfte setzt das Landeskirchenamt nun das Disziplinarverfahren aus. Da die vorgelegten Fälle von der Staatsanwaltschaft nicht als strafrechtlich relevant erachtet werden, gleichzeitig aber ein Strafverfahren anhängig ist, will die Kirche zunächst abwarten, wie das Gerichtsurteil ausfällt. Den Vorwürfen wird nun nicht mehr intensiver nachgegangen. Wiebke S. wird am Ende des Jahres auf ihre Nachfrage hin mitgeteilt, dass man das Ende des Prozesses abwarte.

Der Prozess wegen sexueller Nötigung

Rolf R. wird in drei Fällen wegen sexueller Nötigung verurteilt. Die Klägerin gibt vor Gericht an, dass sie ihrer Mutter von den sexuellen Übergriffen erzählt habe. Die Mutter gibt dies zu. Auch sie habe jedoch nichts unternommen.

Rolf R. wird zu einer Freiheitsstrafe auf Bewährung verurteilt. Einem Zeitungsbericht über die Gerichtsverhandlung zufolge soll der Kriminalbeamte, der damals den Fall aufgenommen hat, als sich die jetzt 26-Jährige nach zehn Jahren endlich getraut hatte, zur Polizei zu gehen, wie folgt ausgesagt haben: Der Angeklagte habe, als sie sich gewehrt habe, gesagt: »Wie kannst du mich schlagen, wo ich doch so viel Liebe für Dich habe, die Gott mir geschenkt hat.«[64]

63 Schreiben der zuständigen Staatsanwaltschaft vom 23.11.20■■.

64 Zeitungsartikel »Vom Pfarrer missbraucht?«, in: LKA, Sonderheft Rolf R.

Als Zeugin wurde in diesem Verfahren auch Beate K. vernommen, weil sie die Jugendfreizeit geleitet hatte, an der sowohl Rolf R. als auch die Geschädigte teilgenommen hatten. Sie wird dabei als jetzige Partnerin des Angeklagten bezeichnet. Im Zeitungsbericht wird sowohl erwähnt, dass Rolf R. alle Vorwürfe abgestritten habe, aber auch, dass die junge Frau als absolut glaubwürdig eingestuft worden sei. Der Angeklagte wurde als »selbstverliebter Mann« charakterisiert, der sich nicht das erste Mal zu jungen Mädchen hingezogen gefühlt habe.[65]

Aufgrund der Verurteilung durch ein »weltliches« Gericht wird Rolf R. aus dem Pfarrdienst entfernt, die Ordination wird aberkannt und der Anspruch auf eine Pension erlischt. Stattdessen wird er gesetzlich rentenversichert. Er verliert seinen Beihilfestatus. Keine gesetzliche Krankenkasse wird ihn bis zu seinem Tod mehr aufnehmen. Nach der Verurteilung wird das kirchliche Disziplinarverfahren eingestellt.

Schritte der Aufarbeitung

Wiebke S. nimmt erneut Kontakt mit dem Landeskirchenamt auf bzw. wendet sich an den Präses T. Nachdem das Disziplinarverfahren ohne Urteil beendet wurde, weil Pfarrer R. vom zuständigen Amtsgericht zu einer Freiheitsstrafe auf Bewährung wegen sexuellen Missbrauchs verurteilt wurde, möchte Wiebke S., dass die Landeskirche damit den »Fall« nicht zu den Akten legt. Sie beklagt, dass keine systematische Aufarbeitung der sexualisierten Gewalt, die Pfarrer R. über viele Jahre ausgeübt habe, vorgenom-

65 Zeitungsartikel »›Selbstverliebter‹ Pfarrer zu Bewährungsstrafe verurteilt, in: LKA, Sonderheft Rolf R.

men würde. Sie schreibt: »Als Präses der [...] Landeskirche möchte ich Sie auffordern, im Fall Rolf R. den jahrelangen Missbrauch und die Rolle von kirchenleitenden Personen unabhängig und systematisch aufzuarbeiten.«[66]

Sie beklagt, dass der damalige Präses B. kein wirkliches Interesse an einer Bearbeitung dieses Falles sexualisierter Gewalt gezeigt habe und dass sie selbst das Disziplinarverfahren mit ihrer Vernehmung als Zeugin als »nicht vertrauensfördernd« empfand.[67] Präses T. reagiert schnell und empathisch und versichert, die Aufarbeitung erneut zu prüfen. Wiebke S. fordert von der Landeskirche, dass die »Strukturen, Mechanismen und Personen, die den Missbrauch durch Pfr. R. über viele Jahre vertuscht und ermöglicht haben, offengelegt werden«.[68] Zudem müssten kirchenleitende Personen für eine Kommunikation mit Betroffenen geschult werden. Im August führt Wiebke S. schließlich ein Gespräch mit dem Präses, das auch protokolliert wird. Neben einer Schilderung der Situation in der Pfarrfamilie und des erfahrenen Missbrauchs berichtet Wiebke S. auch noch von Übergriffen in Blauberg auf noch jüngere Mädchen. Darüber habe es ihres Wissens auch ein Gespräch mit dem damals zuständigen Dekan gegeben.[69]

Es ist Präses T., der in einen ernsthaften Dialog mit Wiebke S. eintritt und gangbare Schritte überlegt. So lässt er den Fall nochmals juristisch von dem ehemaligen Richter H. beurteilen. Richter H. hatte nur Einsicht in die Personal- und Disziplinarakten, d.h. die Probleme, die es in den einzelnen Kirchengemeinden gab, wie sie sich beispielsweise in den Protokollen des Kirchengemeinderats

66 Mail Wiebke S. an Präses T. vom 9.12.20■■, in: LKA, Sonderheft Wiebke S., Nr. 1.

67 Mail Wiebke S. an Präses T.

68 Mail Wiebke S. an Präses T.

69 Vgl. Protokoll vom 6.8.20■■, in: LKA, Sonderheft Wiebke S., Nr. 1.

spiegeln, lagen ihm nicht vor. Er kommt zu dem Ergebnis, dass das Landeskirchenamt »die notwendigen Ermittlungen« durchgeführt habe.[70]

Als Handlungsempfehlung für die Landeskirche schlägt er vor, dass mit der Seelsorge beauftragte Mitarbeiter*innen regelmäßig schriftlich darauf hingewiesen werden, dass »sie sich in ihrer persönlichen Lebensführung (insbesondere im sexuellen Bereich) nicht in Widerspruch zu ihrem übernommenen Auftrag setzen dürfen (Art. 89 Abs. 6 GO).« Richter H. kann berichten, dass im Zusammenhang mit Korruption solche Maßnahmen zu einer hohen Sensibilisierung geführt hätten. Eine solche Sensibilität kann er im Hinblick auf sexuelle Grenzüberschreitungen in der Landeskirche für den Fall Rolf R. nicht feststellen.[71] Er attestiert jedoch abschließend: »Zur Aufklärung der im Hinblick auf die den ehemaligen Pfarrer R. betreffenden Fälle sind der Landeskirche keine Versäumnisse vorzuwerfen. Ob einzelne Fälle hätten verhindert werden können, lässt sich im nach hinein nur schwer beurteilen.«[72]

Vom juristischen Standpunkt aus gesehen ist dieser Beurteilung zuzustimmen. Die Sensibilisierung für sexuelle Grenzüberschreitungen erfolgte frühestens Ende der 80er-Jahre.

70 Richter H., Fälle möglicher Grenzüberschreitungen, 18, in: Pfarrer Rolf R. geb. 19■■, gest. 20■■, Nr. 5* 20■■.20■■.

71 Vgl. Richter H., Fälle 19.

72 Richter H., Fälle, 19.

Fehlende Dienstaufsicht?

An zahlreichen Stellen wird deutlich, dass Rolf R.s Vorgesetzte ihrer Dienstaufsichtspflicht nicht nachgekommen sind. Das stellt an dieser Stelle keine juristische Beurteilung dar – das würde meine Kompetenzen bei Weitem überschreiten. Aber im Folgenden soll chronologisch aufgelistet werden, an welchen Stellen ein Eingreifen möglich gewesen wäre. Ob die in den Interviews erwähnten zugesagten Telefonanrufe wirklich getätigt worden sind, entzieht sich meiner Kenntnis. Es ist jedenfalls ersichtlich, dass sämtliche betroffenen Dienstvorgesetzten es vermieden haben, Aktennotizen anzulegen oder Einträge in die Personalakte vorzunehmen oder ein Disziplinarverfahren anzustrengen.

- Heiner Richter, der innerhalb der AC nichts gegen Rolf R. unternimmt, als dieser eine junge Frau adoptieren will, der aber immerhin beim Landeskirchenamt, mutmaßlich bei OKR D., anruft, um den Vorfall Wiebke S. zu melden. Hieraus folgt allem Anschein nach nichts, außer dass Rolf R. Wiebke S. sagt, sie müssten vorsichtig sein. OKR D. hat sich in Folge immer wieder schützend vor Pfarrer R. gestellt.
- Pfarrer G. aus Kleintal, dem die Mutter von Wiebke S. sich anvertraut und der ebenfalls verspricht, beim Landeskirchenamt zu intervenieren.
- Anfang der 1980er-Jahre, so erinnert sich Wiebke S., soll schließlich ein Gespräch mit dem Dekan A. stattgefunden haben, weil es Übergriffe von Rolf R. auf junge Mädchen in der Gemeinde gegeben hatte. Hierzu existieren keinerlei Unterlagen. Spätestens hier hätte in der Disziplinarakte ein Vermerk angelegt bzw. ein Disziplinarverfahren angestrengt werden müssen.

Eventuell kann der Weggang Rolf R.'s nach Bergedorf mit diesen Vorfällen zusammenhängen.

- In Bergedorf ist wiederum OKR D. involviert, der mit den drei Ehepaaren spricht, die sich bei Präses F. über Rolf R. beschwert haben. Er begleitet die Gemeinde, als diese Rolf R. und seine Frau mehr oder weniger zu einer Therapie zwingt. Letztlich erfolgt der Druck aus der Gemeinde und nicht durch die Kirchenleitung, die aber über die Alkoholproblematik und die Eheprobleme informiert ist.
- Dekan C., der im Zusammenhang mit den Vorwürfen von Frau Maria W. an das Landeskirchenamt schreibt und der offensichtlich der Aussage Rolf R.s vertrauen will, dass dieser niemals »sein Amt als Pfarrer und Seelsorger für außereheliche Beziehungen missbraucht« habe.[73]
- Dekan und Prälat Z., der schon während der Bergedorfer Zeit, aber dann auch in der Riehler Zeit, in der Rolf R. wegen der Beziehung zu Maria W. mit ihm im Gespräch ist,[74] keine Schritte zur Einleitung eines Disziplinarverfahrens unternimmt.
- Kirchenrechtsrätin O., die Rolf R. zu einer Stellungnahme hinsichtlich seines Verhaltens gegenüber Maria W. aufgefordert hatte und nach seinen Beteuerungen, er habe kein Eheversprechen gegeben, »von einer Einleitung juristischer Schritte« absieht.[75]
- Präses B., der im Dezember 2001 ein Gespräch mit Maria W. führte, die den Vorwurf der Promiskuität und mehrfach gegebener Eheversprechen macht, und der dann zwar Rolf R. zu einer

73 Vgl. Brief Dekan C. an das Landeskirchenamt vom 18.1.2002, in: LKA, Personalakte Rolf R. Bd. 2.

74 Vgl. Dekan C. an das Landeskirchenamt.

75 Brief Frau O. an Rolf R. vom 7.2.2002, in: LKA, Personalakte Rolf R. Bd. 2.

Stellungnahme auffordert,[76] danach aber trotz Bedenken keine weiteren Schritte unternimmt.[77]

- Eine Disziplinarakte bzw. ein »Sonderheft« wird erst angelegt, als Wiebke S. den sexuellen Missbrauch durch Pfarrer Rolf R. zur Anzeige gebracht hat.

Richter H. hat der Landeskirche mangelnde Sensibilisierung in Bezug auf sexuelle Grenzüberschreitungen attestiert. Dieser Beobachtung ist zuzustimmen. Sie urteilt allerdings aus einer Alarmierung heraus, die im Prinzip erst seit den 2000er-Jahren durch die Missbrauchsfälle in Internaten oder bei der katholischen Kirche angestoßen wurde. Seitdem hat die EKD und haben die Landeskirchen Konzepte entwickelt und ihre Gesetze angepasst.

76 Vgl. Brief Frau O. an Rolf R. vom 9.1.2002 unter Bezugnahme auf das Gespräch Maria W. – Präses B., in: LKA, Personalakte Rolf R. Bd. 2.

77 Die Bedenken äußert er handschriftlich in dem Brief, in dem Frau O. Rolf R. mitteilt, dass sie von einer Einleitung juristischer Schritte absieht: »Nach allem, was ich über die Lebensführung von Pfr. R. weiß, dürfen wir uns mit seiner Antwort nicht zufriedengeben. Deshalb rate ich eindringlich davon ab, Ihren Antwortbrief in dieser Form jetzt abzuschicken. Frau Maria W. ist, wie sie mir versichert hat, zur Aussage bei Ihnen bereit. Ohne ihre Anhörung sollte m.E. keine Antwort an Pfr. R. erfolgen. Entschuldigung, dass ich Ihnen Arbeit mache, aber der Fall belastet mich sehr und ist wohl wesentlich gravierender, als Sie ahnen.« – Das erklärt plausibel, warum Präses B. Wiebke S. so förmlich behandelt hat. Mit ihren Vorwürfen haben sie seine damaligen Bedenken bestätigt. Offensichtlich hat Frau O. von weiteren Schritten abgesehen.

5. »Wie konnte das geschehen?«

»Wie konnte das geschehen, dass dieser fromme Mann so gewissenlos junge Frauen in seinen Bann zog und verführte ?« – so fragte nach vielen Jahren noch eine Betroffene. Auf diese Frage gibt es nicht die »eine Antwort«. Möglich wurde das in diesem Buch beschriebene Missbrauchsgeschehen durch verschiedene Dynamiken und Strukturen, die zusammengenommen das Gefüge bildeten, in dem Übergriffe geschehen konnten und in dem man den Täter über Jahrzehnte hinweg gewähren ließ. Im Folgenden sollen die wichtigsten Aspekte dieses Ermöglichungsgefüges nochmals dargestellt werden.

Die psychologischen Hintergründe, weshalb Rolf R. zum Täter wurde, können dabei nicht einbezogen werden. Das ist im Rahmen einer historischen Fallstudie nicht zu leisten. Die Antriebe und Motive, die in der Person und besonders in der Psyche des Täters liegen, entziehen sich der historischen Betrachtung. Dazu gehört auch die Suchtproblematik, die in der Biographie des Pfarrers über lange Jahre hinweg eine Rolle spielte. Man wird vermuten dürfen, dass der Alkoholmissbrauch Einfluss auf die Weise, wie Rolf R. seine Umgebung wahrnahm und wie er Menschen gegenüber agierte, gehabt hat. Aber zu ergründen, wie Sucht und Missbrauch in diesem Fall konkret zusammenhingen, ist nicht mehr möglich.

Eine mögliche psychologische Perspektive scheint mir jedoch im vorliegenden Fall die These des Sozialpsychologen Rolf

Pohl anzuzeigen, wonach sexualisierte Gewalt mit Sexualität im eigentlichen Sinne nichts zu tun habe, sondern sie »der Bewältigung typisch männlicher, aber prinzipiell nicht-sexueller Konflikte und Krisen« diene.[1] Er vermutet als Ursache sexualisierter Gewalt, dass Sexualität als »Vehikel zur Kompensation frühkindlicher, angstauslösender Defiziterfahrungen benutzt wird«,[2] wenn eine nicht erfolgreich überwundene Mutterablösung vorliege. Ob dieses Begründungsmuster auch hier greifen könnte, kann nicht mit Gewissheit festgestellt werden. Hinweise, dass der vaterlos aufgewachsene Rolf R. ein schwieriges Verhältnis zu seiner Mutter hatte, gibt es jedoch. Diese Indizien weiter zu verfolgen entzieht sich jedoch der Expertise einer Kirchenhistorikerin. Außerdem sollen psychologische Pathologisierungen die Beurteilung der zeithistorischen Befunde, die in dieser Studie erhoben wurden, nicht überschatten. Es gilt zunächst, die Fakten, die aus den Quellen zu erheben sind, und Wahrnehmungen der Beteiligten, die in Interviews zugänglich wurden, in ihren Facetten zu beachten und darzustellen.

Der Pfarrer – eine (un-)heilige Dynamik von Erwählungsbewusstsein, Charisma und Amt

Die sexuelle Revolution, die Ende der 1960er-Jahre an Breitenwirkung gewinnt, führt zu einer bis dahin ungekannten Freiheitserfahrung im Bereich menschlicher Sexualität. Sie hat nun sozusagen auch offiziell nicht mehr ihren einzigen legitimen Ort im Rahmen der Ehe. Experimente und ein Austesten von Grenzüber-

1 Rolf Pohl, Feindbild Frau. Männliche Sexualität, Gewalt und Abwehr des Weiblichen, Hannover 2014, 101.

2 Pohl, Feindbild, 102.

schreitungen werden möglich und gerade auch in der Studentenbewegung praktiziert. Dadurch wurden einerseits Strukturen einer rigiden Sexualmoral durchlässiger, gerade das barg aber die Gefahr, dass das Aushebeln dieser Strukturen ausgenutzt werden konnte. Die damaligen Debatten um sexuelle Selbstbestimmung von Kindern und Jugendlichen, die Grauzonen zur Pädophilie bzw. sogar die offensive Forderung nach Freigabe der Sexualität mit Kindern bei den Grünen in den 1980er-Jahren zeigen dieses Problem in deutlicher Weise an.[3] In dieser Zeit verschoben sich die Grenzen von Denk- und Sagbarkeit. Tabus, die bisher auch als Schutz funktioniert hatten, wurden offensiv gebrochen. Es galt eine gewisse Regellosigkeit.

Im Rahmen seines Studiums und seiner beruflichen Etablierung setzt Rolf R. sich zu diesen Veränderungen ins Verhältnis. Wie sein politisches Engagement während des Studiums zu beurteilen ist, bleibt offen. Niemand der Befragten konnte hierzu konkretere Auskünfte geben, die das, was Rolf R. gelegentlich dazu mitgeteilt hatte, bestätigt oder bestritten hätten. Der von Rolf R. vermittelte Eindruck, er habe aktiv innerhalb der Studentenbewegung, in SDS oder RCDS, mitgewirkt, ließ sich nicht verifizieren.

Deutlich ist aber, dass die Erfahrungen mit der Studentenbewegung die Kontrastfolie bilden, vor der sich die christliche Identität Rolf R.s konkreter ausprägt. Die Mitarbeit bei den AC nimmt einerseits den revolutionären Impuls der Zeit auf, wendet diesen aber andererseits in eine sehr entschieden konservative christliche Welthaltung, wie sie sich beispielsweise in der Art, wie Rolf R.

3 Vgl. Reichardt, Pädosexualität, zu den Grünen bes. 143-145 – der Artikel hält jedoch auch fest, dass linke und grüne Feministinnen gegenüber der Pädophilie stets Einspruch erhoben haben.

seine Beteiligung an den Evangelischen Kirchentagen deutet, ausdrückt.

Das wiederum geht einher mit einem Bewusstsein der Erwählung zu einem »wirksamen Leben unter Gottes Führung«. Die Selbstgewissheit, die hierin zum Ausdruck kommt, ist Ausdruck einer persönlichen, tiefen Überzeugung. Dieses Erwählungsbewusstsein ist dabei offensichtlich nicht von einem selbstkritischen Sündenbewusstsein flankiert. Die eigene Wirksamkeit steht für Rolf R. unmittelbar unter der Hand Gottes. Zwei weitere Aspekte sind es, die diesem Erwählungsbewusstsein im konkreten Geschehen dann eine besondere Wirkkraft verleihen.

Da sind zum einen die damals noch weithin unhinterfragte Autorität des Pfarramts und die darin eingebundene Akzeptanz eines männlichen Dominanzverhaltens. Gerade in ländlichen und kleinstädtischen Gemeinden ist der Pfarrer eine in seinem Verhalten, selbst wenn es als fragwürdig wahrgenommen wird, nicht einfach zu kritisierende oder gar bloßzustellende Autorität. Das Rolf R. Frauen gegenüber übergriffig war, wussten viele, dass er Alkoholiker war, ebenso. Sein Amt aber schützte ihn vor harter, öffentlicher Konfrontation.

Dazu kam als Zweites das unbestreitbare Charisma, über das Rolf R. in der Ausübung seines Amtes, d.h. aus seiner Perspektive: in der Wahrnehmung seiner von göttlicher Erwählung getragenen Rolle, verfügte. Mochte Rolf R. im persönlichen Umgang auch eher blass, unkommunikativ und abweisend wirken, in seiner Rolle »drehte er auf«. Sein auf die Menschen eingehender Predigtstil wird mehrfach als »praktisch« und »anschaulich« beschrieben. Seine große Offenheit für das Unkonventionelle und seine Modernität verschaffen ihm in der Gemeinde viele Anhänger*innen, die offenbar auch seine Nähe suchen. Gerade Jugendgruppen vermag er für Gemeindearbeit und Kirchentage zu begeistern. Er zeigt Interesse für neue Medien: Seine Technikaffinität spiegelt sich in seiner frühen Begeisterung für Computer. Er fördert die neue geistliche Musik, veranstaltet zahlreiche christliche Musikfestivals und tanzt dabei auch selbst – z.T. zum Befremden der Gemeinde.

Während seiner Tätigkeit bei den AC erwirbt Rolf R. sich den Ruf, durch seine Gottesdienste Menschen zum Glauben zu bringen, sie erfolgreich zu evangelisieren und mit seinem Charisma zu begeistern. Dies verschafft ihm bei den AC großes Ansehen und eröffnet ihm erste Gelegenheiten für sexuelle Übergriffe. So erinnert sich die Lebensgefährtin, wie sie um ihre Mitarbeit im Haushalt beim »großen RR« beneidet wurde.[4] Auch Karla F. konstatiert, dass Rolf R. als »religiöser Guru« verehrt wurde.[5] So lernt Rolf R. schon bei den AC viele der Frauen, mit denen er dann Affären oder längere Verhältnisse hatte, kennen. Der Vertrauensvorschuss, den sein Amt ihm verleiht, und das Charisma, mit dem er Menschen für sich einzunehmen weiß, ermöglichen ihm, eine »toxische« Nähe zu Frauen herzustellen, die er in ungleichen Beziehungen an sich bindet und überwältigt.

Diese Überwältigung ist dabei nicht physischer Art, sondern – der Begriff »Guru« deutete es schon an – eher eine seelische Inbesitznahme, die den betroffenen Frauen die Urteilsfähigkeit und Entscheidungsfreiheit nimmt, zumal alle Betroffenen im Machtgefüge der Gemeinde deutlich unter dem Pfarrer stehen und sich in Lebensphasen beruflicher und biographischer Unsicherheit nicht selten von ihm religiöse Wegweisung erwarten.

Rolf R. wiederum bringt in der Begegnung mit den Frauen sein hohes Sendungs- und Erwählungsbewusstsein ein und

4 Vgl. Kap. 3.1, Interview mit Beate K.

5 Vgl. Kap. 3.1, Interview mit Karla F.

erhebt den Anspruch einer Deutungshoheit über Glaubensfragen und bei ethischen und gesellschaftlichen Themen, mit dem er seine Übergriffigkeit und seinen Missbrauch scheinbar legitimiert. So gibt er der zutiefst verunsicherten Simone W. den Rat, ihre »Begehrlichkeit« in den Griff zu bekommen, weil diese bedeute, festhalten und den Partner nicht teilen zu wollen. Er behauptet: »Liebe heißt, sich freuen am andern. Wenn falsche Gedanken kommen, zu Jesus gehen und um Vergebung bitten.«[6] – Diese falschen Gedanken sind nach seiner Auffassung jedoch nicht ihre Skrupel, ihr Missbehagen darüber, dass sie Ehebruch begeht oder ihre Sehnsucht nach einer echten und öffentlichen Verbindung. Ihr Fehler ist, das redet R. ihr ein, ihr Wunsch nach einer echten Beziehung zu ihm, für den sie Jesus um Verzeihung bitten soll. Der Pfarrer agiert an dieser Stelle planvoll mit Versatzstücken einer Theologie, die systematisch der Rechtfertigung seines eigenen Verhaltens dient.

Bisherige Untersuchungen zu Missbrauchsfällen lassen den Aspekt der Theologie und Frömmigkeit des Täters meist außer Acht. Erst in jüngerer Zeit tritt er als neuer Forschungshorizont unter dem Stichwort des »spirituellen Missbrauchs« ins Bewusstsein, und es wird die Frage nach wiederkehrenden Strukturelementen aufgeworfen.[7] Beim vorliegenden Fall zeigt sich, dass Rolf R.s evangelikaler bzw. pietistischer Hintergrund eine Ermöglichungsstruktur darstellt. Eventuell gab es im kirchlichen bzw. speziell im evangelikalen Milieu eine stärkere Akzeptanz gegenüber sexuellen

6 Tagebuchaufzeichnungen Simone W. 22.10.1978, in: Akte Simone W., Nr. 3.

7 Vgl. Dysmas de Lassus, Verheißung und Verrat. Geistlicher Missbrauch in Orden und Gemeinschaften der katholischen Kirche, Münster 2022. Die von ihm geschilderten ähnlichen Phänomene und ähnlich charismatischen Führungspersönlichkeiten zeigen so Strukturelemente geistlichen Missbrauchs. Auch de Lassus macht darauf aufmerksam, dass seine Kirche diese Entwicklung wahrscheinlich hätte verhindern können, hätte sie näher hingesehen (ebd., 42-45).

Grenzüberschreitungen insofern, als in dieser Zeit das Pfarramt immer noch eine Männerdomäne darstellte und sexuelle Übergriffe eher als »Kavaliersdelikte« angesehen wurden, an denen die betroffenen Frauen immer auch selbst »Schuld« hatten – ein bis heute gängiges Relativierungsmuster.

Insofern sollte bei zukünftigen Untersuchungen der Blick für rigide Frömmigkeitsstrukturen und enge theologische Konzepte geschärft werden – in Landeskirchen wie im evangelikalen Milieu.[8] Andererseits besteht eine Gefährdung auch bei betont liberalen und alternativen Strömungen. Bei beiden Konzepten besteht die Gefahr der Konstruktion von Gegen- und Parallelwelten bzw. sog. Sub-Kulturen, die Menschen in Abhängigkeiten bringen, in denen sie manipuliert und ausgenutzt werden können.

Rolf R.s Biographie und beruflicher Werdegang können hierfür als Beispiel gelesen werden: Er absolviert zwar ein staatliches Universitätsstudium der Evangelischen Theologie, tritt aber in Predigt und Jugendarbeit durch sein eigenes Charisma hervor, das von Gemeindemitgliedern als Geistesgabe aufgefasst wird. Seine Christologie orientiert sich nicht an gängigen systematisch-theologischen Entwürfen, sondern kann wohl eher als Jesulogie bezeichnet werden. Jesus tritt hier nicht als der erhöhte Herr auf, der im Weltengericht über die Sünde der Menschen urteilen wird. Vielmehr wird Jesus als grundsätzlich Vergebender beschrieben. Auch das Gefälle zwischen dem in Jesus Mensch gewordenen Gott und dem Menschen als Geschöpf hat in Rolf R.s Theologie keine Relevanz. Damit entwirft er eine Theologie, die die Aspekte Sünde, Reue, Buße und Rechtfertigung außer Acht

8 Vgl. Michael Diener, Religiösen Machtmissbrauch erkennen und verhindern. Entwicklungen in der pietistischen und evangelikalen Bewegung, in: Johann Hinrich Claussen (Hg.), Sexualisierte Gewalt in der evangelischen Kirche. Wie Theologie und Spiritualität sich verändern müssen, Freiburg i.Br. 2022, 115-134.

lässt und sich auf eine Version einer »innerweltlichen Eschatologie« beschränkt. Diese innerweltliche Eschatologie propagiert Erlösung und Sündenfreiheit. Die Erwartungshaltung einer grundsätzlich gewährten Absolution (»Liebe«, »Freiheit«) teilt er dabei selbst, erklärt sie für selbstverständlich und legt sie freizügig für seine Belange aus.[9]

Betroffene Frauen und Bystander*innen – gefangen in den Strukturen von Pfarrfamilie, Dienstverhältnis, Respekt und weiblichen Rollenmodellen

Sein Verhältnis und sein Verhalten Frauen gegenüber rechtfertigt Rolf R. im weitesten Sinne theologisch, wenn er von der Liebe spricht, die in ihm sei und die für viele reiche. Damit legitimiert er mit vagen biblischen Referenzen sogar die sexuelle Nötigung der 15-jährigen Susanne B.

Zum Begründungsmuster für sein sexuelles Verhalten gehört zweitens, das er »Frauen glücklich machen« wolle. Der Nachfolger im Amt bestätigt dies ausdrücklich und die Lebensgefährtin vermutet, dass der Grund für diese Behauptung in der Beziehung liege, die Rolf R. zu seiner Mutter gehabt habe. Sie deutet sein Verhalten psychologisierend und meint offenbar, es damit in gewisser Weise auch rechtfertigen zu können.

Auffällig ist, das die Frauen, die Rolf R.s Übergriffen ausgesetzt waren, sich oftmals in einer emotionalen Stresssituation befanden.

9 Eventuell ist das ein wiederkehrender Topos; vgl. Thomas Großbölting, Sexueller Missbrauch in der katholischen Kirche als Skandal. Oder: Wie und warum sich Grenzen des Sagbaren verschieben, in: Birgit Aschmann (Hg.), Katholische Dunkelräume. Die Kirche und der sexuelle Missbrauch, Leiden 2022, 23-42; hier: 36: »›Gott freut sich daran, dass wir uns so liebhaben‹ – so erklärte und verklärte in der Erinnerung eines Betroffenen der missbrauchende Geistliche seine Gewalttaten.«

Das bestätigen Interviewte selbst und das bestätigen auch die Berichte von Bystander*innen deutlich. Die Interviews geben zudem Hinweise darauf, das einige der Frauen, die R. sexuell ausnutzte, oftmals nicht den gesellschaftlichen Standards von Attraktivität und Gesundheit zu entsprechen schienen, oder sich selbst als von der gesellschaftlichen Norm abweichend wahrnahmen. Dass Rolf R. diese Frauen in die Gemeindearbeit einband, erlebten sie als eine Aufwertung der eigenen Person und als erfüllend. Rolf R. eröffnete somit vulnerablen Frauen eine charismatisch aufgeladene Gegenwelt, in der sie meinten, in ihrer eigenen Wertigkeit wahrgenommen zu werden. Tatsächlich nutzte er die so entstehende Abhängigkeit jedoch für sexuelle Übergriffe.

Für die Betroffenen gehen diese sexuellen Übergriffe mit Gefühlen von Scham und Erniedrigung, mit moralischen Skrupeln, dem Gefühl spiritueller Abhängigkeit und Selbstzweifeln einher. Wirklich wahrgenommen werden diese Gefühle dabei meist erst im weiteren Verlauf der Biographie. Hier werden zudem weibliche Rollenmuster sichtbar, die der Respektsperson höhere Autorität einräumt als der eigenen Autonomie. Dazu kommt bei einigen Frauen das Gefühl der eigenen Schuld, da im konservativen christlichen Milieu das Deutungsmuster der »verführerischen und verführenden Frau« verbreitet ist und von Heiner Richter beispielsweise sogar expliziert wird.[10]

Die Ehefrau und die Kinder Rolf R.s bleiben in den Schilderungen überraschend farblos. Auffällig ist, dass die interviewten Personen Inge R. gegenüber weder Empathie noch Sympathie äußerten. Wahlweise wird sie für das Verhalten ihres Mannes und seine Alkoholabhängigkeit verantwortlich gemacht oder für ihre scheinbare Hilflosigkeit und Überforderung angesichts der Situ-

10 Vgl. Kap. 4.3, Zeuge Heiner R. von den AC – laissez-faire, evangelikal.

ation kritisiert oder bemitleidet. Die Probleme in der Ehe klingen immer wieder als ein Begründungsmuster für die außerehelichen sexuellen Kontakte Rolf R.s an. Der Charakter der Ehefrau wird dabei durchweg negativ beurteilt: So erklärt Reinhilde M., man habe nicht mit ihr warm werden können und sie habe nicht in die Gemeinschaft gepasst, während Doris S. einräumt, Inge R. sei durchweg »von oben herab« behandelt worden.[11] Auch die Haushaltshilfen beschreiben Inge R. als »kalt« und »herrisch« und übertrieben eifersüchtig gegenüber anderen Frauen im Umfeld ihres Mannes. Zudem wird sie als wenig intellektuell (»fromme Naivität«) charakterisiert.[12] Immer wieder wird sie auch als »schlechte« Mutter beschrieben, die sich nicht um ihre Kinder – und ihren Mann – kümmerte, mit der Situation »völlig überfordert« gewesen und lieber eigenen Interessen nachgegangen sei, als ihren »Pflichten« als Pfarrfrau nachzukommen.[13] Die Erziehung der Kinder habe sie weitgehend den Haushaltshilfen überlassen – so die Fremdwahrnehmung.

All diese Schilderungen und Bewertungen sind jedoch eindeutig persönlich gefärbt. Inge R. kann nur schwerlich in das Schema von Opfer/Täter*in/Bystander*in eingeordnet werden: Die Frage, ob sie von den Übergriffen wusste, selbst zum Opfer wurde oder ihren Mann deckte und somit seine Taten mit ermöglichte, bleibt im Dunkeln. Ihre Rolle wird hier aber deshalb so ausführlich angesprochen, weil sie als Pfarrfrau nicht nur Partnerin, sondern auch das öffentlich wahrgenommene Gegenüber ihres Mannes war. Das spiegelt sich auch in den Interviews, die durchgängig auf sie Bezug nehmen, obwohl es um Rolf R. und sein Verhalten geht.

11 Vgl. Kap. 3.2., Interview mit Doris S.

12 Vgl. Kap. 3.2, Interview mit Präses F.

13 Vgl. Kap. 3.2, Interview mit Marianne K.

Die Interviewten bieten sämtlich unterschiedliche Erklärungsansätze für das Verhalten des Pfarrers. Mehrere Personen sehen eine Ursache in seiner Ehe und sehen eine Mitverantwortung bei der Ehefrau, die zu wenig auf ihn eingegangen und zu wenig reflektiert gewesen sei. Indirekt wird angedeutet, dass sie ihn auch zu wenig unterstützt habe. Diese Wahrnehmung resultiert aus der gesamtgesellschaftlichen Erwartung an (Ehe)Frauen, an denen bestimmte verfestigte Geschlechterklischees sichtbar werden, wie Fürsorge für andere – insbesondere für den Ehemann und die Kinder –, die Haushaltsführung, ständige Kommunikationsbereitschaft, »ehrbares« Verhalten und zugleich sexuelle Verfügbarkeit. Dies gilt im Besonderen für die Pfarrfrau, die sich zusätzlich noch aktiv in die Gemeinde einbringen soll, sich durch ihre tadellose Frömmigkeit auszuzeichnen und in unerschütterlicher Loyalität hinter dem Pfarrer zu stehen hat. Gerade diese Loyalität hat Inge R. in der Wahrnehmung der Interviewten und der Gemeinde – speziell in Bergedorf – nicht gezeigt.

Letztlich zeigt das erhobene Gesamtbild, wie sexualisiert die zahlreichen Annäherungsversuche des Pfarrers waren, wie er manipuliert und lügt, um nicht belangt zu werden. Der »fromme Mann« besaß in einem Zeitraum, der von den 1970er- bis in die 2000er-Jahre reicht, einen Amtsbonus und eine Autorität, die er sich im Hinblick auf junge Frauen zunutze machen konnte. Die Betroffenen haben sich häufig für ihr eigenes Verhalten geschämt, obwohl die Grenzüberschreitungen deutlich von ihm ausgingen. Aufgrund der konservativen Wertvorstellungen in Bezug auf Geschlecht, Amt und Hierarchien waren die Betroffenen und Bystander*innen nicht in der Lage, die Geschehnisse transparent zu kommunizieren und sich aktiv zu wehren.

Die Komplexität der Manipulationen und Übergriffe ist erst während des Forschungsprozesses in dieser Dichte sichtbar geworden, dabei ist zwischen verifizierbaren und mutmaßlichen Übergriffen sowie zwischen willentlich eingegangenen außerehelichen Beziehungen und erzwungenen sexuellen Kontakten zu unterscheiden. Wie der Fall Maria W. zeigt, sind auch außereheliche Beziehungen von Betroffenen als belastend und manipulativ empfunden worden. Sie gehören somit ebenso in das entstandene System von Grenzüberschreitungen.

Verifizierbar sind: der Versuch des sexuellen Übergriffs bei der Studentin Yvonne B. während der Zeit bei den AC. Die außerehelichen Verhältnisse zu zwei Haushalthilfen in Blauberg, die gerade erst volljährig waren. Der Versuch eines sexuellen Übergriffs bei der Haushaltpraktikantin Doris S. Ein außereheliches Verhältnis mit Karla F., das über mehrere Jahre hinweg Bestand hatte. Ein ebenfalls langjähriges Verhältnis mit Maria W.

Gerichtlich wird schließlich die sexuelle Nötigung einer 15-Jährigen verurteilt.

Mutmaßlich – weil nicht durch Selbstaussagen verifiziert, sondern nur von anderen geäußert – kommen hinzu: Konfirmandinnen in Blauberg, die Freundinnen sowohl der Geliebten Karla F. als auch von Wiebke S., ein Gemeindemitglied in Blauberg, das in dem Interview des Nachfolgepfarrers nicht näher bestimmt wird, die Kantorin von Bergedorf, die Sekretärin von Bergedorf, vier andere Frauen neben Maria W., denen er nach ihren Aussagen die Ehe versprochen hat, die Freundin von Marianne K. Gerüchte in den Gemeinden lassen vermuten, dass es noch weitere Fälle gab.

Die Kirche – Supervision ohne Möglichkeiten der Disziplinierung, Wegsehen und Verschleppung des Falls

Wie nun stellt sich das Verhalten der Institution Kirche angesichts des Falles Rolf R. dar und wie ist es zu beurteilen?

Heiner Richter als Leiter der AC, die als Fachverband auf Ebene der EKD akzeptiert und innerhalb der Landeskirche toleriert, aber umstritten sind, sieht es als seine Aufgabe, den Übergriff auf Wiebke S. an das Landeskirchenamt zu melden. Ob dies tatsächlich geschah, lässt sich nicht mehr nachverfolgen. Falls eine Meldung erfolgte, hat diese keine Maßnahmen zur Folge gehabt, was als eklatantes Versagen der Aufsichtspflicht der Landeskirche zu bewerten wäre.

Zwei weitere Personen aus Blauberg bekundeten, beim Landeskirchenamt vorsprechen zu wollen. Ob dies geschehen ist, ist nirgendwo dokumentiert. Allerdings erinnert sich Wiebke S., dass Rolf R. sich beim Landeskirchenamt verantworten musste und ihr danach einschärfte, die Beziehung geheim zu halten. In Rolf R.s Personalakte findet sich jedoch kein Vermerk zu dem Gespräch mit der Landeskirche. Wenn es tatsächlich stattgefunden hat und nicht dokumentiert wurde, stellt das ein Versäumnis dar.

Bereits in der Blauberger Zeit bemerken die der Landeskirche vorliegenden Visitationsberichte, dass der Pfarrer überlastet ist. Das wird zur Kenntnis genommen, aber nicht grundsätzlich einer Lösung zugeführt. Dass sein langjähriger Alkoholismus als Problem erkannt und behandelt wird, verdankt Rolf R. der Initiative und großen geduldigen Überzeugungsarbeit seines Kirchengemeinderates, nicht der Intervention seiner Dienstvorgesetzten. Die Gemeindediakonin, die den Alkoholmissbrauch bemerkt und dem zuständigen Dekan, der auch bereits von anderer Seite darüber informiert ist, davon berichtet, findet kein Gehör. Mutmaßlich wird ihre Beschwerde deshalb nicht ernst genommen, weil sie in der Kirchenhierarchie unter ihm und dem Pfarrer steht.

Ein systemisches Versagen liegt außerdem bei dem Präses, den Oberkirchenräten, Dekanen und Prälaten vor, die trotz offensichtlicher Anzeichen und direkter Klagen – vermutlich schon aus der Gemeinde in Blauberg, belegbar aus der in Bergedorf – an keiner Stelle ein Disziplinarverfahren anstrengen. OKR D., der vom Kirchengemeinderat mehrfach detailliert informiert wird und der auch mit den drei Ehepaaren aus der Gemeinde, die sich sehr konkret über Rolf R. beklagt hatten, spricht, unternimmt nichts. Auch über dieses Gespräch besteht weder ein Aktenvermerk noch ein Protokoll. OKR D. hat sich trotz aller Vorwürfe kontinuierlich schützend vor Pfarrer R. gestellt.

Nach der Entziehungskur und der Trennung von seiner Frau wechselt Rolf R. in die Pfarrstelle nach Riehl. Hier eskaliert die Situation, wofür möglicherweise der Wegfall des strukturierenden Rahmens der Ehe ein Grund ist. In diese Zeit fallen mutmaßlich zahlreiche Eheversprechen und das Verhältnis mit Maria W., die sich psychisch ausgenutzt und missbraucht fühlt. Spätestens ihr mehrfaches Vorsprechen beim zuständigen Prälaten und auch beim Präses hätten zur Einleitung eines Disziplinarverfahrens führen müssen, insofern sie von »männlicher Prostitution« des Pfarrers spricht.[14] Wie aus den Aktennotizen ersichtlich ist, denkt der Präses über ein Disziplinarverfahren nach. Verhindert haben dieses vermutlich der zuständige Prälat und eine weitere kirchenleitende Person. Es ist auch Dekan C., der ein Verfahren verhindert, da er Rolf R.s Aussagen mehr vertraut als Maria W.s Schilderungen. Man stelle sich als Gedankenexperiment vor, einer Pfarrerin wäre der Vorwurf der Prostitution gemacht worden ... Vermut-

14 Vgl. Kap. 2.4 Der Fall Maria W.

lich hätte das zuständige Landeskirchenamt dann unverzüglich eingegriffen.

Der zuständige Prälat kritisiert den Internetauftritt von Riehl und droht mit Konsequenzen, falls es keine Überarbeitung gibt. Wieder werden die sexuellen Andeutungen und Komponenten nicht explizit thematisiert, obwohl zu diesem Zeitpunkt ein Bewusstsein hierfür bereits entstanden sein sollte. Die Intervention des Prälaten bezieht sich ausschließlich auf negative Implikationen für das Ansehen der Kirche. Erneut stehen die Kirche und der Pfarrer, nicht der Opferschutz im Vordergrund. Das Landeskirchenamt fordert Rolf R. zwar zu Stellungnahmen auf, leitet aber keine juristischen Schritte ein, nachdem er beteuert, er habe keine Eheversprechen gegeben. Erst nachdem Wiebke S. ihren sexuellen Missbrauch zu Anzeige gebracht hat, wird eine Disziplinarakte, genannt »Sonderheft«, angelegt.

Woher rühren diese Zögerlichkeit und diese Milde? Es sind m.E. zwei wesentliche Faktoren, die hier eine Rolle spielen. Da ist zum einen der Reflex der kirchlichen Institution, einem ihrer Repräsentanten unbedingt beizustehen, um so die Institution zu schützen um den Preis, die Betroffenen im Stich zu lassen. Dieser Aspekt ist schon mehrfach angesprochen worden. Zum anderen wird diese Bereitschaft von der Tatsache getragen, dass die Pfarrer und ihre Vorgesetzen sich untereinander sehr gut kannten, z.T. sogar befreundet waren. Die Folge ist, dass eine kritische Auseinandersetzung mit dem Verhalten des anderen stets im Modus der »Brüderlichkeit« erfolgt. Die auch auf Führung und Kontrolle gerichtete hierarchische Struktur der Ämter verliert dadurch an Klarheit und Unbedingtheit, wird sozusagen verhandelbar. Die formale Hierarchie der Macht wird durch die brüderliche Gleichheit im geistlichen Amt entschärft. Wo es, um es arbeitsrechtlich zu formulieren, einer klaren Abmahnung bedurft hätte, blieb es bei einer Rückfrage im Sinne einer »correctio fraterna«, die keinerlei Sanktionsandrohung enthielt und eine solche wohl auch nie durchgesetzt hätte.

Von den damaligen Verantwortlichen war bis auf den emeritierten Präses keine kirchenleitende Person zu einem persönlichen Gespräch mit mir bereit. Als Gründe für die Ablehnung führten die meisten gesundheitliche Probleme, Erinnerungslücken sowie das Beichtgeheimnis an.

Spiritueller Missbrauch und kirchliche Machtverhältnisse

Das Phänomen der sexuellen Übergriffigkeit und des Missbrauchs stellt die Kirchen insgesamt vor gravierende Probleme. Glaube und Kirche definierten jahrhundertelang die Moral. Ihre Repräsentanten galten als integer, gerade auch im Hinblick auf ihr Sexualverhalten. Entsprechend fassungslos reagiert die Öffentlichkeit auf die Häufigkeit, mit der perfide Grenzverletzungen in den zurückliegenden Jahren sichtbar wurden. Hans-Joachim Sander konstatiert auf diesem Hintergrund zu Recht, dass die katholische Kirche sich als moralisch überlegene Gemeinschaft sehe, die verglichen mit dem sexuell übergriffigen Trainer eines Sportvereins insofern in viel massiverer Weise schuldig wird, als sie die seelische Integrität eines Menschen antastet:

> »Wie soll ein Opfer eines solchen Missbrauchs noch an sich glauben, an den christlichen Glauben glauben, an den Gott des christlichen Glaubens glauben? [...] Es geht um die Glaubwürdigkeit des Glaubens selbst, also nicht nur um seine Wahrhaftigkeit, son-

> dern um seine Wahrheit. Kann der christliche Glaube überhaupt aushalten, was im Missbrauch geschehen ist und noch geschieht?«[15]

Dies gilt ebenso für die evangelische Kirche, die sich dazu noch als Gemeinschaft versteht, in der das »Priestertum aller Gläubigen/aller Getauften« ein leitendes Theologumenon darstellt. Dazu kommt, dass die Evangelische Kirche in der Bundesrepublik seit 1945 »den Anspruch moralischer Meinungsführerschaft beansprucht« hat.[16] Das so etablierte »ethische Christentum« des Protestantismus stellt dementsprechend hohe Ansprüche an das Verhalten des eigenen Personals.[17] Reiner Anselm fordert darum für die Aufarbeitung sexualisierter Gewalt in der Kirche, dass nicht nur Praktiken und Orte untersucht werden, sondern auch theologische Leitvorstellungen, »auf deren Wurzelgrund die entsprechenden Übergriffigkeiten und Missbrauchshandlungen entstehen konnten.«[18] Ideengeschichtliche Grundlagen bilden – so Anselm – eine *soft power*, eine Anziehungskraft, ein Charisma der Akteure, die sexualisierte Gewalt erst ermöglichten.[19] Dazu kommt das »unerledigte Machtproblem«, wie Anselm es nennt, nämlich dass Macht nicht zu den Konstitutionsbedingungen der Kirche zählt, sondern die Leitprinzipien »Liebe, Vertrauen, Konsens, Fürsorge oder Anwaltschaft« seien.[20] Diese Idealisierung –

15 Hans-Joachim Sander, Anders glauben, nicht trotzdem. Sexueller Missbrauch der katholischen Kirche und die theologischen Folgen, Ostfildern ²2021, 13.

16 Reiner Anselm, Toxische Leitvorstellungen, in: Johann-Hinrich Claussen (Hg.), Sexualisierte Gewalt in der evangelischen Kirche. Wie Theologie und Spiritualität sich verändern müssen, Freiburg i.Br. u. a. 2022, 57-74; hier: 58.

17 Vgl. Anselm, Leitvorstellungen, 60.

18 Anselm, Leitvorstellungen, 61.

19 Vgl. Anselm, Leitvorstellungen, 60f.

20 Anselm, Leitvorstellungen, 62.

die Kirche als Familie, als Gemeinschaft – führe dazu, dass die reale Machtausübung verdeckt werde, und die Opfer häufig ihre Missbrauchserfahrungen nicht thematisieren könnten, denn in der Kirche gelte »mit dem ersten Korintherbrief: ›Alle eure Dinge lasst in der Liebe geschehen‹ (1 Kor 16,14).«[21] Dadurch würden reale Asymmetrien und Machtkonstellationen verstellt.[22]

Die theologische Überbestimmtheit des Pfarramtes ist es, die Machtausübung als Amtsausübung legitimiert: »Bilder wie das des Hirten tun ein Übriges, um ein problematisches Selbstverständnis von Amtsträgern zu befestigen.«[23] Das Handeln des Amtsträgers erfolgt stellvertretend für das Handeln Gottes – obwohl das im Protestantismus eigentlich unterschieden wird.[24] Fatal wird es dann, wenn eine solche gleichsam göttliche Legitimierung auch für – sexuelle oder geistliche – Übergriffigkeiten in Anspruch genommen wird, die der Amtsträger ausschließlich selbst zu verantworten hat.

Es ist erst gelegentlich thematisiert worden, scheint sich aber als eine basale Voraussetzung des sexuellen Missbrauchs herauszukristallisieren: Sexuelle Übergriffigkeit gelingt in sehr liberalen, entgrenzten (nicht nur) kirchlichen Gemeinschaften und Gruppen – besonders vorhanden in den 1970er- und 1980er-Jahren –, in denen »eine absolut gesetzte Freiheit über hergebrachte Formen der Moralität gestellt wird«.[25] Johann-Hinrich Claussen spricht von den »Freiheitspredigten« von Pfarrern, die sich als »Lichtge-

21 Anselm, Leitvorstellungen, 64.

22 Vgl. Anselm, Leitvorstellungen, 65.

23 Anselm, Leitvorstellungen, 67.

24 Vgl. Anselm, Leitvorstellungen, 67.

25 Johann-Hinrich Claussen, Die andere Seite der Emanzipation. Überlegungen zu einem verantwortlichen Begriff evangelischer Freiheit, in: ders. (Hg.), Sexualisierte Gewalt in der evangelischen Kirche. Wie Theologie und Spiritualität sich verändern müssen, Freiburg i.Br. u. a. 2022, 75-93; hier: 78.

stalten« verehren ließen und im Umgang mit Jugendlichen Regeln, Grenzen, Distanzen nicht beachteten und wo Alkohol eine wichtige Rolle für Enthemmung spielte.[26] Sexuelle Übergriffigkeit und Missbrauch finden aber ebenso gut im evangelikalen Milieu statt, nämlich dort, wo die religiöse Überzeugung mit einem festgefügten Weltbild verbunden ist, in dem häufiger dualistisch zwischen »wir und die«, der guten eigenen Gemeinde und der eher bösen Welt unterschieden wird.[27]

Die Kirche als geistliche Institution, die sich hohen moralischen Ansprüchen verpflichtet weiß, hat – so ist zu konstatieren – beim Schutz ihrer Mitglieder versagt. Die Strukturen einer machtvollen Amtshierarchie, der Habitus des Pfarrers und eine charismatische Frömmigkeit erzeugten eine Autorität, an deren Nimbus berechtigte Vorwürfe lange abprallten. In theologischen Kategorien beschrieben, bedeutet dies, dass selbst in der evangelischen Kirche, in der das »Priestertum aller Gläubigen« einen egalitären Impuls setzt, Ämterhierarchien und Machtapparate den genauen Blick auf die Gemeinden und die einzelnen Menschen verlieren. Die Einbettung in den gesamtgesellschaftlichen Rahmen relativiert diesen Befund insofern, als die Bestrebungen nach zumindest dem Abflachen von Hierarchie Impulse sind, die auch gesamtgesellschaftlich bis heute in der Demokratie nicht ausreichend eingelöst sind. Auch die Kirche ist gesellschaftliche Institution. Pfarrer und Pfarrerinnen müssten zudem dafür sensibilisiert werden, dass die Amtsautorität der Pfarrperson deutliche Grenzen hat. Dies sollte spätestens in der zweiten Ausbildungsphase fester Bestandteil des Curriculums sein.

26 Vgl. Claussen, Emanzipation, 78f.

27 Vgl. Michael Diener, Religiösen Machtmissbrauch erkennen und verhindern. Entwicklungen in der pietistischen und evangelikalen Bewegung, in: Johann-Hinrich Claussen (Hg.), Sexualisierte Gewalt in der evangelischen Kirche. Wie Theologie und Spiritualität sich verändern müssen, Freiburg u. a. 2022, 115-134; hier: 115; 123.

Es ist der hartnäckigen Forderung nach Aufklärung von Wiebke S. zu verdanken, die die Kirchenleitung zur Eröffnung des Disziplinarverfahrens und zur weiteren Aufarbeitung brachte. Als Betroffene musste sie immer wieder insistieren. Sie gab nicht auf. Ohne sie wäre der sexuelle Missbrauch des Pfarrers nicht aufgehellt worden – obwohl sicherlich auch jetzt noch ein nicht unerhebliches Dunkelfeld geblieben ist.

Sie soll stellvertretend für die Betroffenen das letzte Wort haben:

> »Ich glaube, dass es ganz besonders perfide ist, weil er nicht aufgetreten ist jetzt nur als einer, der ja jetzt seine Bedürfnisse befriedigt, sondern er ist immer aufgetreten als ein Mensch, der geistlich lebt, der biblisch-theologisch etwas zu sagen hat und der sich auch als Gesprächspartner anbietet und quasi das genutzt hat, um dann letztendlich auch seine sexuellen Bedürfnisse zu befriedigen.«

Sach- und Worterklärungen

Dekan/Dekanin – in anderen Landeskirchen auch: Superintendent – Pfarrer/-in, der/die Führungsfunktionen auf der mittleren Leitungsebene einer Landeskirche wahrnimmt.

Kirchengemeinderat – Der Kirchengemeinderat, auch Ältestenkreis, Presbyterium oder Pfarrgemeinderat genannt, leitet gemeinsam mit dem Pfarrer/der Pfarrerin die Gemeinde.

Landeskirche – Die Evangelische Kirche in Deutschland (EKD) besteht aus zwanzig einzelnen Landeskirchen. Die EKD besitzt keine Weisungsbefugnis für die einzelnen Landeskirchen, die rechtlich selbstständig sind. [https://www.ekd.de/evangelische-kirche-in-deutschland-14272.htm; Zugriff: 10.7.2024]

Landeskirchenamt (LKA) – in anderen Landeskirchen auch: Oberkirchenrat – Es stellt die oberste Verwaltungsbehörde einer evangelischen Landeskirche dar.

Oberkirchenrat (OKR) – ein Oberkirchenrat/-rätin leitet ein Dezernat oder eine Abteilung in der obersten Dienstbehörde einer Landeskirche. Mit dem Begriff kann auch das Gebäude der Landeskirche oder aber das Kollegium des Oberkirchenrats, das die Kirchenleitung bildet, also die oberste Behörde der landeskirchlichen Verwaltung gemeint sein.

Ordination – Die Ordination ist die kirchliche Beauftragung zum Dienst an Wort und Sakrament sowie zur Seelsorge.

Pfarrvikar – Ein Pfarrvikar – in anderen Landeskirchen Hilfsprediger oder Pfarrer zur Anstellung/im Probedienst genannt – hat bereits das zweite theologische Examen abgelegt, verwaltet aber für eine Probezeit nur die Pfarrstelle, ist noch nicht ihr Inhaber.

Prälat – eigentlich: geistlicher Würdenträger; in manchen Landeskirchen: Seelsorger*in der Pfarrer*innenschaft oder geistliche(r) Stellvertreter*in des Bischofs/der Bischöfin, Regionalbischofs/ Regionalbischöfin.

Präses – der oder die Präses – in anderen Landeskirchen: Bischof oder Bischöfin – leitet die Landeskirche und wird von der Synode gewählt.

FSC www.fsc.org MIX Papier | Fördert gute Waldnutzung FSC® C014496

Penguin Random House Verlagsgruppe FSC® N001967

1. Auflage

Umschlagmotiv: © Ricardo – Adobe Stock.com
Druck und Bindung: GGP Media GmbH, Pößneck
Printed in Germany
ISBN 978-3-579-07230-2
www.gtvh.de